仰觀與俯察

孙机先生的治学之道

中国国家博物馆 编

译林出版社

图书在版编目（CIP）数据

仰观与俯察：孙机先生的治学之道 / 中国国家博物馆编. -- 南京：译林出版社，2024. 9. -- ISBN 978-7-5753-0206-7

Ⅰ. K825.81

中国国家版本馆CIP数据核字第2024H7U305号

仰观与俯察：孙机先生的治学之道　中国国家博物馆 ／ 编

责任编辑	於　梅　王　蕾　荆文翰
装帧设计	韦　枫
校　　对	王　敏
责任印制	董　虎

出版发行	译林出版社
地　　址	南京市湖南路 1 号 A 楼
邮　　箱	yilin@yilin.com
网　　址	www.yilin.com
市场热线	025-86633278
排　　版	南京展望文化发展有限公司
印　　刷	南京新世纪联盟印务有限公司
开　　本	652 毫米 ×960 毫米　1/16
印　　张	29.25
插　　页	12
版　　次	2024 年 9 月第 1 版
印　　次	2024 年 9 月第 1 次印刷
书　　号	ISBN 978-7-5753-0206-7
定　　价	98.00 元

版权所有 · 侵权必究

译林版图书若有印装错误可向出版社调换。质量热线：025-83658316

编辑委员会名单

主　编

高　政

副主编

丁鹏勃

编　委

高　政　杨　帆　陈成军　丁鹏勃　陈　莉　张伟明

顾　问

扬之水

统　筹

陈　煜　乐日乐

编　辑

霍宏伟　朱亚光

编　务

王洪敏

序

作为我国著名的文物专家与考古学家，孙机先生不但在断代史研究、古舆服研究、科技史研究、中外交流史研究等领域取得令人瞩目的成就，而且在中国国家博物馆藏品鉴定与研究、展览、培养学者等方面积极发挥学术示范和传帮带作用，对推动国博业务工作、学术研究的发展有赫赫之功，深受同仁的尊敬与爱戴。在今年孙先生诞辰之际，我们谨以这部《仰观与俯察：孙机先生的治学之道》，纪念这位德高望重、成果丰硕的大学者。

文集共收录了41篇文章，分为"孙机先生学术成就""学术传承""品评""访谈""回忆文章"五个部分。为了保证学术水准，我们在选择文章时主要基于以下三方面考虑：其一，核心内容的学术性。孙机先生的学问可谓"知行合一"，文集中既有他自己提出的治学理念与方法，也有学界同仁对他学术成果的总结与评价，可以一窥孙先生治学门径及其在多个研究领域的成就。其二，文章题材的丰富性。文集既收录充分展现孙先生的学术成就的传文、论文、书评等，也选取学生、同事、后学等缅怀他为学为人的温情追忆。其三，作者身份的多样性。除孙机先生本人和家属外，文集的各位作者包括考古、文物、历史等不同学科的专家、学者以及出版业、媒体界的专业人士，既有孙先生相交数十年的学界老友，也有初出茅庐的青年学子，由此可见孙先生令人心折的学者风范。

孙机先生孜孜以求、笔耕不辍的治学态度，"致广大，尽精微"的学术境界，心怀家国的情怀和为文博事业所做出的巨大贡献是留给后人的宝贵财富。我们组织出版这部文集，既是纪念他对中国文博事业的无私奉献和奋斗创新，也想为后学提供一个可资借鉴、效仿的学术典范，让更多人了解他的学术历程，学习他的治学方法，发扬他的学术精神。希望读者能从孙先生那里汲取养分和力量，奋发自强，坚定自信，有所作为。

在此谨向孙机先生家属、各位文章作者、为编纂文集付出心血的各方学者、国博同仁以及译林出版社表示衷心感谢。

中国国家博物馆馆长　高　政

目 录

孙机先生的学术成就　| 1
孙机先生传略　| 18

在纪念沈从文先生诞辰一百周年座谈会上的发言　| 26
在"文学中的服饰——纪念沈从文先生诞辰一百二十周年学术论坛"上的发言　| 33
《中国古舆服论丛》后记　| 38
"中国古代服饰文化展"简述　| 44
"飞天"的传递　| 50

《中国古舆服论丛》书评　| 55
我们仰观之后的《仰观集》　| 67
何为"大书"　| 71
《中国古代物质文化》读后　| 73
贺《仰观集（修订本）》出版　| 78

唤醒历史深处的记忆——读《从历史中醒来：孙机谈中国古文物》| 93

重建常识——遇安师与中国古代物质文化 | 114

孙机先生与物质文化史研究 | 129

致广大，尽精微——孙机先生的学术境界 | 139

艺术视野中的孙机先生 | 184

文物专家孙机：从文物社会功能透见鲜活历史 | 200

一位深耐寂寞的学者——孙机与中国古代物质文化研究 | 206

大家底蕴，不忽精微——访国家博物馆研究馆员孙机 | 220

科创的基因，我们一直都有——对话文物专家孙机 | 226

这才是"恋物"的最高境界 | 237

孙机：考古能看得见历史，也能望得见未来 | 249

平生风义兼师友 | 268

那年，那天，我叩了孙机先生的门 | 271

孜孜问学的一生 | 277

服饰为缘 | 286

天下谁人不识君 | 296

探微求实，大家风范 | 307

我所认识的文博大家孙机先生 | 318

随遇而安，文成大观 | 324

与时间赛跑 | 330

文章薪火　道德渊源 | 338

传道解惑，如沐春风——追忆孙机先生在国博的讲座 | 352

授业解惑，微光如炬——孙机先生关于服饰研究学术发言实录 | 359

勤耕不辍，精业笃行 | 386

慧眼识玲珑，胸中存至诚 | 402

"衣"缘十二载 | 410

孙机先生琐记 | 419

一位谦和睿智的大学者 | 436

既远却近的背影 | 444

后记 | 457

孙机先生的学术成就

王冠英　赵永晖

孙机，1929年9月28日出生于山东省青岛市。1949年5月参加中国人民解放军。1955年考入北京大学历史系考古专业。1960年毕业后在北大历史系资料室工作。1979年调入中国历史博物馆（今中国国家博物馆，下文或简称"国博"）考古部工作。1983年被评为副研究馆员，1986年被评为研究馆员。1992年获国务院颁发的政府特殊津贴。

孙机认为对出土和传世文物的研究，绝不仅仅在于"鉴宝"，而是要通过它认识并复原出古代的社会面貌。以前王国维提倡二重证据法，主张用出土的古文字材料与传世文献相印证，仍不外从文字到文字。孙机则不拘一格，将各类文物与各类文献（包括正史、笔记、档案、碑刻、诗文、小说、信札等）进行严谨的比对，使文与物相辅相成，从中找出交会点，实事求是地阐明真相。故而他每出一说，总有实物和文献之多方面的支持，掷地有声，颠扑不破。他系统地筛查了几乎全部已出土的汉代文物，梳理了全部汉代文献，分类整理考订，撰成《汉代物质文化资料图说》一书。该书被誉为"百科式的、足以代表汉代物质文化全貌的皇皇大作，已成为历史文物考古学者案头必备之书"（《中国文化报》2007年3月12日）。孙机对中国古代的车服制度、饮食文化、文具、武备、各种工艺品、科技文物以及中外文化交流等方面都做了大量工作，他的研究成果常发前人所未发，证据确凿，一针见血，条理分明，了无滞碍，所以得到文物考古界的普遍认可。

一、古器物鉴定

孙机的文物鉴定和研究始终保持着自己的特点，他远离商业性鉴定，不淘宝，不捡漏，全部工作不逾做学问的范围一步。他是一个善于发现问题的人，他的文物研究征而后信，新见迭出。像宝鸡茹家庄出土的动物形铜尊，发掘报告称为羊尊，孙机经考证认为是貘尊，并清理了貘在中国生息的历史。皇帝礼服上所饰十二章的"蜼彝"之蜼,孙机经考证认为就是金丝猴。而宋代高官马鞍上所覆"狨座",也是用金丝猴皮做成的。他说,金丝猴在古代,"人们一方面视之为有智慧的通灵之兽,用它的形象作为尊贵甚至是神圣的纹章,另一方面却为获取其皮毛而无情地猎杀。如果说狨就是经典中所称之蜼,在某些场合可能会出现令居高位者为之尴尬的局面。所以这两个名字遂形同参商,彼此回避,绝不相提并论"。这是一段很少有人提及的历史逸闻。再如汉乐府《陇西行》中"清白各异樽"的诗句,历代解诗者均未做深究。孙机证明,汉代有清酒、白酒两种酽冽程度不同的酒,又有桶形、盆形两种形制不同的樽。当时盛清酒(醳酒)用桶形樽,盛白酒(淡酒)用盆形樽。清楚了这一点,则当时关于饮酒的许多说法均豁然开朗。其他酒具如南京人台山东晋墓所出嵌铜耳的大螺壳,发掘报告认为"可能为一盔或冠饰"。孙机证明它其实就是李白《襄阳歌》"鸬鹚杓,鹦鹉杯。百年三万六千日,一日须倾三百杯"句中的鹦鹉螺杯。20世纪50年代河北唐县曾出土一件"小瓷人",同出之物有小风炉、小茶釜、茶臼等。孙机考证出这件瓷人应是茶神像。这是迄今为止所能确认的唯一一件茶神陆羽像。汉代在居室中饮宴,室内铺席,为了避免起身落座时折卷席角,乃于其四隅置镇。汉镇有石、铁、铜质的。铜镇常做成动物

3

形，种类很多，生动有致，完全可以跻身于古代最成功的动物雕塑小品之列。但过去却称之为棋子、纸镇甚至铜锤。经过孙机的研究，大家的认识才统一起来。对汉墓中多次出土的漆面罩，孙机考定即文献中所称之"温明"。出土的所谓"玉衣"实为玉柙，即墓主亲身之椁棺；是殓具，不是殓服。这类考证在孙机的著作中不胜枚举。此外，孙机对古代兵器也做了不少研究。他是《中国军事百科全书》古代兵器部分的撰稿人之一，写出了一些有分量的条目。比如中国古代威力最大的射远武器床弩，是将一张或几张弓安装在弩床（发射台）上，绞动后部的轮轴，利用轮与轴的半径差产生强力以张弩。多弓床弩用几张弓的合力发箭，射程可达七百步甚至一千步（约一千八百米）。但古代兵书上之床弩的图像没有把它的构造表示清楚。孙机综合各种资料进行复原。中国人民革命军事博物馆根据他提供的图纸制成模型，陈列在展厅中。

　　从学术史的角度看，孙机的研究是沿着传统的名物训诂之学走过来的。但古代的名物之学有时只见树木，不见森林，不容易相互贯通。孙机则十分注意物后面之人的背景，寻端见绪，多角度，多层次，由表及里地进行推演。比如他在研究宁夏固原雷祖庙北魏墓出土之漆棺上的图像时，将其中反映出的墓主人的思想倾向置于当时的政治纷争中来考察，指出"固原漆棺从一个侧面向我们展示出元谧（他是北魏迁洛后，仍企图'召牧马，轻骑奔代'的反改革派）一类鲜卑贵族的心态，遂使人更加体会到冯太后和孝文帝的汉化事业的可贵，以及他们所面对的是何等顽强的阻力"。这就把文物研究和历史主线挂上了钩，小中见大。再如在内蒙古奈曼旗辽代陈国公主与驸马的合葬墓中出土了一枚玉柄银锥。一把锥子本不足以引起重视。经过孙机的考证，认识到它原来是辽代皇帝春季率群臣捺钵时猎天鹅用的"刺鹅锥"。而辽代的四时捺钵不单纯是游幸，许多军国大计都在此期间举行的会议上商定，是带有政治活动性质的。过去虽然发现过与之相关的风景画，但那上面连人物都没有，更不要说表现其中的细节了。孙机考定的刺鹅锥，使学术界第一次看到了与这一重要史实相关的文物。再如研究秦代史的论述中，常常提到"头会箕敛"。依旧注，这是一项人头税，是为后世所痛诋的秦代苛政之一。当代不少学人认为"箕敛"之箕即畚箕，所敛之物为钱。孙机从文字训诂入手，指出秦代尚无畚箕一词，畚本为笼状容器，和箕的差别很大。秦代用箕敛的不是钱，而是谷；前提是按"人头数"计算，亦即敛谷有一定额度，所用之箕与家用之簸箕不同，而是一种量具。山东省博物馆藏有带铭文的秦代铜箕量,广东高州也曾出土汉代的石箕量。再向前追溯,则新石器时代已有原始的箕量,往后相沿不绝,商鞅方升就是在箕量的形制的基础上改进而成。这就不仅廓清了秦代史上的一宗误解,也连接起赋税制度和度量衡史上曾经脱落的一环。不过这类考证多系针对某个具体问题而发,探究得愈深入,愈有管窥一斑之嫌。所以孙机特别注意将他的工作向面上铺开,使每一个细部的研究都成为整体之有机的部件。他的《汉代物质文化资料图说》是这方面的代表作,学术界给予很高的评价:"从表面看,全书像是各个分散独立的混合体,但只要稍事翻阅,就会发现这是一部分量很重、质量很高的汉代文物研究专著。透过书中对一个个具体的文物资料的考述,可以对汉代物质文化的各方面情况获得完整而清晰的了解。"(黄展岳)此书虽以"资料"为名,却不是一部丛脞纷纭的资料汇编,书中虽综合吸纳了各家胜说,但更有自家的发明与创获,有的题目甚至就是一篇专论。较初版晚出十七年的增订本,规模超出五分之一强,图版改绘了近一半。这十多年来的新发现,作者尽量采撷,补入书中。他所秉持的科学精神,用黄侃的话说就是,"一曰不忽细微,一曰善于解剖,一曰必有证据"。

二、科技史研究

孙机是接受过现代科学训练的学者，除了对文物中的大项——铜、玉、漆、瓷等器物的研究之外，还致力于科技文物的研究。1981年他就在南开大学开设了"科技文物"的专题课。在天文文物方面，他曾对托克托出土的日晷进行研究，否定了托克托日晷是用于测定方向或测定时刻、节气的赤道式日晷的说法；指出它是一种水平放置的，用于测定昼夜刻数以确定漏壶之换箭日期，并可在日中时校准漏壶流速的仪器。再如他对汉代之"容一籥"之黄钟律管的研究，否定了"黄钟之管长九寸，孔径三分，围九分"的传统说法，认为应是"长九寸，幂九分"。这样求得的管容积为9.985毫升，与咸阳出土之籥的管容积9.898毫升密合，从而使怀疑汉代律、量关系记载错误的说法得以澄清，证明"同律、度、量、衡"是中国度量衡史上划时代的重大进步，是世界度量衡史上的创举。再比如豆腐，这在中国乃是大众化的食品；而在西方，分离和凝固植物蛋白是近代才有的事。中国开创这项技术时，在世界上极为超前，所以中国何时出现豆腐，受到研究生物化学和食品史的学者的广泛关注。根据可靠的史料，制豆腐的技术发明于宋代。但有人却以河南密县打虎亭汉墓中表现酿酒场景的石刻画像为据，自造了一幅"摹本"，将原图中的一个盆改画成磨，指之为磨豆腐的用具，提出汉代已有豆腐之说。在如此偷梁换柱的基础上，此人竟写出论文，拿到1990年8月在英国剑桥大学举办的"第六届国际中国科技史学术讨论会"上去宣读。一时间汉代有豆腐之说甚嚣尘上，有的城市甚至据此而设立"豆腐节"。孙机的考证澄清了事实。而对于一些似乎已经久讹成真的说法，孙机也给予驳正。他在研究日本奈良东大寺山出土的带有"中平"年号的大刀时指出，此刀并不是由中国传到日本去的。不仅如此，而且所谓秦始皇派徐福带领数千童男女东渡日本的说法也纯属子虚乌有。《三国志·孙权传》的记载表明，徐福去的是夷洲。《临海水土志》说："夷洲在临海东南。"故夷洲即今之中国台湾。而古文献中所记日本的方位则与之完全不同。《汉书·地理志》说："乐浪海中有倭人。"《后汉书·东夷传》说："倭在韩东南大海中。"都指出它的位置在朝鲜半岛东南。徐福畏诛远遁，是要避开秦始皇继续搜索的锋芒，所以向南航行正是合理的。再比如中国四大发明之一的指南针，可靠的史料表明它出现于11世纪。但王振铎却以《论衡·是应篇》中"司南之杓，投之于地，其柢指南"这十二个字为依据，做出了司南的模型。虽然它根本不能指南,却进了教科书,又成了邮票上的图案。王振铎设计的司南,是在占栻的铜地盘上放置一个有磁性的勺。但此勺当以何种材料制作?他说:"司南藉天然磁石琢成之可能性较多。"可是天然磁石的磁矩小,制作过程中的振动和摩擦更会使它退磁,这是难以克服的困难。王振铎于是采用了另外两种材料:一种是以钨钢为基体的"人造条形磁铁";另一种是天然磁石,为"云南所产经传磁后而赋磁性者"。汉代根本没有人工磁铁,而他用的天然磁铁也已被放进强磁场里磁化,使其磁矩得以增强。这两种材料均非汉代人所能想见,怎么能用它们来复原汉代的仪器呢!1952年钱临照院士应郭沫若的要求做了一个司南,当作访苏礼品。当时找到最好的天然磁石,请玉工琢成精美的勺形。遗憾的是它不能指南。由于磁矩太小,地磁场给它的作用不够克服摩擦力,只能用电磁铁充数。20世纪的科学家都做不到的事,汉代的工匠又如何能做到?孙机的这个论断在中国科学史学会讨论司南的报告会上得到了与会专家的肯定。

三、古代车制与服装的研究

孙机对古车和古代服装的研究用力甚勤。中国古车与西亚、北非和南欧的两轮马车粗看起来好像很接近，然而如从系驾方式上考察，则两者的区别极大。西方采用的是"颈带式系驾法"，颈带压迫马的气管，车速愈快，马的呼吸愈困难。当时那里的古车拉不了500千克以上的东西。中国古车则不然。孙机在《中国古马车的三种系驾法》一文中指出，先秦时中国已普遍采用"轭靷式系驾法"。此法不压迫马的气管，有利于马的力量的发挥。正是基于车体结构和系驾法的科学合理，所以古代中国才能在车与车之间进行车战，这是西方古车所望尘莫及的。他又进一步阐明，先秦时中国古车已采用当时最先进的"轭靷式系驾法"。汉唐时则采用"胸带式系驾法"，更加便当；此法在西方的使用比中国晚了近一千年。不晚于元初，中国又采用了与现代马车相同的"鞍套式系驾法"。孙机提出的中国古车系驾法的三阶段论，为中国古车的本土起源说提供了强有力的证据。因为有一种说法认为，马车在中国的出现是接受了来自西亚的影响，完全不顾中国与西方的古车就整体结构与性能而言，属于不同的分类的事实。孙机的研究使中国古代领先世界的这一重要的技术成就更加彰显。1984年在威尼斯召开的讨论中国古代文明起源的学术会议上，英国科学家李约瑟对他的工作给予热情的正面评价。孙机还应邀担当了山东临淄中国古车博物馆的总体设计工作。此馆是中国第一座专门展示历代制车成就的博物馆，1994年建成开放。

至于服装，不仅用以蔽体御寒，而且可表明人们的身份、职业和社会地位；在古代属于礼制的组成部分。但由于王朝的更替，种族的差异，代移时迁，后世对古代服制就很难说得清楚了。唐代张彦远在《历代名画记》中就对当时的画家将古人的服装画错了的情况提出批评，称之为"画之一病也"。及至现代，对古代服饰制度更往往疑莫能明。比如深衣，虽然《礼记·深衣篇》说得很简明扼要，历代儒者也做了不少注释，但读起来有时仍感到茫然。孙机以长沙马王堆汉墓出土的实物与文献相对照，条分缕析，使问题变得清清楚楚。又比如上古时期中国的服装以"上衣下裳，束发右衽"为特征。战国时由于作战的需要，以短上衣、长裤和靴构成的胡服开始流行。过去曾认为，带钩是和胡服一同传入的。孙机指出，中原地区在西周末、春秋初已使用带钩，比北方草原地区还早，故旧说不确。以前还普遍认为，古文献中提到的"鲜卑""犀毗"等均指带钩。孙机证明它们是匈奴式的带鐍，与带钩无关。孙机又理清了汉代的冠制，将各种冠式一一绘图说明。他认为中国冠制的确定，乃至于成为官阶以及官职的表征，是在汉代实现的。当时身份低微的人则只能戴帻而不能戴冠。孙机也注意到中国服装史上之大阶段的划分。十六国、南北朝时，中国古代服装史上发生了大的变革，服装的大改变和民族的大融合同步进行。南下的鲜卑族本着鲜卑装，包括圆领或交领的裲衣、长裤、长靴及装带扣的革带，戴后垂披幅的鲜卑帽。当各族长期杂居后，这种服装在华北流行开，汉代劳动人民也有穿着。而另一方面，北魏王朝的统治者出于政治需要，提倡汉化，其中有一项内容是禁胡服。于是皇帝和臣僚的祭服、朝服中又出现了峨冠博带的汉式"威仪"。不过对于平民的服装来说，北魏的汉化成果并未能持久，继起之东魏、北齐屡屡兴起反汉化的浪潮。特别是北周吸收汉族农民充当府兵，更为鲜卑化的服装在平民中的普及开辟了道路。在这样的基础上形成的唐代服装，遂形成"法服"与"常服"并行之制。作为礼服的法服仍沿袭汉代的冠、冕、衣、裳。而以圆领缺骻袍、幞头、鞢、带、长勒靴构成的常服则是在鲜卑装的基础上改进而成。这样，中国服装就从南北朝以前的单轨制改变成自唐至明的双轨制。同时孙机也对于辽、金、元、清等少数民族主政的朝代中，其服制政策的异同等问题，做了较透彻的分析。孙机对历代女装也予以注意。对唐代妇女的裙、衫、帔、条纹裤、皱文靴、席帽、幂䍦以及面部化妆的额黄、花钿、斜红、妆靥、翠眉、朱粉等都用图文对照做出说明。特别是缠足。孙机指出，直到北宋神宗以前，缠的人并不多，伤害性如此之大的化妆术，不可能一下子就普及开来。只是由于某些头面人物的大力赞扬，才逐渐流行。苏轼最早写词赞美缠足："涂香莫惜莲承步，长愁罗袜凌波去。""纤妙说应难，须从掌上看。"苏门学士秦观也有"脚上鞋儿四寸罗"之句。至南宋时，缠足在贵族妇女中已相当普遍。南宋初肖照的《中兴祯应图》中的妇女，都是一副纤弱的病态，其身心已明显受到缠足的摧残。孙机认为，造成这种后果，苏轼等人是难辞其咎的。对于元代的顾姑冠，明代的云肩、比甲，清代的旗装和它们之形形色色的附件，孙机也都给解释清楚。原纺织工业部筹建的中国服饰博物馆聘他为设计委员，北京服装协会选他为理事。

四、关于中外文化交流的研究

1999年，孙机在为《文物》月刊庆祝中华人民共和国成立五十周年专辑所撰《建国以来西方古器物在我国的发现与研究》一文中，对20世纪下半叶中国出土之西方古器物的特点，以及它们在中国产生的影响等问题，做了总结性的回顾。他还将多年来写出的关于文物领域中所见东西文化交流的文章结集为《中国圣火：中国古文物与东西文化交流中的若干问题》一书，其中对步摇冠、五兵佩、来通杯、凸瓣纹银器乃至佛塔当中的异域因素与其入华后的演变做了探索。书中也提到若干与域外有关的图案纹饰，并进行分析比较。但孙机认为，从考古学的立场上说，比较是用以探索两种事物之关系的手段；考古学上的传播关系应是一系列直接接触引起的积极反应所产生的结果。于文学作品中，有时虽时代悬远、地域阻隔、不通声问之人，亦可偶兴同感；钱锺书的《管锥编》中举例至夥，可是并未说它们之间谁影响过谁。而研究中西纹饰的学者却提出"纹饰迁徙"理论，认为绝大多数相互类似的纹饰是由传播造成的。当然，传播关系在有些物品中是存在的。但要说明这种情况，首先必须有考古学上的证据。如果说中国的某种纹饰来自古埃及，则应在中国发现过带有此种纹饰之古埃及器物的踪迹；反之亦然。很难设想，一种古代纹饰会脱离开所装饰的器物，天马行空式地在各大洲之间迁徙。而且所谓类似，必须双方的标本有共同的基本特征。有学者认为商周的饕餮纹与古亚述的胡姆巴巴及古希腊的戈尔工头像类似。但揆诸事实，它们的构图和艺术风格都差得太远，传播关系无从说起。其次,有关资料还要通过考古学的处理。因为两地间如曾建立起文化上的联系,且不因特殊情况而中断,从而留下的不会是孤例,而应是连续的一串足迹。进行考古学处理就是将这些遗迹和遗物进行排队。当双方之同一类器物的发展序列已排列清楚,建立起了可以对应的坐标系,相互交会的接触点也确有实据时,则传播关系就会鲜明地呈现出来。以汉与罗马的关系为例,不少学者认为东汉与罗马之间有一条称作丝绸之路的文化交流的大动脉;然而从实际情况看,当时两国基本上仍处于半隔绝的状态。这两个分别屹立于远东、泰西的文明古国无疑是两个文明中心,双方的文化成就各有千秋。罗马的石造建筑、人体雕塑以及若干金属工艺的水平,都达到了人类历史上的高峰。而汉代在生产和生活用品上的许多领域,也走在世界前列,不仅当时领先,在以后的上百年,甚至上千年中都领先。当然,罗马也有不少领先的项目。但领先的时间越长,越表明互相不了解。两国间当时如真有一条文化交流的大动脉,信息何至于如此滞后,反应何至于如此迟钝。当缣帛在罗马已并不十分罕见之时,不少人仍认为丝是树上长出来的。有些关乎日常生计,拿过来就能产生立竿见影的效果的技术,无疑是双方民众所需要的,可是彼此竟全然不知。所以汉文化与罗马文化基本上是各说各话，各自都是独立发展起来的，交流借鉴的成分很少。隋唐以后，情况有所改观，但仍然必须靠证据说话。至少有人动辄将中国古代之创造发明的源头说成是外来的，就更须依据史料加以检验了。一些缺乏真凭实据的说法，孙机认为是不能接受的。

五、孙机主要论著

孙机:《汉代物质文化资料图说》，文物出版社，1990年。

孙机、杨泓:《文物丛谈》，文物出版社，1991年。

孙机:《中国古舆服论丛》，文物出版社，1993年。

孙机:《中国圣火：中国古文物与东西文化交流中的若干问题》，辽宁教育出版社，1996年。

孙机、杨泓:《寻常的精致》，辽宁教育出版社，1996年。

孙机:《印刷术：中国古代的伟大发明》，新星出版社，1997年。

孙机、杨泓:《文物三字经》，原载《中国文物报》，辽宁教育出版社，1999年。

孙机:《中国古舆服论丛（增订本）》，文物出版社，2001年。

关善明、孙机:《中国古代金饰》，沐文堂美术出版社（香港),2003年。

孙机:《孙机谈文物》,三民书局(台北),2005年。

孙机、黄燕芳、周慕爱:《萤窗高致:梦蝶轩藏中国文房用品》,香港大学出版社(香港),2006年。

孙机:《汉代物质文化资料图说(修定本)》,上海古籍出版社,2011年。

孙机:《仰观集:古文物的欣赏与鉴别》,文物出版社,2012年。

孙机:《中国古代物质文化》,中华书局,2014年。

(作者单位:王冠英,中国国家博物馆;赵永晖,中国社会科学院文学研究所。原标题《孙机》,载《20世纪中国知名科学家学术成就概览·考古学卷·第二分册》,总主编:钱伟长,分卷主编:王巍,科学出版社,2015年,第71—78页。有删改)

孙机先生传略

霍宏伟

2023年6月15日8时9分,中国国家博物馆终身研究馆员、考古学家、文物学家孙机先生在北京逝世,享年九十四岁。

一、生平事迹

孙机先生1929年9月28日出生于山东省青岛市。曾用名孙志杰,字遇安。其父亲为孙毓址先生,字进初,母亲为苏延贞女士。孙毓址先生1921年毕业于北京大学法学系经济科,后在山东济南法政学院任经济学教授。抗战期间,他威武不屈,英勇牺牲。

1949年6月,孙机先生成为中国人民解放军华北军政大学的一名学员。1951年到北京市总工会宣传部文艺科工作,驻北京市劳动人民文化宫,任北京市工人业余文工团副团长。同年,开始跟随沈从文先生学习中国古代服饰史,并协助整理古代铜镜。1955年考入北京大学历史系考古专业,师从宿白先生。1960年毕业后在北大历史系资料室工作。

1979年调入中国历史博物馆(今中国国家博物馆)考古部工作。1983年被评为副研究馆员;1986年评为研究馆员;1989年当选中国考古学会第二届理事会理事;1992年获国务院颁发的政府特殊津贴;1995年被聘为中央文史馆馆员;1998年被聘为国家文物鉴定委员会委员,2005年增聘为该委员会副主任委员;2008年被聘为全国古籍整理出版规划领导小组成员,同年被中国美术家协会评为"卓有成就的美术史论家";2010年被聘为中国国家博物馆学术委员;2012年获中国国家博物馆"学术成就与突出贡献奖";2018年任北京服装学院特聘教授;2019年被聘为中国国家博物馆终身研究馆员、研究院名誉院长;2022年,北京大学考古文博学院为他颁发了"考古文博学院杰出院友奖"。

纵观孙先生的一生,有三大转折点。第一个转折点是1949年,他从山东青岛来到北平,进入华北军政大学学习,后被分配到北京市总工会,结识了当时供职于北京历史博物馆的沈从文先生。孙先生曾作诗一首《过大沽河》,来纪念这一历史性的转折时刻。

第二个转折点是1955年他考上北京大学历史系考古专业,师从宿白先生。孙先生撰文回忆,真正引导他走上科研道路的是宿白老师,老师的教诲使他认识到做学问应该坚持的信念、采取的方法和遵守的规范。

第三个转折点是1979年,他从北大历史系资料室调到中国历史博物馆(国博前身),为其进行学术研究创造了良好条件。孙先生认识到一个新的历史时期开始了,馆里条件优越,科研工作得到领导的支持,再加上有馆藏众多的文物、大量的图书可资参考,使工作得心应手。自1979年至2023年,孙先生在中国国家博物馆工作时间长达44年,他对国博充满了感情,真正做到了"以馆为家"。

二、学术成就

孙机先生的学术成就,主要反映在古器物鉴定与研究、科技史、古代车制与服装、中外文化交流四个方面。一是古器物鉴定与研究。例如，他的《秦代的"箕敛"》一文，以微观层面的古器物作为切入点，逐步展开论述，落脚点是宏观层面的秦代经济史与财政史，充分体现了孙先生一贯倡导"由小见大"的研究原则。孙先生所撰《"温明"与"秘器"》，对于汉墓中出土的漆面罩详加考证，指出这应该是文献中所说的"温明"，出土的"玉衣"实为玉柙，即墓主亲身之椑棺。他历经数十年所著《汉代物质文化资料图说》是古器物研究的典型代表，学界给予高度评价。

二是科技史探索。孙先生对于一系列科技文物的考证，显示出他扎实的学术功底、文理兼通的知识储备。如《托克托日晷》是对内蒙古托克托出土日晷的探讨。关于豆腐制作技术的出现时间问题，他撰有《豆腐问题》《汉代有豆腐吗？》两篇文章，对汉代已有豆腐的观点进行了驳斥。《百炼钢刀剑与相关问题》一文，是他以日本奈良东大寺山出土带有"中平"年号的钢铁大刀作为讨论的重点，提出此刀并非由中国传到日本，更具创新性的观点是孙先生认为秦始皇派徐福带领数千童男女东渡日本的说法纯属虚构。关于司南问题，也是科技史方面的重要问题，孙先生撰写《简论"司南"兼及"司南佩"》《再论"司南"》两篇论文，对其进行了深入论证，提出了自己的看法。

三是古代车制与服装研究。他在《中国古马车的三种系驾法》一文中总结的中国古车系驾法的三阶段论，为中国古车本土起源说提供了有力证据，更加彰显了中国古代领先世界的这一重要技术成就。孙先生以往有关服饰史的研究成果，集中体现在多次修订、再版的《中国古舆服论丛》。近年来，他讲述的《中国服装史上的四次大变革》总结出了中国服装史的发展规律：新石器时代，华夏族即已形成上衣下裳，束发为髻的服饰特点，可视作我国服饰演变的起始原点；我国服装史上第一次大变革发生在战国时期，以赵武灵王的"胡服骑射"为标志，经此次变革后，衣裳相连的深衣流行开来；第二次大变革始自南北朝，到唐代完成，经此变革我国服装从汉魏时的单一系统，变成华夏、鲜卑两个来源之复合系统，从单轨制变成双轨制；第三次变革发生在清朝，华夏族传统冠冕衣裳被完全废除，古典服制至此断档；辛亥革命后，长袍马褂虽继续存在，但中山装、学生装、西装日益流行，新中国成立后，我国的服装更逐步融入世界潮流，是为我国服装史上的第四次大变革。

四是关于中外文化交流的讨论。孙先生不仅撰文《建国以来西方古器物在我国的发现与研究》，对20世纪下半叶中国出土的西方古器物特点及其在中国产生的影响等问题做了总结性的回顾，而且还将其关于文物领域中所见东西文化交流的文章结集出版，名为

《中国圣火——中国古文物与东西文化交流中的若干问题》。

三、研究特点与学术传承

孙机先生的研究特点，可以概括为三点：一是缜密的体系观念，孙先生通过写作《中国古代物质文化》《汉代物质文化资料图说》两部著作，初步建立起一个宏大的中国古代物质文化史的学科体系框架；二是强烈的问题意识。他做了大量的个案研究，解决了诸多学术问题；三是学科贯通，他将多种学科融会贯通，打破了各学科之间的界限。其研究方法，遵循文献与实物相结合的方法。

在学术传承方面，孙先生得益于沈从文、宿白两位名师的悉心指导，还将平生所学传授给扬之水先生，从而使名物学更加发扬光大。

孙机先生能够取得突出学术成就的主要原因，包括两个方面：一方面，在主观上，他始终保持着积极心态，目标明确，学术至上。另一方面，在客观上，他幼时受到家庭环境的良好影响，青年时期又遇到了沈从文、宿白两位名师的学术指导。

进入晚年，他主要做了两件有意义的事情。一是经过多年的精心筹备，2021年2月，由孙先生策划的"中国古代服饰文化展"在国家博物馆隆重开幕，受到广泛好评。二是修订、出版自己的学术著作。2008年，上海古籍出版社出版《汉代物质文化资料图说（修定本）》；2013年，推出《中国古舆服论丛（增订本）》；2012年，文物出版社发行《仰观集：古文物的欣赏与鉴别》；2014年，中华书局出版《中国古代物质文化》；2016年，三联书店印行《从历史中醒来：孙机谈中国古文物》。自2021年开始，由商务印书馆编纂一套八册《孙机文集》，于2023年10月正式出版，是他学术成果的整体呈现。无论是策划、举办"中国古代服饰文化展"，还是修订学术著作，他都付出了大量心血，全身心地投入其中。

总之，孙机先生数十年如一日，持之以恒，心无旁骛，一心向学，成就斐然，以其毕生精力为中国考古文博事业的发展做出了重要贡献，并得到了学术界的充分肯定，其传文收入《20世纪中国知名科学家学术成就概览·考古学卷》，孙先生跻身中国知名考古学家之列。

附记：本文原为《中国考古学年鉴（2024）》撰写的孙机先生传文，主要依据以下三文写成。王冠英、赵永晖：《孙机》，《20世纪中国知名科学家学术成就概览·考古学卷》第二分册，科学出版社,2015年,第71—78页;中国国家博物馆编:《孙机先生生平》,内部资料,2023年6月;霍宏伟:《致广大,尽精微——孙机先生的学术境界》,《仰观与俯察:孙机先生的治学之道》,译林出版社,2024年。此文收入本书时,做了修改、补充。传文中所提及的孙先生论著,均收录于《孙机文集》。

（作者单位：中国国家博物馆）

在纪念沈从文先生诞辰一百周年座谈会上的发言

孙 机

今天大家在这里怀着崇敬的心情纪念沈从文先生诞辰一百周年,场面非常之令人感动。沈先生是我国著名的作家,但在他供职中国历史博物馆的三十多年中,他的身分一直是一位文物学家。我是1951年认识沈先生的,直到1955年去北大读书以前,和沈先生的接触较多,我所认识的也正是一位作为文物学家的沈先生。

1951年在北京举办敦煌壁画展,地点为故宫午门。当时我是北京市总工会宣传部的一名干事,办公地点在劳动人民文化宫,离午门非常近,所以经常去。那时候沈先生几乎天天上楼给观众讲解。他讲的重点不是佛像、菩萨像,经变故事虽然也介绍,但他最津津乐道的是历代的供养人,特别是他们的服饰。什么幞

在纪念沈从文先生诞辰一百周年座谈会上的发言

头啊、帔帛啊，以前虽然在书本上见过这类名称，但对具体形象却毫无概念。从沈先生那里我才知道它们是什么样子。在服饰史的研究上沈先生是我的启蒙老师。实际上沈先生这时已在着手整理中国古代服饰，1981年出版的《中国古代服饰研究》总结了他在这一领域中的成就。

　　沈先生这部书是中国服饰史的开山之作，它系统地叙述了我国从上古到清代的服饰史，而且涉及许多兄弟民族的服饰，内容十分丰富，但文笔却相当简洁。这么说丝毫不是贬低它的学术价值。在服饰史中，有许多看法是第一次在这里提出来，并被广泛认可、成为定论的。虽然如此，但简洁、生动、全面毕竟是这部书的特点。沈先生本人也一再强调写这部书要"博闻约取"，又说它是用"长篇小说的笔法来写的"。为什么呢？因为沈先生不希望中国第一部古代服饰史成为一般人看不懂的，充满了古怪的名称和古书上的大段引文的，一部冷僻的书。作为开山之作，许多事物前人不曾涉及，当然需要考证。但他的考证不是把牛角尖里的东西再往更深处推，而是把它们挖出来，摊开来，简单明了地就给解释清楚了。他说的"作为长篇小说"来写，尤有深意。小说当然要写人物，但长篇小说不是水墨写意，逸笔草草，不是剪影，不是卡通，而是写实的大油画；缤纷壮丽，细致入

27

微。沈先生的服饰研究也正是要把古人的形象真正呈现出来，要在文物考古的强光灯照射下，让各朝各代形形色色的人物来一次大亮相。

我国是一个历史悠久的文明古国，无数古圣先贤、仁人志士是中华民族的脊梁，他们永远是激励我们前进的榜样。但由于我国古代留下来的写实的人像作品不多，所以提到一些著名的历史人物时，我们的头脑里往往浮现不出他们的身影。而且，我们的美术界也没有形成创作史诗性的历史人物画的传统，山水画里那些背着手看瀑布的老头只不过是一个符号。清代的仕女画，无论画"麻姑献寿"的麻姑，还是画"黛玉葬花"的黛玉，几乎都是同样的打扮，毫无时代特点可言。一些大师级的艺术家在这方面也不甚在意，比如徐悲鸿先生画的《田横与五百壮士》，画中的田横就穿着隋唐时才流行的圆领袍，佩着明代式样的宝剑。可田横是秦末汉初的人，那件圆领袍比他的时代晚了约八百年，那把剑比他的时代晚了约一千五六百年；要是再晚五六百年，他就该戴上墨镜、别上手枪了。能说这是田横吗？或许有人认为：画家不是历史学家，不能用"历史"或"考古"的框框来要求。是的，您不是历史学家，但您在画历史画，难道可以不懂历史吗？不清楚所画的对象，不明白当时的制度，不理解事件的原委，张冠李戴，汉唐宋元一锅煮，如何能通过画笔描绘出前贤的风采，升华出历史的神髓呢？通过您的画，将一些混乱的概念不负责任地抛给观众，这和卖文化假药又有什么区别？影视界受到"戏说"之风的冲击，更是一个重灾区。比如电视上播出的《三国演义》，曹操的头盔顶部装有一对犄角形物，这种装饰中国古代绝对没有，纯属日本式样，他们称之为"锹形"，是鎌仓时代，也就是13世纪时才出现的。曹操是2世纪中期到3世纪初期的人，根本没见过这种东西。所以荧屏上的曹操就像是一个耀武扬威的古代日本军官在追杀古代中国兵，让人看了很不是味儿。再如20世纪80年代拍摄的《马可波罗》，一位资深的艺术家兼学者扮演忽必烈。在许多镜头里他都戴着帽子，扮相还看得过去。一次忽然摘下帽来，竟露出一个大光头，就是北京俗话说的"秃瓢"。忽必烈哪里是这样的呀！他应该剃"婆焦"，两鬓垂下用小辫子绕成的发环。这样一位学者型的名演员以及他背后的中外导演，竟对七百多年前中国最高统治者的发型也缺乏概念，令人感到可叹，说明这个问题应引起注意。这种情况其实相当普遍，这就使"古代"在人们心目中变得很模糊。而一个民族，特别是其知识界，如果对自己的历史只有模糊的印象，那就不仅是可叹而且是可悲了。其实这类问题在沈先生的书里都有答案。所以，沈先生的研究不是象牙塔里的纯学术，而是为社会、为现实服务的。沈先生当年就曾为《蔡文姬》《虎符》等话剧的演出提供过多方面的资料。今天，在绘画、影视，特别是以历史人物为题材的城市雕塑等方面，都需要让"古人"的穿戴别出硬伤。当然，古代服饰问题不能要求艺术家自己临时去解决，我们应当提供材料，提供研究成果，应当在沈先生开拓的道路上继续前进。

另一方面，大家知道，一般说文物具有三重价值：历史价值、科学价值和艺术价值。我们学历史出身的，往往对文物的历史价值特别留心，写文章多半针对其历史价值而发。科学方面因为有专业人士做分析化验，所以也说得比较准。而谈到文物的艺术价值时，却好像无须深究，人人皆知。可是出现在文章里，不是说某件文物"十分精美"，就是"精美绝伦"。对于一些不起眼的陶俑，张嘴也是"栩栩如生"。在沈先生的著作里，当我们读到《古代镜子的艺术》《谈瓷器艺术》《龙凤艺术》《鱼的艺术》等优美的散文时，才真正体味到文物之美，文物才从一般器物中凸现出来，使人另眼相看。就拿沈先生对古代服饰的描写来说，那绝不是干巴巴的流水账，而是让我们看到了从历史中走出来的、有具体身份的人，那么鲜亮，那么优雅，一下子就让人感觉到他们的实际存在。

在纪念沈从文先生诞辰一百周年座谈会上的发言

文物研究往往是多见物，少见人。沈先生强调全面整体地看文物，提出要"上下前后，四方求索"，所以在沈先生研究文物的文章中，总有人的活动呼之欲出。举一个例子，比如《红楼梦》第四十一回"贾宝玉品茶栊翠庵"，说的是贾母、刘姥姥、宝玉、黛玉、宝钗等人到妙玉的栊翠庵喝茶。这是《红楼梦》中一篇精彩的文章，其中不乏委婉的讽刺，但表现上不动声色，不露形迹，十分含蓄又相当尖利。这里面还有不少所谓"隐喻"，作者不说破，让读者自己去体味，去发出会心的微笑。书中妙玉拿给宝钗喝茶的杯子叫"瓟斝"，是一件葫芦器，上面有王恺、苏轼的刻款。葫芦器是明清时才较常见的工艺品，晋代的王恺、宋代的苏轼怎么会在上面刻款呢？当然是一件假古董。给黛玉用的杯子叫"点犀盏"，是一件犀角杯。犀角杯在当时的豪门富户中不太罕见，但点犀杯就不好说了。因为普通犀角通体呈棕褐色，有的犀角却在中心部位自上而下有一缕白线，这种犀角就叫"点犀"或"通天犀"。唐诗"心有灵犀一点通"，就是拿它来打比方。古代（特别是宋代）很重视这种犀角，因为当时拿它做成装在腰带上的带铐（带板）。横剖开点犀制成的带铐，在棕色地子当中出现一团白斑，特别惹眼，特别名贵。可是做成杯子得把芯儿掏空，贵重的白斑给掏没了，点犀不通灵了，就不值钱了，所以不可能有用点

31

犀做的杯子。曹雪芹这么写，就把妙玉的假充内行，表面上高雅脱俗，一尘不染，实际上很势利眼，很会逢迎，刻画得入木三分。沈先生以其深厚的文学和文物学的功力，把这些微妙之处剖析得清清楚楚，再看小说原文，简直就活了。可是像人民文学出版社出版的《红楼梦》注释本，却仍把它们解释成"珍贵的古玩"，未免点金成铁。

沈先生的前半生是作家，是用文学作品创造美好的人物形象。他的后半生是文物学家，是解释和重新发现那些不可再生的文物的价值。对于国家的文化事业来说，这两方面的工作都是需要的，难分高下。有人曾认为沈先生的转业是个"损失"，似不尽然。从文博工作的角度讲，倒希望有更多像沈先生这样极渊博、极敏锐又具有极大热忱的学者投身到这条战线上来才好。

2002年12月25日于中国历史博物馆

（原载《仰观集：古文物的欣赏与鉴别》，文物出版社，2012年，第513—515页）

在"文学中的服饰——纪念沈从文先生诞辰一百二十周年学术论坛"上的发言

孙　机

我们今天在国家博物馆召开纪念沈从文先生的会,大家的发言在旁人看来或许会显得非常奇怪。因为沈先生,在一般的社会认知中是位大作家。《沈从文全集》里有大量他的文学作品,他的《边城》等作品很多人都知道,而且他差一点就获得了诺贝尔文学奖。可我们今天谈的,则与他的文学创作及作家身分毫无关系。在各位的发言中,没有哪一位是谈他的文学创作的。那么这是为什么呢?因为沈先生在新中国成立前是在北京大学中文系讲小说作法的教授,而在新中国成立前夕,沈先生受到了左翼文化界的批判离开北大进入中国历史博物馆,将工作重心转移到了文物研究上。

早在沈先生南下昆明在西南联大任教时,就曾接触过历史文物。当时在西南联大有个文物陈列室，里面的东西都是沈先生整理的。后来，到了20世纪50年代。1950年，我来到北京市总工会工作，工作地点在北京劳动人民文化宫，这样就与沈先生相识了。那时候，历史博物馆的展厅位于午门顶上，沈先生虽然是历史博物馆研究员，但是基本没有什么重要的研究任务，所以几乎每天都会到午门楼上去给观众做义务讲解。因为劳动人民文化宫与午门距离极近，几乎就是一步之遥啊，我们那时候的文化宫工作也不忙，所以我就经常听沈先生在午门讲文物。从1950年一直到1955年我到北大读书以前，差不多六年当中，因为沈先生很平易近人，逮着谁就跟聊天似的跟人家讲文物，所以三讲两讲我和他也就熟了。沈先生当时在午门的时候，午门有一个大高门槛，我们就坐在门槛上聊天。那时候博物馆也没什么观众，我就跟沈先生很熟悉了。后来我也会到沈先生家里去，张（兆和）老师给做饭吃。那时候，沈先生的长子沈虎雏先生还没有桌子高，也会争着要吃这吃那，可以说是相当熟了。

我们现在说鉴定文物，或者给博物馆征集文物，会有征集部门或者征集组，来给鉴定真伪、表明态度，看能不能收藏。但在新中国成立初期，没有这种机构，沈先生给当时的历史博物馆买东西，我就给沈先生拎着包，一同到古玩店去看。沈先生跟古玩店

在"文学中的服饰——纪念沈从文先生诞辰一百二十周年学术论坛"上的发言

也比较熟,古玩店有什么东西,也会请他帮忙看看。看到便宜的、合适的文物,沈先生就买回来,给历史博物馆做代购。可以说,我给沈先生拎着包陪着他去古玩店买东西,这种经历得有上百次吧。现在回想起来,沈先生有时候买的东西,简直便宜至极,而且确实是真的。现在一件东西动辄几十万、上百万,当时一块钱甚至几毛钱就能够买来。所以,在这个过程当中,从在昆明的西南联大一直到在北京的历史博物馆,沈先生所接触的文物面是非常广的,对待文物的经验也是非常多的。这种经历,别人很难有,特别是对一位作家来说,这种经历是很难得的。我举个例子,有些作家也爱好文物,但是并不把它当回事。而沈先生确实对文物有着非常深厚的感情,既去看它又防止它的流逝,能够把文物收集到公家单位,完好地、长久地保存下来,是他的目的。

新中国成立以后,沈先生一步一步地、越来越受到国家的重视,包括担任政协特邀代表等职务。那么在这一时期,沈先生就开始从事很多方面的研究,但是(古代)服饰研究是其中的一大重点。关于沈先生的服饰研究,刚才大家都有所提及,当时沈先生研究服饰的主要目标是给北京人民艺术剧院的古代服装设计提出意见。当时我就在旁边听着,沈先生就会告诉他们应该穿什么样的衣服、怎么穿。回想起来,到现在为止,我们仍然能看到很多历史剧、电视剧等艺术创作中的服饰，早在沈先生那个时代就已经指出来是不对的了。可是到现在还是改不了，还有很多任务需要我们继续来完成。比如在某部电视剧里面，曹操戴着有两个类似牛角装饰的头盔出现，那种头盔在中国是根本没有的，是日本的，而且是13世纪才在日本出现的。而曹操所在的公元2世纪，怎么会有这样的头盔呢？结果就是，电视剧中堂而皇之就出现了戴着日本头盔的曹操。又比如说，现在很多的城市雕塑，会塑造一些古代城市名人，这些人物的服装也或多或少存在着各种各样的问题。虽然汉、唐、宋、元、明、清的服饰现在都说是"古装"，但是各个时代的服装服饰可是大不一样的，所谓"古装"的区别也是很大的，我们至少需要把这些东西弄清楚。我之前到徽州去，从徽州上黄山，徽州还有它的老城门，在城门口一边立着三座当地文化名人雕像，其中有几位是清朝的名人雕像。雕塑的清朝人，顶戴花翎、身穿朝服，表现的是官员形象。正常情况下，够品格的官员穿朝服时要戴朝珠，是清代服饰规定之一。但是这个朝珠，和老和尚的念珠不一样，在朝珠的侧面是有"纪念"的，一边一个，一边两个，男女朝珠的纪念在佩戴时方向有所不同，而老和尚的念珠是没有纪念的。结果徽州城门边上的清人雕像顶戴花翎，颈上挂着老和尚的念珠，这就有点说不过去了。这种情况在国外的艺术创作中是很少出现的。比如我到英国去,在英国服装史中,13世纪服装、14世纪服装,研究得清清楚楚,咱们所见的这种错误很少会发生,而且很多时候这些创作是代表国家、代表当地政府的形象的,这就有点说不过去了。

关于古代服饰研究,沈先生已经开辟了道路,我们现在应该继续很好地把它推进下去,不能让它被遗忘。应该在沈先生研究的基础上,沿着这条道路继续往前走,这样就能够不断地解决很多现实问题。我就讲到这里,感谢大家!

(据2022年7月15日在中国国家博物馆会议现场发言内容记录,文字整理:朱亚光,中国国家博物馆)

《中国古舆服论丛》后记

孙　机

《中国古舆服论丛》第一版问世后,岁月不居,转瞬八年,其间出土的有关之文物与发表的新说都很多。笔者学习之余经常记下心得,锱铢积累,爰成本稿。因为是论文集的形式,不敢奢望从中展现我国古舆服之盛概;唯就管窥所及,讨论了若干前贤不太注意的问题。偏颇疏漏,自知难免。大雅方家,幸鉴其望洋向若之衷,教而正之。

笔者对古舆服的接触,始于1951年的敦煌壁画展览。当时我是北京市总工会宣传部的一名小干事,办公地点在劳动人民文化宫,展览会则设于午门城楼,近在咫尺。而作为新中国古服饰研究的开山,那满腔热忱在文物界中罕见其匹的一代大师沈从文先生,几乎天天登楼给观众讲解。我虽然因为有"公务",未克逐日追随左右，但只要跑得开，必定跟在先生身旁。亲炙既久，先生多年以后出版的那部《中国古代服饰研究》之大致的梗概，似乎都向我讲过。不但在展览会上讲，在办公室里讲，闲谈时还讲。有天中午给他拎着包一同到中山公园围墙外，这里现已成为花团锦簇的绿地，而当时很空旷，只有几家小饭摊的马路旁，两个人坐在窄板凳上喝老豆腐。先生指着如今膺美名曰豆花之或聚或散的白点子说：绞缬的效果就是这样的。五十年过去了，每当提到绞缬，我脑子里首先浮出的还是那半碗老豆腐。近日读陈徒手《人有病，天知否》，说先生这一阶段情绪不高。也许其时由于我太年轻吧，对此浑然不觉，也从未把先生看成落入低谷的大作家。只感到在先生跟前如沐春风，他讲起文物来不疾不徐，娓娓而谈，生怕你听不懂；即使听者略有领悟，先生仍要旁征博引，反复启发，诱导你往深里想。陈书提到他解放后写成的唯一一篇不曾发表的小说《老同志》，先生也给我看过。其中说革命大学的老炊事员长得像马恩列斯中的某位（忘了是哪位），使我大为惊骇，炊事员怎么能和革命导师相提并论呢！于是期期以为不可。这就是我当年的"觉悟水平"；先生则一笑置之。为了使我打开点眼界，先生让我读原田淑人讲唐代服饰、汉魏六朝服饰及西域绘画中所见服饰等著作，即所谓"原田三书"。

开始真有点读不下去。因为抗战爆发时，父亲硬把母亲和我送走。辞别了战火纷飞的齐鲁大地，沿陇海路西行，挤在装难民的闷车里，不知谁忽然唱起"我的家在东北松花江上"，凄凉的歌声伴着车轮声洒落在离故乡、离亲人愈来愈远的漫漫长途，何日是归程！自己作为八九岁的孩子，也不禁悲从中来，泪如泉涌。1939年父亲在沦陷区遇害，国仇家恨，更使我见不得"日本"二字。可是在先生的讲解下，看插图，读汉字，认假名，慢慢明白了原田书中的意思。觉得他对中国古文化相当尊重，见识渊博，语言平和。他虽然不是我的"藤野先生"，却也不失为一位可敬的学者。1956年原田率团访华时曾来北大做演讲，大家上礼堂门口欢迎，校领导与代表团寒暄时，原田正在我面前停步，很想告诉他自己曾自他的书中得到教益。可是又想起不宜随便同外宾讲话，于是，忍住了。

这时我是北京大学历史系考古专业的学生。进北大本有深入学习服饰史的打算，但考古专业师生的兴奋灶多集中在原始社会，一种说法叫"古不考三代以下"；而无论仰韶文化、龙山文化的墓葬或灰坑，都挖不出多少服饰资料，自己颇茫然。阎文儒老师讲授考古学史，是研究后一段（指汉唐及其后）的，遂向他请教进贤冠上的"展筩"指何部件而言。先生绷着脸说：不知道。阎师古貌苍颜，一绷脸，很怕人。他看到我不知所措的样子，又说：你可以查查李文信的文章。李先生是阎师在"国立沈阳博物院筹备委员会"时的同事。找出1947年那里出的《彙刊》，读了所载李先生考察辽阳北园古墓壁画之文，问题一下子涣然冰释。"惑而不从师，其为惑也，终不解矣"（韩愈《师说》）。阎师的指点和李先生的阐述，成为我学习服饰史的过程中，从观其大略进而究其细节的契机。李先生的文章不多，但往往包含着真知灼见。如1973年先生以"黎瑶渤"（谐音"辽博"）的笔名在《文物》上发表的北燕冯素弗墓发掘简报，对所出金蝉珰，在一无可资参考比较之材料而且其图案又较诡异的条件下，做出了多年后被新出的实例证明为完全正确的判断，至足令人钦叹。

真正引导我走上科研道路的是宿白老师。宿老师的学问是汪洋大海：魏晋南北朝隋唐宋元考古、佛教艺术、古城市、古建筑、古民族、古器物、古版本，无一不为先生所清理贯通、冲决开拓，使之门户洞开，后学得以循径拾阶而入。先生的弟子如今已成为专门名家的不在少数，但我看无论哪一位都不过承袭了先生的一枝一叶，谁也没有纵横于那么广阔的领域，没有屹立为葱茏的参天大树。自己虽忝列门庭，却更难以与同学比肩，因为我走的不是田野考古的道路；舆服研究作为一个专题，只能归之于文物杂学。尽管如此，先生的教诲仍然使我认识到做学问所应坚持的信念、应采取的方法和应遵守的规范。当面临写毕业论文的时候，先生考虑到我的情况，出了一个《两唐书舆（车）服志校释》，对于舆服研究来说等于是夯实其基础的题目。先生要求所引实物必须年代清楚，性质明确；所引文献是第一手材料和最好的版本。而二者的结合则应以时间、地域、等级和形制的一致性为前提。撰写时由于遇到不少前人未曾给出说法的问题，乃不得不筚路蓝缕，勉为凿空之难。又两志原文，讹夺孔多，《新唐书·车服志》尤甚。校释稿中共校出260余字，而志文始有怡然而理顺之致。或以为校释工作不应径改原文，其实本稿不过是为治舆服史者了解和利用古文献提供方便。原书俱在，将不会因校释而受到任何影响。

走出校门几十年了，在舆服史方面虽下了点功夫，也力图梳理出一条发展线索，但文献记载中看不懂的地方和形象材料中认不得的东西还很多。这次的增订本收进近年新写的几篇文章，对旧稿也做了不少修改补充，不知能解决些问题否？它的编辑出版得到中国历史博物馆和文物出版社领导的支持，敬表谢忱。增订过程中，扬之水同志帮助查对史料，清绘插图，推敲论点，斟酌字句,更使笔者深为铭感。

2001年3月

(原载《中国古舆服论丛[增订本]》,文物出版社,2001年)

"中国古代服饰文化展"简述

孙 机

我们经常说衣食住行,这"衣"放在第一位比吃饭几乎都重要。历史上的衣服变化很大,而且各种样式美不胜收。我们国家五千年历史没中断,所以这个服装的发展演变是一个非常复杂、非常有内容、非常值得研究的问题。

今年我们馆要办这个古代服饰展,当然服装是第一位的,它起一个保护作用,比方说防寒、御暑、保护身体等等,这个都可以说。那么从这第一个要求出发,服装的变化是跟外界的生活生产变化相关的。比方说,原来的古人不会骑马,那么后来骑了马,一开始没有马镫,后来有了马镫。有了马镫以后,再穿这个衣服,很不适合骑马,那就不好了,是吧?所以它就变化了。另外古时候,比方说咱们中国人最早在屋子里都是席地而坐,好像日本从前那样席地而坐,穿得紧绷绷地那就不方便了,所以它比较宽松,这些道理都很简单。服装又是一个人的民族、社会地位、文化修养的代表。现在大家穿的西装都差不多,也都穿夹克什么的,但是在古代,交通没有现在这么发达,互相之间的文化交流没有像现在这么紧密,一看衣服就知道你是哪国人。

另外,服装还包含一个美的考虑。好看不好看?怎么好看?这个美就不是一个硬的指标了,它是一个软的指标。怎么叫美,有的时候就不太好一句话把它清楚表达出来。有一些化妆的方式,好像当地的人认为美,其他地方的人就觉得简直看不下去。比如说古代中国的缠脚,那太不美了,而且伤害身体,可是一直流行了七八百年。所以有些软的指标,有时候就不好一句话给大家概括出来。但无论是硬指标还是软指标,毕竟中国的服装经过了五千年甚至比五千年更多的发展,因为旧石器时代就已经有骨针,已经可以配上兽皮,已经可以说有原始的衣服了。旧石器时代到现在过了多少万年,这个年头就不大好具体说了。总而言之,中国服装史发展演变经历了很长的时间,里面的内容非常丰富,非常值得我们研究。

我们这一次来办中国服装史这个展览,当前有一个现实的要求,就是说我们中国人,我们爱我们的祖国,我们不仅爱我们的党,我们政府的领导,同志们互相的这种关系、这种协作。另外,我们国家历史这么悠久,我们历史上有好多志士仁人,有好多名人,这些人都是我们应该铭记的。我们一想起他们来,我们爱国主义的热血就沸腾。但是中国古代的肖像画不是很发达,它不像欧洲,比方说古希腊那些肖像做得逼真极了,细致入微,中国古代这方面不够发达。特别是中国文人画兴起以后,文人画不讲究那么认真地去搞素描,画得那么仔细,它就要讲气韵,就是另外一套东西了。在这个情况之下,我们要让一个古人来感动我们,要让中国历史上那些最值得珍惜的、最值得回味的,让那些历史上的镜头再现在我们眼前,那么这个主角就是古人了。我们怎么才能知道谁是谁呢?衣服是绝对重要的一个环节。当然穿上这个衣服并不等于说这个人就有了肖像画,但是如果这个衣服穿得不对,人家一看就知道他根本不是那么回事儿!你看现在有些电视剧、有些历史画,画的跟古代的情况就不太贴合。因为他画的那张画,画里的几个人在一块儿,这几个人的衣服有的时候就相差好几百年甚至上千年。

最近看了一些电视剧,电视里的人,一种人戴着战国以前,也就是商周时候的那个冠,另外一种人带着的是明朝的冠,在一块儿说话办事。现在我们这个服装设计知识并不是那么发达,有的时候观众也就这么看过去了。但是如果你有这方面的知识，就简直看不下去。所以对于今天，我们要了解历史、认识历史、受历史的感动、用历史去加强我们的爱国主义感情，服装是个很重要的环节。

我们过去也看过一些关于服装的展览，有的时候就看不明白。比方说有时候展出的东西非常宝贵，真正是古墓里边古代人穿的衣服，当时陪葬的衣服，是真东西，摊开让你看。但是古代有很多风俗习惯跟现在不一样。比方说古代就认为有身份的人走路就得慢。它有一个专门名词，比方说脚印儿，就叫作"武"，文武的"武"。有一个讲法就是指脚印说的，有身份的人走路得"接武""继武"。就是说这个脚印儿啊，不能够比前一个脚印儿迈得更远，都得踩着前面的脚印儿走。这样子走的话，走得就很慢很慢，磨磨蹭蹭的。可是当时认为这是有身份的人。没有身份的人走路，那叫"趋"，"趋"就是小步快跑、快走。如果有一个君王走起路来也"趋"，那人家就说，这人一点儿不懂礼仪，一点儿身份都不讲。

所以古代服装史的发展演变的过程，不是一下子就能说清楚的。展览一件古代衣服，有的时候肥肥大大搁那儿一摆，你得不出个印象来，你不知道这件衣服当时怎么穿，也不知道穿上以后是什么样。而且,穿衣服是配套的,内衣外衣上衣下衣,整个一套衣服,代表一个人的形象,光展览那么一件衣服,就不知道这个人最后穿上以后,他的整体形象到底是什么样。也有一些服饰展,展出了好多出土的很贵重的首饰,如镯子、簪子等等,那是很好的东西,有的都是一级品。但是这个簪子到底簪在哪儿?这个装饰品装饰在哪儿?装饰完了以后它整体什么样?不知道。这样看完了以后就不能给人一个整体形象,也就不能被历史画、电视剧等等所吸收、所采纳、所参考。最后我们对于古代人的形象还是那么迷迷蒙蒙不清楚。这样的话,要让古人的事情来感动我们,就分神了,就曲折了。

所以我们这个展览就要把古人的整体形象展现出来。我们摆一些东西,最后都要让它有根有底,这个东西在一个整体形象里边是在什么位置上,要给大家尽量交代清楚。另外,这些演变过程,比方说汉朝的衣服跟唐朝的衣服为什么不一样?如果一个汉朝人,他忽然冬眠了,他要到唐朝醒过来,就等于是到外国一样了,整个衣服等等完全都不一样了,当然房子变化不是那么大,衣服可是变化非常大的。这些变化背后到底是什么原因?我们希望能够在这个展览里尽量给大家一个交代。

总而言之,这个展览本身从现实,从具体方面,为画画、为电视能够起到一个参考作用。更重要的是,通过以后再现一些历史重要场景的效果,它可以加强我们观众的爱国主义情感。

(据2021年1月19日孙机先生讲解视频内容记录;文字整理:王雅丽,中国国家博物馆)

"飞天"的传递

扬之水

沈从文先生晚年生活和工作的地方，我都离得很近。不论东堂子胡同还是小羊宜宾胡同，沈先生的两处居所都在我家近旁，不是紧邻，也可算作街坊。中国历史博物馆即今中国国家博物馆是我曾经并且至今亲密接触的地方，中国社会科学院则是我的供职之所，只是我进入社科院的时候，沈先生已经不在了。

无缘与沈先生结识，但他的书当然是早就读过的，不过真正有感觉的还是《中国古代服饰研究》，而自己拥有它的时候已经是1992年出版的增订版。原是托了老伴在香港工作的一位朋友买了来，书很贵，我们工资都不高，因此那位朋友坚持不收书款。

近年曾在不同场合回答关于如何走上问学之途的提问，即我原本计划写一本"崇祯十六年",设想以社会生活的细节支撑历史叙事,于是打算首先细读《金瓶梅词话》,极喜小说里关于服饰的文字,却是不能明确与文字对应的实物究竟如何,因去请教畅安(王世襄)先生,先生介绍我问学于孙机遇安先生。

20世纪50年代初,遇安师供职于北京市总工会宣传处文艺科,办公室就在端门和午门之间的东朝房,与历史博物馆的办公室同在一排(总工会的人走文化宫的门进来,历史博物馆的人走天安门进来),恰好又是同沈先生所在的一间紧挨着,推开窗子就可以和走廊里的人对话。未考入北大历史系之前,遇安师的兴趣在鲁迅研究,曾发愿写一部鲁迅评传,当时已经写就"鲁迅《野草》研究"一卷。后来转向文物考古,同沈先生的相遇或是原因之一。我曾问道:"当年您也和沈先生一起去琉璃厂吗?这和您后来对文物的兴趣是不是也有关系?""当然有关系,我在总工会的时候,本来是安排我学钢琴的。"遇安师《在纪念沈从文先生诞辰一百周年座谈会上的发言》一文中说道:"我是1951年认识沈先生的,直到1955年去北大读书以前,和沈先生的接触较多,我所认识的也正是一位作为文物学家的沈先生。""在服饰史的研究上沈先生是我的启蒙老师。""沈先生的前半生是作家,是用文学作品创造美好的人物形象。他的后半生是文物学家,是解释和重新发现那些不可再生的文物的价值。"而《中国古代服饰研究》一书,则是"中国服饰史的开山之作"。

　　中国的考古好像同历史有一种天然的联系,乃至很长一个时期内会认为考古是为历史服务的(早期大学里的考古专业便从属于历史系)。考古,包括考古发现的文物,与历史的结合因此顺理成章。而文物与文学,近世却仿佛是并无交会的两条轨道。沈从文先生的贡献,在于开启了文学与文物相互结合以至于融合的一条新路,虽然他的本意是从文学创作转向文物研究,然而这种"转身"始终未曾脱离原有的知识背景和自家的一贯兴趣。其实在古人那里也从没有所谓"文物"与"文学"之分,今呼之为"文物"者,当日不过是社会生活与日常生活中的各种用器。文物与文学本来就是联系在一起,甚至可以说是无法分割的,那么二者的结合,就意味着一面是在社会生活史的背景下对诗文中"物"的推源溯流;一面是抉发"物"中折射出来的文心文事。关于"文物"之"文",它是文明,也是文化,此中自然包括文学。沈从文从小说创作转向文物研究,虽然有着特殊的原因,但从文物与文学的关系来说,这种转变其实也很自然。

　　我曾在《物恋》一文中写道:我喜欢张爱玲对物的敏感,用她自己的话说,便是"贴恋"。物是她驾驭纯熟的一种叙事语言,甚至应该说,是特别重要的一种叙事语言。对《金瓶梅》《红楼梦》的借鉴,语言固然是一方面,对物的关注也是不可忽略的一个方面。在张爱玲的"物恋"中可以发现一种持久的古典趣味。以至于那些形容颜色的字眼儿——银红,翠蓝,油绿——也永远带着古典趣味。在我看来,那是平常叙事中时时会跳动起来的文字,有时甚至是跳出情节之外的,那也是一种好。但凡作家有这样一种对物的敏感,从"文学"到"文物",便不是偶然。张爱玲翻译《海上花列传》,忍不住就要考证小说里的服饰。比如关于"圆领"的解释,虽然近乎空无依傍,却依然有她的悟性,教人觉得喜欢。我不想说她有什么不对,因为她并不是考据家。

  沈从文先生也不是考据家,然而小说家的悟性与敏感——这里还应该包括想象力,成就了他对物的独特解读,"名物新证"的概念最早便是由沈先生提出。在《"瓟斝"和"点犀盉"》一文中,他解释了《红楼梦》"贾宝玉品茶栊翠庵"一节中两件古器的名称与内涵,因此揭出其中文字的机锋与文物之暗喻的双重奥义。这里的功力在于,一方面有对文学作品的深透理解,一方面有古器物方面的丰富知识,以此方能参透文字中的虚与实,而虚实相间本来是古代诗歌小说一种重要的表现方法。也就是在这篇文章中,作者希望有人结合文献和文物对古代名著进行研究,并且直接提出了撰写"诗经名物新证"的课题(《光明日报》1961年8月6日)。20世纪90年代中叶,我初从遇安师问学,师命我把这篇文章好好读几遍,说此文本身便是"名物新证"的范本。

"关于飞天",是遇安师送给我的沈先生手迹,写在五百字的红格稿纸上,一共三页。它的来历,遇安师也记不很清了,大约是当年一起聊天的时候谈到飞天,之后沈先生就以书信的形式写下了自己的若干想法。半个多世纪过去,"关于飞天"的价值,已不在于内容,而更多在于它留下了作者思考的痕迹或曰探究问题的思路,同时也是珍贵的墨迹,师曰:"那几页字太小,沈先生的大字好看,有章草的味儿。"说到沈从文,遇安师每每赞叹:"沈先生真是个好人。""对人说话从来是带着微笑。"很可教人想见当年所面对的长者襟怀和厚、气度宽雅的音容,我想,那必是从心底涌出的真和善,便是张充和说到的"赤子其人"。很遗憾我未曾亲承音旨,但"飞天"的传递,似乎可以成为一个小小的象征:沈从文开启的文学与文物相互结合的路,是不会寂寞的。

(原载《文汇报·笔会》2018年6月5日)

《中国古舆服论丛》书评

黄正建

《中国古舆服论丛》，孙机著，文物出版社，1993年。

这是一部研究唐代舆服制度[1]的力作。研读唐史，当读到李密叛唐，"简骁勇数十人，著妇人衣，戴幂䍦，藏刀裙下，诈为妻妾，自率之入桃林县舍。须臾，变服突出，因据县城"[2]时，就知道此次行动成功的关键实在于男扮女装时所穿的"妇人衣"。那么，"幂䍦"为何物？当读到唐初高祖李渊有意识地实施"突厥化"，以骑兵与突厥相对抗，最终采用轻骑突击、迂回掩袭的高度

---

1 《中国古舆服论丛》中三分之二的篇幅是研究唐代舆服制度，特别是其中包含对《两唐书舆（车）服志》原文的校释，因此完全可以说它是一部主要研究唐代舆服制度的著作。

2 《旧唐书》卷五三《李密传》，中华书局标点本，1975年（以下所引《旧唐书》均用此本）。

机动战术屡建奇功时,想到过它与突厥式马具在唐军中的广泛使用有关吗?其他诸如"黄衣""绯紫""闹色装""压胯""周家样""三梁"等等,如果不知道它们的含义,又怎能理解唐代宦官由"黄衣廩食"到"衣绯者尚寡"直至"衣绯紫至千余人"的发展过程[1],怎能了解"鞍韂盘龙闹色装,黄金压胯紫游缰"[2]"周家新样替三梁,裹发偏宜白面郎。掩敛乍疑裁黑雾,轻明混似戴玄霜"[3]中反映的社会习俗并欣赏其中的意趣呢?

帮助我们解决这些问题,使我们能够了解唐代衣生活、行生活从而更深入地理解唐代社会礼俗的书,就是孙机先生所著《中国古舆服论丛》。以上提到的方方面面,都是作者在此书中研究和探讨过的问题。

众所周知,对古代名物典章制度的研究源远流长。在古代,这种研究大都归于礼制研究范围,由经学家和小学家作的多一些。像阮元释车制、任大椿释服制都是如此。但是,由于他们的研究主要是从文献到文献,未能与考古文物资料相结合,因此著

---

[1] 《资治通鉴》卷二一〇唐玄宗开元元年七月条,中华书局标点本,1956年。

[2] 《全唐诗》卷七九八花蕊夫人《宫词》,此为孙氏书89页所引。若据中华书局标点本,此句中"闹色装"作"閙色妆"。

[3] 《全唐诗》卷六一三皮日休《以纱巾寄鲁望因而有作》,中华书局标点本,1960年。

述虽丰，失误却也不少。到20世纪二三十年代，日本学者原田淑人开始大量利用考古资料研究中国古代服饰，写出了《中国唐代的服装》《西域绘画所见服装的研究》《汉六朝的服装》等专著。到六七十年代，沈从文更以文物资料为纲，纵横上下，写出了《中国古代服饰研究》这一开拓性的通史著作。孙机先生正是在前人研究的基础上，更广泛地运用考古文物资料，更细致地爬梳史籍文献，长年孜孜于古代名物典章制度的研究，写出了许多有分量的论文。本书就是将已发表的文章中有关车马、服饰的内容汇结成集，同时附以对唐代舆服制度基本史料的校释，共计16开本366页，可谓洋洋大观。由于书中内容广博、研究深入，笔者无力评介其全部内容，只能就其中与唐代有关的部分做一些简单评述，其实也就是笔者读后的一点感想。

孙氏此书分上下二编。上编共收论文17篇。文章大部分都已发表过，但在收入本书时有些做了较大的补充和修改。17篇文章中涉及唐代的有《中国古车马的三种系驾法》《辂》《中国古代的革带》；以唐代为主的有《进贤冠与武弁大冠》《说"金紫"》《幞头的产生与演变》；以唐代制度为研究对象的有《唐代的马具与马饰》《唐代妇女的服装与化妆》。本书的下编为《两唐书舆（车）服志校释稿》。作者有感于近年来社会上有关古代服饰的读物增多但水平不高的现状,指出其中一个重要原因是"有许多基本情况尚待弄清,有许多基础史料尚待整理"(该书366页),因此毅然从基础文献入手,对《旧唐书·舆服志》《新唐书·车服志》的全文做了校释,仅讹夺之字就校出260余个。作者所做的这一基础文献的整理工作不仅对舆服制度,而且为唐代社会历史的研究发展做出了十分可贵的学术贡献。

粗读本书有关唐代制度的论述,感觉有以下几个突出特点:

一、资料充实。作者继承了用文献和考古资料相结合的研究方法,充分发挥学术优势,在使用国内资料的同时还大量使用国外考古资料,因此能在研究的广度和深度上超过他人,达到一个较高的水平。以《唐代妇女的服装与化妆》为例,作者在这篇小文中引用古今文献达七十余种,包括正史、政书、类书、诗文别集、笔记小说。除唐代文献外,前代如《周礼》《楚辞》《方言》《抱朴子》等,后代如《梦溪笔谈》《黑鞑事略》《少室山房笔丛》等,都在征引范围之内。此外就考古资料论,除使用了敦煌壁画、克孜尔石窟壁画、吐鲁番出土文物、唐人墓葬壁画、石椁线雕、陶俑瓷器、金银玉器、传世绘画之外,还引用了库尔奥巴(Kul Oba)银瓶雕刻、犍陀罗石雕，以及瑞典斯德哥尔摩申佩（C. Kempe）氏和美国明尼阿波里斯艺术馆所藏唐代器物，可谓蔚为大观。正因为充分使用了这些资料，使得文章的观点建立在相对可靠的基础上，以至能突破前人，自成一说。例如作者在本文中就依据国内外的文物文献资料，指出唐代妇女所用之"帔"源于中亚、"半臂"受龟兹服饰影响、"花钿"有印度和中亚因素、"妆靥"或与贵霜化妆法有关。作者这些观点的提出和展开扩大了读者的眼界，使人读后深受启迪，获益匪浅。

二、内容丰富。作者颇具学术自信，在不断研究的基础上，对所论述的任何问题都尽求全面，不因疑难而偷懒辍笔或舍弃不提。以《唐代的马具与马饰》为例，作者从马首开始，论述了络头、衔镳、鞍鞯、障泥、鞍袱、鞦鞧、珂、鞘、跋尘、剪鬃（三花）、云珠、寄生、缚尾、蹄铁、马镫的来龙去脉，几乎包括了马具与马饰的全部。特别是书中下编对《两唐书·舆（车）服志》的校释，最见作者功力。据我所知，在本书之前还没有一位学者有胆量和能力来做这一工作。本书作者知难而进，不是选择《舆（车）服志》的部分内容，而是以其全文作校释对象，对其中绝大部分疑难点都做了校释。这其中，不仅包括有成果可借鉴的"车舆""冕服"部分，而且包括很少成果甚至前人没有研究过的"常服及其他"部分。例如对辇舆、回文环绕对兽绣袍、唐式团窠图案,以及对王公以下舍屋"三(一)间两下"等的校释都是如此,有些校释本身就是一篇出色的考证文章。作者这种建立在科学研究基础上的学术魄力和求全精神,实在值得后辈研究者们学习。

三、考证谨严,方法科学。由于作者占有了丰富的资料,又具有文献考证功力,特别是对考古学的方法运用自如,因此在研究舆服制度时不仅精于考辨、以图释文,而且能够在发展变化中把握它们,使读者读起这些文章来有一种疑团尽释的痛快感。例如对辂、袴褶、介帻、幞头的考释均是如此。此外如前所述,作者在校释《两唐书·舆(车)服志》时,校出讹夺字260余个。这也是作者勤于翻检、一丝不苟学风的反映,兹举一例如下(见该书245页):中华书局标点本(殿本)《旧唐书·舆服志》在讲到隋朝朝服时有一句话作"玉佩,纁朱绶"。其中"玉佩"二字若据百衲本,应作"王佩"。但百衲本也写错了。查《隋书·礼仪志》,此处是紧接三公、亲王之后讲"绶"的等级。《隋书·礼仪志》此句原作"诸王:纁朱绶",因此"玉(王)佩"当改为"诸王"。又,中华书局本、百衲本在下文还有"其绶纁朱者,用四采,赤、红、缥、绀红,朱质"一句。作者在核查了《隋书·礼仪志》原文后指出,其中"朱质"前面的"红"字本应作"纯",因此全句应读为"其绶:

纁朱者用四綵,赤、红、缥、绀,纯朱质"。以下还有"纯绿质""纯紫质"的"纯",中华本、百衲本均误作"红"。作者没有说明此处为何误"纯"为"红",笔者以为这或许是由于避讳造成的结果,因为唐宪宗名"纯"。

作者在探讨某一典章制度时通常都是上溯其源,下及其流,从考古学的原则出发,若有缺环,决不断然下结论。例如书中《幞头的产生和演变》一文。作者指出虽然东汉以后就有"幅巾"出现,但幞头却不是直接继承幅巾而来。从形象资料中看不到幅巾向幞头演变的发展序列。作者认为幞头源自鲜卑帽,并利用考古资料描述了鲜卑帽向幞头过渡并在隋代最后形成的过程,指出文献中常将北周武帝推为幞头的创制者,而实际上他不过是在鲜卑帽的基础上略做改进而已。作者还用形象资料为我们图示了幞头巾子和幞头脚自隋经唐直至宋明的演变过程,使读者对幞头的产生发展一目了然,读后印象深刻。

由于受资料限制,研究舆服制度是一件十分困难的事情。笔者近年来也做了点唐代服饰的研究,深知个中滋味,因而对孙机先生此书的成就也就更表钦佩。至于书中一些具体结论,自然还有可以商榷的地方。例如关于唐代妇女服饰。作者认为半臂就是半袖,男女均穿,尤以妇女穿半臂的多(该书180页)。但是遍查唐代史籍，凡提到穿着半臂者，所指均为男子。例如《旧唐书·韦坚传》说陕县尉崔成甫"自衣缺胯绿衫、锦半臂"[1]，《旧唐书·来子珣传》说来子珣为右羽林中郎将，"常衣锦半臂，言笑自若"[2]。目前尚未发现有女子穿半臂的记载。笔者认为半臂是男子服饰，穿着者多为侍卫武人，将半臂穿在内衣之外、外衣之内可使男子显得肩宽而威武。女子穿半臂也是如此穿，属于女子穿男服范畴，而套在外衣之外的女服应称为半袖。[3]再如关于"金紫"。作者正确指出了唐代金紫和汉代金紫完全不同，后者指金印紫绶。但是前者，是否如作者所说，只是指"紫袍和金鱼袋"（该书154页）呢？从表面看，这一说法无可怀疑，但细究起来，似乎尚有可探讨之处。查唐代史籍，"金紫"实际有着不同的含义。其中第一是指散官品中的"金紫光禄大夫"。这时的"金紫"一般写作"金紫阶"或"进阶金紫"。《旧唐书·牛僧孺传》就说他在唐敬宗时"加金紫阶"。[4]"金紫"的第二个含义当指"紫袍金

---

[1] 《旧唐书》卷一〇五。

[2] 《旧唐书》卷一八六上。

[3] 详见拙作《"半臂"为男子服饰》，载《中国文物报》1992年6月21日第3版。

[4] 《旧唐书》卷一七二。

带"。这是唐代"金紫"的最一般用法。在这一意义上使用"金紫",通常称作"金紫之服"。这是唐制"文武三品以上服紫,金、玉带"[1]的缘故。因此《旧唐书·独孤朗传》就记他在唐敬宗宝历二年(826)六月被"赐金紫之服"[2],《朝野佥载》更明确地说唐太宗给王显"三品,取紫袍、金带赐之"[3]。在赐紫袍金带的同时,有时也兼赐鱼袋,但彼此区分得很清楚,《旧唐书·吐蕃传》说唐玄宗召吐蕃使者"赐紫袍金带及鱼袋"[4]即可为证。"金紫"的第三个含义是指紫袍金鱼袋,但在这种意义上使用时一般不称作"赐金紫"而称为"赐紫金鱼袋"(其例甚多,不录)。所以,说"金紫"仅指"紫袍和金鱼袋"是不够全面的。笔者读完孙机先生《说"金紫"》一文后有上述一些不成熟的看法,愿意借此机会提出,以就教于孙机先生及诸位方家。

建议研究唐代历史或关心唐代社会生活、礼仪风俗的学人都来读一读这本《中国古舆服论丛》。相信大家一定会读出兴趣,并加深对唐代社会历史的理解,从而提高研究水平的。同时

---

[1] 《旧唐书》卷四五《舆服志》。

[2] 《旧唐书》卷一六八。

[3] 《朝野佥载》卷六,中华书局标点本,1979年。

[4] 《旧唐书》卷一九六上。

也希望有条件有能力大量接触考古资料、国外资料的学者能加入这一领域的研究行列中来,从个别事物做起,从基础文献做起,推动唐代名物典章制度研究的全面发展。

(作者单位:中国社会科学院古代史研究所。原载《唐研究》第一卷,北京大学出版社,1995年,第530—534页)

补记:1993年前后,我在初步研究唐代衣食住行时读到孙机先生的《中国古舆服论丛》,十分兴奋,因为此书解决了很多我解决不了的问题。1995年,荣新江先生主编的大型学术刊物《唐研究》创刊,我就不揣浅陋,将阅读此书的感想写出,作为书评刊登在了这一期的《唐研究》上。或许因为这是对此书的第一篇书评,所以所写虽不十分到位,但孙机先生看来还算满意,随即托扬之水先生到历史所,将他1996年新出的两本著作送给我,并题写"黄正建先生指正　孙机敬赠",让我受宠若惊。

这以后,尽管我无缘向孙先生当面请教(2019年在北京服装学院举办的学术会议上才首次拜谒,并在合影时特意侍奉在他身旁),但他的研究论著一直是我最愿意且最喜欢拜读的。愿以这篇小文纪念孙机先生,并向他那些出色的学术成就致敬!

《中国古舆服论丛》书评

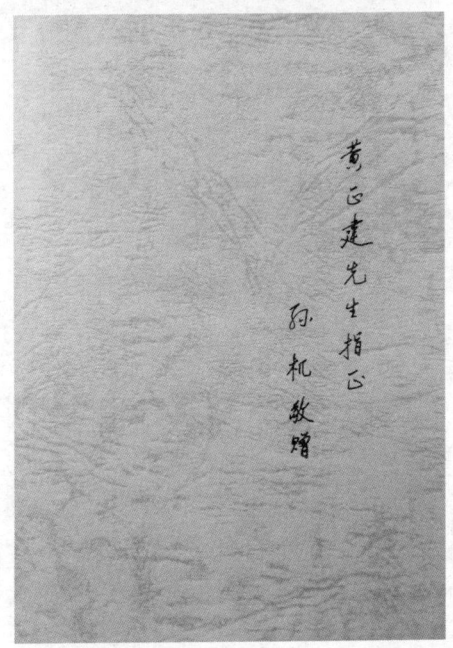

孙机先生所赠《中国圣火》一书封面与签名

孙机先生赠予本文作者《寻常的精致》扉页上的签名

出席北京服装学院"2019中国古代服饰研究论坛"嘉宾合影
（前排左起第七为本文作者，第八为孙机先生）

我们仰观之后的《仰观集》

葛承雍

孙机先生新作《仰观集》的出版，不仅是个人考索精深成果的集结展示，也是我们中国学者研究发覆功深的成果展示，不仅是一个博物馆的科研成果的骄傲，更是中国学术事业的进步骄傲。我们从未将孙机先生仅仅看作国博的一名资深研究员，而是将他与整个国家的文博科研成果连在一起。

《仰观集》是孙机先生沉潜磨砺、辛勤耕耘的自选集，搜集三十五篇专题论文，集中了他三十多年研究的精华，并再次展现了他文物与文献互相契合印证的研究方式，可以说孙机先生左脑是文物思考模式，右脑是文献印证模式，从而将历史的主线左右连接起来。特别是他从文物角度出发，考镜源流、辨章学术，分析相关历史的主题和社会的定位，不仅通作者之意，还开读者之心。

新作《仰观集》，取名于《兰亭集序》所谓"仰观宇宙之大，俯察品类之盛"。"仰观"与"俯察"是孙先生的一贯研究特色。在他看来，文物是最精美、最诗意的物品之一，也是通过造型艺术来领悟人的主题之途径。

一部高水平的学术论著，必然是以严谨的考辨正本清源，广征博引、言之有据而深刻揭示事物的本质与价值的，孙机先生每篇文章都讲究以理服人，特别是对一些常见弊端往往鞭辟入里、振聋发聩，例如他指出我国美术界没有形成创作史诗性历史人物画的传统，山水画里那些背着手看瀑布的老头只不过是一个符号，清代画"麻姑献寿"的麻姑与画"黛玉葬花"的黛玉，几乎都是同样打扮，毫无时代特点可言。一些大师级的艺术家在这方面也不甚在意，比如徐悲鸿画的《田横与五百壮士》中，秦末汉初的田横就穿着隋唐时期才流行的圆领袍，佩着明代式样的宝剑。电视剧《三国演义》中曹操戴着13世纪日本镰仓时代犄角"锹形"头盔，《马可波罗》中的忽必烈的发型不是两鬓垂辫绕成"婆焦"的发环，竟变成大光头的秃瓢。这类服饰穿戴上的硬伤，在戏说之风盛行的影视界当然无所谓，但对历史考古研究者来说就是张冠李戴"卖文化假药"。一个民族如果只热衷于戏说历史，只喜好胡编乱说的剧情穿越，那么这个民族的文化悲剧无疑只会越来越沉重。

　　孙机先生对学术上望文生义的无稽之谈和认识观念上的错乱，一直施以尖锐的批驳，有种理直气壮的文化自觉，若没有深厚的真功夫，一般研究者是不敢涉足接触的。有人说孙机有一种独行的学术精神，实际上依我看就是学术根底的坚实和学术视野的渊博。《仰观集》中的《辽代绘画》《中国墨竹》是绘画史界学者也无法企及的论文，《简论司南兼及司南佩》《百炼钢刀剑与相关问题》则是科技史界专家们也难搞懂的问题，《仙凡幽明之间——汉画像石与"大象其生"》等亦是美术史界难以解决的大专题，但是对孙机先生来讲这都是常识性范围，每次听他娓娓道来都给我"醍醐灌顶"的感觉，感到探索与独创的学术魅力。

　　《仰观集》中有两篇文章是我约请他为我们出版的图录撰写的序言，一篇是为"丝绸之路——大西北遗珍展"写的《丝绸之路感言》，另一篇是为"丝路胡人外来风"展览图录撰写的《唐代的俑》；他都非常认真，无一句敷衍了事的废话，更无命题作文僵化之空言。而且许多观点都是大中见小、小中见大，见微知著，文物与文化交相辉映，给人启发很大。如果讲图书影响因子的话，孙先生被摘引转载的考证观点应该俯拾皆是。书中所配线图，大多出自先生手绘，一笔一画足见先生之严谨功力。

大家都说,孙机先生是一个纯粹的学者,是一个严谨求真的学者,他的学术研究和成就既是博物馆科研的方向,更是文博界和整个学术界的方向,他对考古学、历史学、艺术学的贡献,值得我们从《仰观集》中慢慢体悟,也值得我们抬头高高仰望、仰视、仰观。

(作者单位:中国文化遗产研究院。本文为2013年3月5日在孙机先生新作《仰观集》出版座谈会上的发言,原载《中国文物报》2013年5月3日)

何为"大书"

顾文豪

《中国古代物质文化》,孙机著,中华书局2014年7月版。

《中国古代物质文化》系孙机先生给国家博物馆员工所做讲座的讲稿。在四十万字的讲稿中,孙先生就"农业与膳食""酒、茶、糖、烟""纺织与服装""建筑与家具""交通工具"等十大方面,娓娓讲述中国古代物质文化的多样成就与独具的特色。孙先生自谦此著乃"小书",聊供读史者格物之一助,在我看来,此恰为不折不扣的一部"大书"。全书足见作者之广核博通,大抵已包揽古人之日常生活,且无前此同类作品多偏于文人生活之弊,就中尤以酒茶、建筑、家具、武备等章节令人印象深刻。博通之外,论述亦精核。语言晓畅平朴,材料择取极见功夫,不蔓不枝,多以实物图样例证之。而十章所论,虽多系常识,粗陈梗概,但皆为孙先生多年蕴蓄涵养以成,故亦足便初学,后来者当可以此为津筏。处处见学养,而无学问的倨傲;文采清通流利,却不见做文章的技巧;所谈物事,雅俗兼备,对古代物质文化之诚敬笃实则始终如一。此方为"大书"。

(本文作者:书评人、文化活动策划人。原载《南方都市报》2014年9月21日GB10版)

《中国古代物质文化》读后

赵连赏

以文物古迹为主要研究对象的物质文化史研究,历来是历史研究领域的重点和难点,它要求研究者在大量占有文物考古、历史文献资料的同时,还要有相当的科学技术素养,这样的学术门槛不是每一位学者都能随意跨过的。故此,与之相关的研究成果数量并不是很多,具有重要学术价值的论著就更少。孙机新著《中国古代物质文化》(中华书局,2014年,以下简称《物质文化》)一书,利用他多年的学术积累和扎实的科学考证,以其客观明确、充满民族自豪感的笔触,为学界奉上了一幅具有极高学术价值的中国古代物质文化研究的新图卷。

一、领域广阔,内容丰富。《物质文化》从早期人类生活所必需的农业种植和膳食谈起,逐步向酒茶烟糖、纺织服装、建筑家具、交通工具等衣食住行方向延伸，随着人类社会文明程度的提高，内容又进一步向冶金、玉器、漆器、瓷器、文具、乐器、武备以及天文、计量、航海等科学技术类更多更广泛的物质文化的综合方面扩展。全书虽然只被作者简单概括为物质文化的十个方面，但研究涉及的层面却远远不仅于此，除上述提到的这些方面之外，书中还包含了中国古代不同时期的社会生活、民族习俗、宗教信仰、审美追求等多方面与物质文化有着密切联系的内容，基本概括了中国古代物质文明的实际状况。

二、物证真实，史料全面。各类文物素材和文献史料是研究物质文化的基础，尤其是文物素材的真实可靠性直接关系到研究结果的正确与否，甄选出准确的文物研究对象就成为工作的首要前提。作者凭借他多年文物研究积累的深厚功底，先在纷繁复杂、不同类别的文物素材中择取出与研究问题相关的具体文物素材，范围包括石器、铜器、铁器、瓷器、玉器、漆器、陶器、金银器、竹木器、遗址建筑、纺织丝绸、造纸印刷、雕刻绘画等诸多方面。在准确的文物鉴定前提之下，寻找利用各类与文物问题相关的文献记载是物质文化研究另外一个必备的基础工作。作者在这方面的功力同样深厚，著作中引用了各类不同的古今文献，包括正史、杂史、诸子百家、金石文字、笔记小说、诗词歌赋、方志、研究专著、发掘报告等,种类全面丰富。

三、方法科学,发现价值。可靠史料和文物素材的取得仅仅是研究的第一步,运用什么研究方法去驾驭、组织使用这些素材,并使之能够在物质文化系列问题考证的过程中发挥出真正作用,是学术研究的重要环节。作者秉承王国维提出的、被沈从文成功实践和发展的"二重证据法",对《物质文化》中的所有相关问题进行了仔细认真的研究考证,取得了很好的成效,有的还达到了突破性的进展。比如,陆羽对中国和世界茶业发展做出了卓越贡献,撰写过世界第一部茶叶专著《茶经》,被后人誉为"茶神",作者在一批瓷器中注意到了一尊瓷人像的造型表现,结合若干历史文献的记述,经过反复比较研究考证后,确认该瓷像为目前唯一存世的陆羽形象文物,其中的学术价值和文物价值弥足珍贵。

四、观点鲜明,结论准确。在世界文明进程中,中国除了著名的"四大发明"外,还有许多重要发明。作者通过对国内外历史上多种类型船舶的研究认定"尾舵"技术也是中国人的创新发明。另外,书中总结认定出自中国的还有养蚕制丝、轭靯驾法、马镫、金属叠铸、脚踏提综斜织机、铜制火炮等许多鲜为人知的发明。作者还根据文物和史实对物质文化研究中的一些不实之说提出了自己的观点。如，几乎人人皆知的"司南"磁盘问题，作者根据对文献和实物的研究考证，认为"司南"磁盘其实是一个伪作。再如，针对近年来有部分学者盲目相信中国马车是受西方影响的观点，作者利用大量的考古发现和文献记载的事实，比较客观地提出，古代马车的演进是中国人与西方人互有发明的贡献，他们共同推动了马车进步。

五、图文并茂，言简意赅。借用图解的形式论证解决学术问题是物质文化研究的有效途径之一，这也是作者的一贯风格，可贵的是，书中列举使用的几百件文物照片和线图，大部分线图都是由作者亲笔手绘而成，画面生动，细致入微，视觉理解和论证效果俱佳。另外，语言简洁流畅，直面问题更是作者长期的研究风格，书中内容从头到尾，问题从小到大，文字中始终渗透着这种朴实无华的学风。

在中华文化的沃土之中，蕴藏着许许多多历史瑰宝，作者是这些宝藏的主要发掘者之一，在一般人看来平常普通的物件，经他研究后，其背后的文化价值立刻被凸显出来。《物质文化》是作者寻找中华宝藏漫长路途中的一次阶段性的总结，尽管作者谦虚地自称是用了"勇气"才发表出这部著作，但我们相信，该书的出版，必将会为今后物质文化史的学术研究起到积极的推动作用。

（作者单位：中国社会科学院历史研究所。原载《中国史研究动态》2015年第4期）

贺《仰观集(修订本)》出版

杨　泓

2012年文物出版社出版了老友孙机的学术论文集《仰观集——古文物的欣赏与鉴别》,我曾经写文祝贺。仅过三年,文物出版社又将由他精心修订的《仰观集——古文物的欣赏与鉴别(修订本)》出版,再次表示祝贺。

在孙机的学术论文集《仰观集》中,收录论著三十五篇,他治学严谨,但研究门类繁多,尤其因为他离开母校北京大学后,一直供职于国家博物馆(原中国历史博物馆),更须为展览会"命题作文"。在《中国大百科全书》第一版《文物·博物馆》卷[1],他担任编辑委员会委员,并作为《古器物》分支学科副主编,具体负责条

1　中国大百科全书总编辑委员会《文物·博物馆》编辑委员会:《中国大百科全书·文物·博物馆》,中国大百科全书出版社,1993年。

目的征集和编审。所以他的科研领域广泛，正如他在《仰观集》的《后记》中所讲，举凡陶俑、绘画、服饰、玉器、兵器、饮食器、滇文物、辽文物、龙文物直到罗马文物等，跨度较大，他人接到"命题"，多敷衍成文，交差即可，但是他因治学严谨，认真负责，每次动笔都成为一场拼搏。因为不可能以己之昏昏，使人昭昭，所以每篇都认真写成该领域的专题论文，均有深邃的学术内涵。这次收入文集的文章，虽然有少量曾在不同文集中重出，但再次选入《仰观集》时，都经过他仔细增润，从文字到所附插图，都有新的改进。通过《仰观集》所收的论文，充分表明孙机已将文物学研究中的古器物研究推向新的更高的阶段，创立了具有他自己学术特征的一门新学科，不仅对文物考古研究具有重要意义，更对历史学、美术学等诸学科的研究具有深远影响。

还应注意的是《仰观集》中的三十五篇论文，其中三十四篇都是他曾发表过，结集时收入的，唯有一篇是为《仰观集》而专门撰写的，即《仙凡幽明之间——汉画像石与"大象其生"》，因此该篇也是这本文集中最值得读者研读的佳作。当《仰观集》刚出版时，正值我受香港城市大学邀请，参加纪念该校中国文化中心成立十五周年纪念会，应邀在会上发言，题目是《返璞归真　见山是山——漫谈与中国美术考古学有关的问题》，在发言中我特别推荐大家应去研读孙机的《仙凡幽明之间》，现将该发言中有关的部分转介于下：

> 与美术考古学关联最为密切的相邻学科，可以算是艺术史（或称为美术史）的研究，甚至有人乐意把这两个学科混同为一，也有人非常想要把它们主观地捏合成一体。虽然在《中国大百科全书·考古学卷》的《考古学》条中，早已明确地说清了两者的区别："这（指美术考古学）与美术史学者从作为意识形态的审美观念出发以研究各种美术品相比，则有原则性的差别。"究其原因，恐怕与当前学术界弥漫的浮夸之风有关，传统艺术史的探研，如中国传统绘画，要观察众多卷轴画实物，这对国内艺术学院的师生是极难甚至是无法办到的。他们触及的国外一些人，同样难于挤入传统艺术史的世袭领地，只得另辟蹊径，利用别人不熟悉的中国考古资料，进行另类的"艺术史"研究，包装在华美的新理论壳体之中，写成专著。而自20世纪50年代以后在国内形成的传统美术史，则重实用而缺乏"理论"，所以年轻人对外貌华美的理论颇愿趋从。也有人愿意创立新学科，于是出现过"考古艺术学""艺术考古学"等等。又多不认真考稽古籍，常是以现代

人的想法去推衍古人，又流行个案研究，忽略考古标本的局限性，自然弄得山不是山、水不是水。故此，中国美术考古学研究，确有必要返璞归真。

对于目前弥漫国内学术界的浮夸不实等缺陷，许多有识之士多有尖锐的批判，这里必须介绍老友孙机近日出版的论文集《仰观集：古文物的欣赏与鉴别》（文物出版社，2012年）。孙机确有山东人的性格，为人耿直。他在学术研究中，勇于纠偏扶正。他更疾恶如仇，凡见文博界中丑类，为一己私利，在文物收藏鉴定上对民众的错误引导，必据理批驳，如去岁有人将现代人制的"仿古"玉"镜台"定为汉代文物，就立即在《中国文物报》上发表关于古镜台的专论，解析中国古代镜台演变的考古实例，以正视听。《仰观集》所收《在纪念沈从文先生诞辰一百周年座谈会上的发言》中，更是针砭时弊，针对当今文艺界，绘画、影视作品中胡乱处理古人服饰之风，指出这些作品"将一些混乱的概念不负责任地抛给观众，这和卖文化假药又有什么区别？影视界受到'戏说'之风的冲击，更是一个重灾区"。一个民族如果不珍视自己的历史文化传统，"那就不仅是可叹而且是可悲了"。对于当代学术界浮夸崇洋的不正之风，在《仰观集》中特撰长文

《仙凡幽明之间——汉画像石与"大象其生"》，解析汉画像的本意并结合有关文献，将有人不顾原画像榜题（如将有榜题"浪井"的汉祥瑞画像，说成与印度有关的"莲花"和"佛塔"，等等），不顾史实（如汉宗庙"不为人像"，却将一些汉画人像说成"沛县原庙中高祖肖像"的摹本，等等），不辨汉人冠服（如不识冕、通天冠、进贤冠等等），只按个人的"思想"演绎出一套洋式学术理论的行为，做层层辩驳，如剥春笋，说明如果连基本材料都没有弄明白，则以其为基础构筑的新理论，虽看似华美新异，但实为沙上构筑的楼阁，会误导青年学子，实属误人子弟。中国古人对于坟墓，并没有今人尤其是洋人想的那么复杂，有多么深奥的"思想"，应该是很自然直白的，我辈探研时，务必应返璞归真。正如孙机文中指出的："墓室是死者的归宿，是其地下的'万岁堂'；生前之舒适的享受、煊赫的排场、历官的荣耀，都希望在这里得到延续。阴宅不是死者的灵魂飞升前走过场的地方，否则也不必如此殚精竭虑地鸠工雕造了。画像石中除了起装饰作用的、包含吉祥寓意的图形之外，绝大部分内容都是为死者所做的长期安排，因而相当具体，相当写实。唯其写实，唯其'事死如事生'，才有可能满足墓主在冥间的需求，才符合'幽墓既美，鬼神既宁。降之以福，于之以平'的希望。虽然其中免不了有夸张过头之处，有含糊不清之处，有理想化、程式化之处，甚至在某些墓葬画像中，神怪占了上风；但从总体上说，终不失为'大象其生'。"并极为客气地指出："研究古代文物，如能从未开发的层面上揭示其渊奥，阐释其内涵，进而提出令人耳目一新的理论概括，当然是可贵的学术成就。但话又说回来，要做到这一步，必须以史实为依归，且断不能以牺牲常识为代价。"

现在距那次发言又过了三年，我依旧希望在阅读孙机的《仰观集：古文物的欣赏与鉴别（修订本）》时，要重点研读《仙凡幽明之间》。

自从"一带一路"成为现代中国的重要政策以来，对"丝绸之路"的研究更成为文史学术研究的"显学"。其实在中国文物考古界，自20世纪50年代新中国成立时起，特别是70年代以来，许多研究者十分关注这一课题，不断展开有关古代"丝绸之路"的考古学研究，其重点之一是依据田野考古获得的有关文物，探讨中西文化交流的问题。孙机曾在这一领域辛勤耕耘，有丰硕的成果。早在1996年，他就将有关这一课题的论文，结集成《中国圣火——中国古文物与东西文化交流中的若干问题》出版[1]。他本着精益求精的一贯原则，总是不断修改、删润自己发表过的论文，所以又将其中的九篇经过仔细修润后编入《仰观集——古文物的欣赏与鉴别（修订本）》内，即《东周、汉、晋腰带用金银扣具》《百炼钢刀剑与相关问题》《步摇·步摇冠·摇叶饰片》《五兵佩》《凸瓣纹银器与水波纹银器》《玛瑙兽首杯》《唐·李寿墓石椁线刻〈侍女图〉〈乐舞图〉散记》《内蒙古出土的突厥与突厥式金银器》《唐代的昆仑与僧祇》。新编入《仰观集》的同样题材的论文，还有《从汉代看罗马》《"丝绸之路展"感言》《大通银壶考》《建国以来西方古器物在我国的发现与研究》共四篇，加在一起合计十三篇，约近于《仰观集》总篇数的40%，可见孙机对于有关中国古文物与东西文化交流研究的重视。纵观这些研究论文，深感孙机治学态度之严谨。当前许多人追逐时潮，用古文物联系东西文化交流成为时尚，看到墓中出土骆驼模型明器，立即联系"丝绸之路"；一见有胡子的陶俑，就是西域"胡人"；出现驼队图像，就为粟特商队；等等。孙机则不同，在《中国圣火》的《后记》中，曾极为谦虚地表示他写的那些文章，"由于它们或多或少都和

---

1 孙机：《中国圣火：中国古文物与东西文化交流中的若干问题》，辽宁教育出版社，1996年。

东西文化交流这个大题目有点关联,所以编在一起。不过当初每篇皆单独写成,互不相谋;说明笔者本不曾有对之进行系统研究的抱负。……唯囿于所见,只能谈些自己说得清楚的情况,整理出若干比较有头绪的事例,为这个领域增加几块铺路的砖石,以供识者的采择利用而已",学者谦逊的精神,令人钦佩。更值得注意的是,他在这篇《后记》中,从探索与域外有关图案纹饰时,批驳了流行西土的"纹饰迁徙"理论,这种理论也就是"文化传播"论,认为绝大多数类似的纹饰是由传播造成的。他提出要正确阐述类似的纹饰之间存在传播关系,有三项基本原则:"第一,须有考古学的证据。如果说中国的某种纹饰来自古埃及,那就应当在中国发现过带有此种纹饰之古埃及器物的踪迹;反之亦然。很难设想,一种古代纹饰会脱离所装饰的器物,天马行空式地在各大洲之间迁徙。何况所谓类似,必须双方标本有共同的基本特征。有学者认为商周的饕餮纹与古亚述的胡姆巴巴及古希腊的戈尔工头像类似;但揆诸事实,它们的构图和艺术风格都差得太远,诚无法在两种互不相涉的事物间探求传播关系。第二,有关资料还要通过考古学的处理。因为两地间如曾建立起这种文化上的联系,且不曾为特殊的历史原因所中断,则彼此的交往会继续下去;从而留下的多半不是孤例,而是断断续续的一串足迹。

进行考古学处理首先就是将这些遗迹和遗物排队。所谓排队,指依照型式之演变和年代之先后排出发展的序列。当双方之同一类器物的发展序列均已排列清楚,建起了可以对应的坐标系,互相交会的接触点也确有实据时,则彼此间的关系就会从历史的雾霭中浮现出鲜明的轮廓来。第三,其他旁证。如理清传播路线,对于历史时期的事物来说,最好能找到有关的文字记载等。由于各种原因,上述条件或不易完全具备,但至少占有一两条,否则所谓传播关系将难以成立,文章写得再长,也和考古学不沾边了。"[1] 他提出的这三项原则,今天对于研究中外文化交流的年轻学者,仍具有指导意义。

同时,孙机与有些中外研究者不同,并非只是到处寻找中国的外来文明,而是深入地实事求是地分析一些外来文化如何会被古代中国所接受,从而对中国文化产生影响。他清楚地指出:"在传播问题上还要看到我国古代对外来文化的选择性,那些不符合我国国情(包括与我国的观念相龃龉)的事物,一般很难传入和立足。"更进一步阐明:"得以传入我国的外来事物最后也大都被华化,即以本集(按,指《中国圣火》)中提到的事物而论,如金银器

---

[1] 孙机:《中国圣火:中国古文物与东西文化交流中的若干问题》,辽宁教育出版社,1996年,第316—317页。

皿、佛塔等,一段时间之后,都变得和国外的原型大相径庭了。"[1]

在《仰观集》收入的论文中,有一篇《洛阳金村出土银着衣人像族属考辨》,该文原刊载于《考古》1987年第6期,后还曾收入《中国古舆服论丛》[2]中,这次收入《仰观集》,他又对文章进行了认真的修改,特别是对文末注释有较大的改动,由原来的二十二条修删、增改为十九条。该文是专论中国古代舆服的论文,在《仰观集》中还有《玉屏花与玉逍遥》等篇。对于中国古代舆服的研究,孙机的学术成就最高。早在北京大学研读期间,他就在宿季庚先生指导下以《两唐书舆(车)服志校释》为毕业论文选题。[3]孙机当年极为刻苦认真地完成了这一选题。记得有一次我去拜望季庚先生,先生曾向我出示一本学生送去审阅的硬封面的厚笔记本,内容是用考古材料校释两唐书舆(车)服志,字迹清整,并附画有极精细的线描图,还很讲究版式,看后颇令人赞叹。先生告诉我这是一位学生的习作,我并没有记住作者是谁,只是对那本硬封面的笔记本留有极深

---

1 孙机:《中国圣火:中国古文物与东西文化交流中的若干问题》,辽宁教育出版社,1996年,第217页。

2 孙机:《中国古舆服论丛》,文物出版社,1993年;孙机:《中国古舆服论丛(增订本)》,文物出版社,2001年。

3 孙机:《中国古舆服论丛(增订本)》,文物出版社,2001年,第508页。

的印象。我与孙机结识且以后成为挚友,起因也是因为他的一篇关于舆服的学术论文。那是在1980年,他将论文《从胸式系驾法到鞍套式系驾法——我国古代车制略说》送到《考古》编辑部,他当时并不想用真实署名。由于当时的政治形势,作者必须附上盖有所在单位公章的介绍信等,这对他的文章刊出颇为不利,不过编辑部诸同人看过论文后都认为从学术水平出发应予刊出。于是我就将论文直接送夏作铭先生,并说明情况。作铭先生阅后告诉我文章写得很好,指示我去具体调查作者情况。我将核实后的情况向作铭先生汇报后,先生立即指示发表此文,并让我告诉作者一定要用真实署名,这将有助于其以后的学术发展。我将作铭先生的意见转告孙机,并立即安排文章的刊期,这可能是孙机在《考古》最早发表的论文。[1]也正是从那时起建立了我们两人之间至今三十余年的友谊。前面提到的《两唐书舆(车)服志校释》,已由孙机修改后收入《中国古舆服论丛》下编,这是他研究中国古代舆服的开山之作,要想认识孙机此后的学术成就,此篇应最先研读。追忆孙机对中国古舆服研究的过程,会使我们对《仰观集》有更深刻的理解。

---

[1] 孙机:《从胸式系驾法到鞍套式系驾法:我国古代车制略说》,《考古》1980年第5期。

《仰观集》中收录有《有刃车軎与多戈戟》，由这篇论文可以窥知孙机在中国古代兵器研究领域的学术成果。该文原发表于《文物》1980年第12期，修改后曾收入《文物丛谈》[1]，这次再经补充修改，收入《仰观集》内。由他对文章的多次认真修润，更显露出他治学严谨、精益求精的精神。在我担任《中国军事百科全书》的《古代兵器分册》主编时，请求孙机支持，他承担了《剑》《玉具剑》《弓》《弩》《床弩》《箭》《箭箙》《斧》《钺》《戚》《盾》《钩镶》等诸多条目的撰著[2]，给了我极大的帮助。代表孙机对中国古代兵器研究成就的，还有《汉代物质文化资料图说》[3]中的有关内容，可以说是阐明汉代兵器的百科全书。

谈到孙机的《汉代物质文化资料图说》，原列入《中国历史博物馆丛书》第二号，据俞伟超所写《序》，中国历代的物质文化

---

1 孙机、杨泓:《文物丛谈》，文物出版社，1991年，第42—50页。此书由孙机、杨泓各选论文二十五篇，合成五十篇，结集成册，每篇论文均各自署名。亦为二人友谊的象征。

2 中国军事百科全书编审委员会:《中国军事百科全书》第5卷《军事技术Ⅰ》、第6卷《军事技术Ⅱ》，军事科学出版社，1997年；杨泓主编:《中国军事百科全书·古代兵器分册》，军事科学出版社，1991年。

3 孙机:《汉代物质文化资料图说》，文物出版社，1991年；孙机《汉代物质文化资料图说（修定本）》，上海古籍出版社，2008年。

图说将"陆续刊行",但是自1991年至今,再也没有看到其他时代的图说刊行。这也反映出孙机对完成博物馆工作认真负责的态度,更反映出他的学术水平是他人难以比肩的。《汉代物质文化资料图说》已成为现在治汉代考古的研究者案头必备的参考书,它也是表明孙机学术研究水平的代表作。

在《仰观集》中,还有两篇文章颇值得注意,就是《中国墨竹》和《辽代绘画》,它们是孙机在艺术史研究领域的佳作。特别是《中国墨竹》,依据现存的文物资料全面解析了古代画竹的历史,一直写到明清写意作品,将中国古代画竹的艺术轨迹,以及其显示的民族文化内涵,全面舒展在读者面前。最后联系今日画坛,慨叹:"古代中国以竹代表君子,代表人格,是高尚的理想的化身。现代却多半只拿它作为花鸟画中的一个分支,重视程度大不相同。而且现代国画讲创新时,常融入西法,画墨竹却无西法可资借鉴。将来在中国画里虽然还要有它的位置,但从发展趋势看,元明清时之三绝四全睥睨群芳的墨竹,以其独特的审美情趣与笔墨工力交织而成的一片清影,是否会逐渐离我们远去?当下诚难逆料。"过去多谓孙机只是文物研究的大家,却没有认清他在中国古代艺术史研究领域的造诣。

以上仅就《仰观集》中所收部分论文,简括地叙述了孙机在学术研究各领域的部分成就。相信读者精读该文集,还会认识到他更多的研究成绩,与他一起泛舟于无涯的学海之中,共享探寻文物研究的无穷乐趣。如果想了解孙机的个人传记,可参看《20世纪中国知名科学家学术成就概览·考古学卷》中由王冠英、赵永晖撰写的孙机传。[1]

同时,为了深入阅读《仰观集》,更应该扩展去了解作者以前的诸多学术专著,下面按刊出年代顺序,将他的专著和论文集分列于下:

1991年:《文物丛谈》。

1991年:《汉代物质文化资料图说》。

1993年:《中国古舆服论丛》。

1996年:《寻常的精致:文物与古代生活》。[2]

1996年:《中国圣火:中国古文物与东西文化交流中的若干问题》。

1999年:《文物三字经》。[3]

---

[1] 钱伟长总主编,王巍主编:《20世纪中国知名科学家学术成就概览·考古学卷》第二分册,科学出版社,2015年,第71—78页。

[2] 杨泓、孙机:《寻常的精致:文物与古代生活》,辽宁教育出版社,1996年。此书由杨泓、孙机各选论文二十五篇,合成五十篇,结集成册,每篇论文均各自署名。亦为二人友谊的象征。

[3] 孙机、杨泓主笔:《文物三字经》,辽宁教育出版社,1999年。

2001年:《中国古舆服论丛(增订本)》。

2005年:《孙机谈文物》。[1]

2008年:《汉代物质文化资料图说(修定本)》。

2014年:《中国古代物质文化》。[2]

2015年:《仰观集:古文物的欣赏与鉴别(修订本)》。

相信读者如遍阅孙机的专著,自会有更大收获。

我在三年前祝贺孙机《仰观集》时,曾说:

"现孙机兄年逾八旬,早过'从心所欲'之年,仍治学不辍。衷心期望早日见到他的《仰观集》二集、三集……问世。"2015年《仰观集》又经修订出版,他已是八十六岁高龄,"廉颇老矣,尚能饭否?"我仍期望他"披甲上马",在治学道路上继续奋进,热切期待《仰观集》二集、三集……问世。

(作者单位:中国社会科学院考古研究所。原载《文物》2016年第3期)

---

[1] 孙机:《孙机谈文物》,(台北)三民书局,2005年。

[2] 孙机:《中国古代物质文化》,中华书局,2014年。本书为作者在中国国家博物馆所作"中国古代物质文化"系列讲座稿修改扩充而成,是初学文物考古学的朋友入门必读的佳作,出版后社会反响强烈,影响深远。

唤醒历史深处的记忆
——读《从历史中醒来：孙机谈中国古文物》

葛承雍

作为孙机先生的学生，我从来不敢给自己敬仰的老师写书评，生怕不得要领、剑走偏锋、走神跑题，因为他总是要求我从"常识"到"通识"，可惜我既不是通才更不是全才，他的"常识"有许多我连听都未听说过，他从古到今的"通识"我更是不曾涉足，所以每次拜读他的大作都是惭愧不已，聆听他的教诲更是屏息铭记。

最近三联书店出版了孙机先生的新作《从历史中醒来：孙机谈中国古文物》，再次让我们品味到独特的文物之美。孙机先生凭借深厚的文献功底和对文物考古的敏锐洞察，善于把低眉垂睫的美唤醒，让我们看见精灿灼人的明眸；善于把沉哑暗灭的古曲唤醒，让我们听到恍如莺啼翠柳的优美歌声，从文物体悟中获

《从历史中醒来：孙机谈中国古文物》，
生活·读书·新知三联书店，2016年

得情感和力量。他能在文物中观察出很多看似日常微不足道的生活点滴造型，经由工匠之手和文人描写，每一个字里行间都能吸囁出生活的原汁原味，原来生命有了品味，有了对生与死的感动，就能从中悟到人生更阔远的意蕴。

更重要的是，孙机先生通过文物与文献之密切的契合，追溯起源与流变，复原过程中将细节展现从而唤醒历史的记忆，不仅是历史场景的重构和艺术多棱体的结晶，还是深入骨髓的考释与时代思想的浓缩。

一

《"明火"与"明烛"》是一篇他花费了近三十年时间才发表的论文。古代曾以阳燧将日光反射聚集引燃艾绒而得火，称为从天空中来的"明火"，点燃明火的灯则称为"明烛"。"阳燧取火"成为祭祀中一个重要仪式，出土的铜质阳燧正作凹面圆镜状，已知最早的几件是西周的，北京昌平西周墓和陕西扶风西周墓都出土过素背阳燧，山西侯马战国铸铜遗址则出土过整套的阳燧范，广州西汉南越王墓出土过两件素背阳燧。这些阳燧皆为圆形，正面均内凹，都能反射聚焦而引火。阳燧点火功能被古人认为具有与天相通的性质，可是阳燧怎么点燃明烛仅用文字解释显然是不够的，孙先生继续探索从新石器时代以来的燃"烛"，分析从商代到唐代的灯具，列举了几十种"中柱灯"和"鸟柱灯"，考察了代表太阳的阳鸟，特别是朝鲜高句丽永乐十八年（408年）壁画墓中绘有大鸟旁榜题"阳燧之鸟，履火而

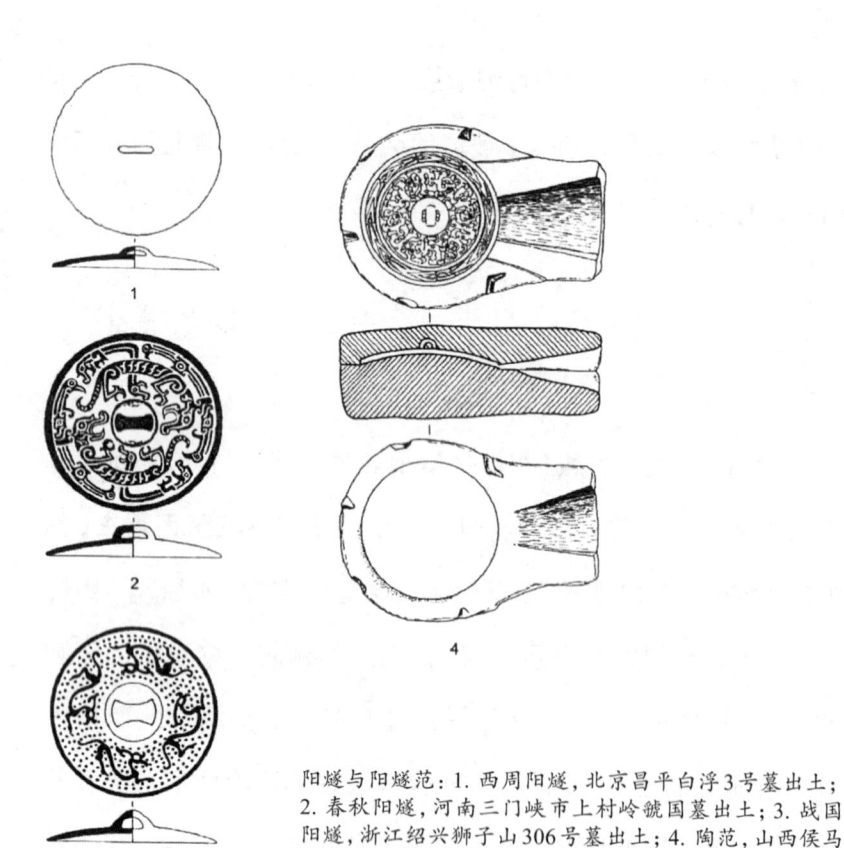

阳燧与阳燧范：1. 西周阳燧，北京昌平白浮3号墓出土；2. 春秋阳燧，河南三门峡市上村岭虢国墓出土；3. 战国阳燧，浙江绍兴狮子山306号墓出土；4. 陶范，山西侯马战国铸铜遗址出土

行"令人豁然开朗，它印证了从良渚玉器鸟纹到汉代阳燧鸟，都和鸟柱灯的鸟有相通之处。在庄严的祭礼中，用阳燧镜在神鸟背上引起炎炎明火，太阳的神话在众目睽睽之下变为点燃"明火"的神灯和照耀祭品的"明烛"。这种明火点燃方式唐代开

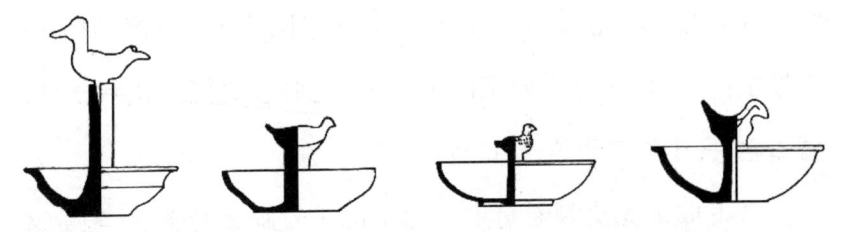

战国陶鸟柱灯与灯座，左起：1. 山东济宁薛故城5号墓出土；2. 山西长治分水岭68号墓出土；3. 山西万荣庙前61M1号墓出土；4. 长治分水岭21号墓出土

始绝迹没有了，后人不懂，东拉西扯，胡说乱编。朝鲜这条题榜是论证的关键，孙先生为了找寻文字资料竟等待了几十年，令我不由肃然起敬、感叹不已。

不仅如此，"明烛"不同于日用灯具，灯盏之下从战国时就开始配设灯座，将灯火抬高更有气势，灯座做得精致华丽，刻画有各种装饰纹和动物造型，但遗憾的是，很多人将灯座与灯具分离，不认识它们是配套的"神灯"，甚至在日本和欧洲展出时也懵懵懂懂讲不清楚。

众所周知，奥运圣火在希腊奥林匹克遗址取火，就是使用玻璃透镜将阳光反射聚焦，但这种点燃方式在1928年阿姆斯特丹第九届奥运会上才采用。中国古代的"明火"相当于今天说的"圣火"，亚洲波斯琐罗亚斯德教即崇拜火和太阳的拜火教，欧洲

97

罗马帝国普卢塔克（约46—119年）发明了阳燧形反光镜，但都似乎较中国为迟。而我国太阳光取火用于典礼的做法，出现之早，历史之久，用具之华美，在世界上是罕见的。

考古成果无法割断与史学的脐带般的血缘关联，孙先生这样的破解必然融汇和浸润了充分的史料积累与史学分析，这是非常值得我们后学储备知识时牢记的。随着考古出土的文物越来越多，我们面临的释读解惑也越来越具有挑战性，在当前社会浮动、学风浮躁的情况下，有谁愿意为一篇文章最终确凿证据而等待三十年时间？孙机先生的研究真是值得我们肃然起敬、感佩不已。

二

《固原北魏漆棺画》是本书中另一篇视野宏大的"读图"力作。1973年宁夏固原出土的北魏描金彩绘漆棺，不仅在艺术史上占有重要地位，而且透露出草原文化与中原文化交会未融的时代信息。漆棺画中的人物皆着鲜卑装，但是闪现出"汉化"因素。孙机先生紧紧抓住北魏迁洛与鲜卑旧俗决裂这一大背景，在当时推行汉化以达到雷厉风行的程度下，鲜卑民族意识很强的墓主人却在自己的漆棺上画上孝子图，将儒家伦理中的孝道规范纳入拓

上图：舜，固原北魏漆棺画
下图：郭巨，孝子石棺，美国堪萨斯市埃蒂肯斯美术博物馆藏

跋鲜卑"汉化"中，摹绘到漆棺上，虽然近年来北魏之后石棺孝子图接踵而出，可是孝子作鲜卑装者，就目前而知，在中国艺术史上只此一例。因而，孙先生分析了冯太后力推汉化政策的《孝经》

教育与思想基础,让人明白北魏漆棺画上孝子图的来龙去脉。他还深刻地指出漆棺画有孝子并不意味着墓主人已经服膺儒学,只不过是迎合时尚装点殡葬之物而已。这对我们读图辨识非常重要。现在有人一看海昏侯墓中有孔子像画屏,立刻就说刘贺是读儒家经典的好人,要给浪荡公子刘贺翻案。孙先生告诉我,一定要从汉代罢黜百家、独尊儒术的时代大背景观察,那时置放孔子像是很正常的,并不代表海昏侯是诵读儒家经典的"典范"。

孙先生读图并未就事论事停步,他细细观察固原北魏漆棺画,从漆棺前档所绘墓主着鲜卑装坐于榻上"右手举杯、左手持小扇"的图像中,看出一派嚈哒作风,令人信服地举出乌兹别克斯坦南部巴拉雷克(Balalyk-Tepe)五六世纪交际时嚈哒建筑遗址上的人物壁画,竟然与固原漆棺所绘人像相同,从手势、坐姿、持杯等等逐一比较,认为两者绝非偶然雷同,应代表一种特殊的风尚,即北魏与公元470—500年左右的中亚大国嚈哒(白匈奴)互相通好,固原漆棺画绘制之时正是嚈哒盛世,北魏鲜卑贵族亦步亦趋效法嚈哒做派,既反映出其追求与向往,也表现出其反汉化的思想倾向,所以其艺术渊源有着"胡风(西域风俗)国俗(鲜卑习俗)"交融的心态。

考古与文物研究都是史学综合形态的转化,是思想的直接呈

固原漆棺所绘人像与嚈哒人像之比较
上图：固原漆棺前挡所绘墓主像
下图：嚈哒壁画，乌兹别克斯坦巴拉雷克遗址出土

现。孙先生为我们做出了榜样，考古视觉盛宴代替不了史学的诠释，文物研究更离不开查询浩繁的史料，对历史文献的理解和文化底蕴的吸收是考古解释的关键。我们现在的考古学生都没有阅读量，没读过几部经典大作，一些考古人急功近利随意解说，甚至边挖掘边查书，导致了不少考古成果的先天不足，埋下败笔，留下误导。

三

孙先生从不故步自封、退缩逃避，他反对围着所谓"先规划好而后研究"的项目转，认为"不做研究只做规划"是整个学术界的危机。他屡屡教导我，做学术研究要敏捷抓住文物与社会生活史的实践，同时开题十几个，哪个成熟发表哪个，就像炉上烧十壶水，哪个快开了，就加把火把它烧开。他说所谓"大课题""大工程"最后往往是一堆拼凑起来的或粗制滥造的废品，不符合学术研究规律，课题先定结论然后去找资料证明结论是正确的，连思维逻辑都颠倒过来了，课题制本身就是束缚思想，更别说思想之自由、精神之独立了。

孙先生总是不断吸纳新的考古成果，他对陕北神木石峁的重大考古发现非常关注，他对我说原来一直认为中国古城都是夯筑的，但是神木石峁是用石块砌起的城，这在过去是极少见的。他的新作《古代城防二题》就指出，筑城不仅在城角加高加宽强化版筑，而且在城墙外壁增筑凸出的"马面"，陕北石峁遗址虽然已经出现马面和瓮城，但是要到汉代才较常见。汉代有了包砖的城墙，可是唐长安都城仍是一座夯土城，只在城门墩台和城角处用砖包砌。元大都还是夯土城墙，其北垣至今仍叫"土城"，中国

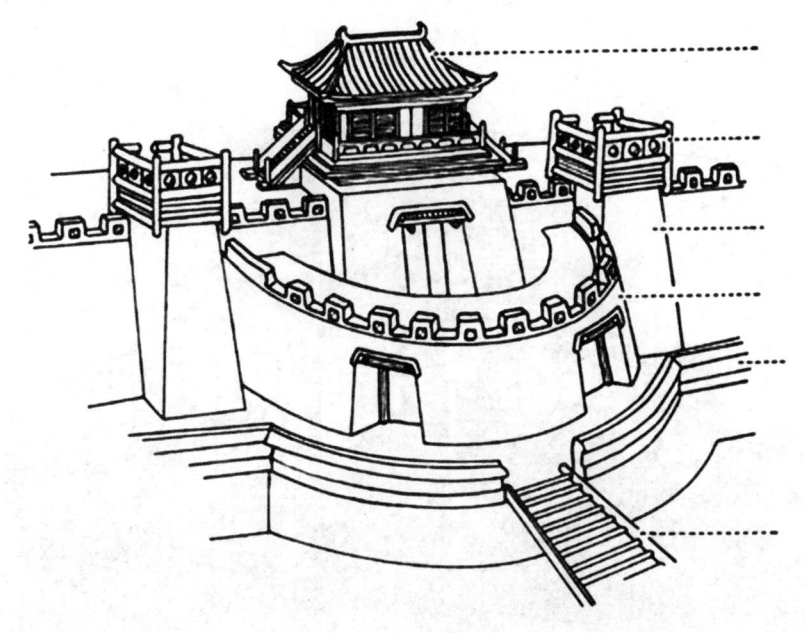

《武经总要》中的城防示意图

    城墙包砖经历了漫长的时间，这涉及城防的基本设施，即防御和攻城两方面，攻守双方面临形势不断变化创造出一系列城防方法。过去我曾长时间做古代建筑的研究，但从未达到孙先生这样细致深入的程度，而且其作图文并茂，带给人们意想不到的见识。

    仅从建筑史来说，孙先生绝不单单是一个研究器物的文物学家，更是一个有着广阔视野的考古学家。他三十多年前发表的《中国早期高层佛塔造型之渊源》，指出佛塔虽是引进的外来建筑形式，

印度桑奇3号窣堵婆

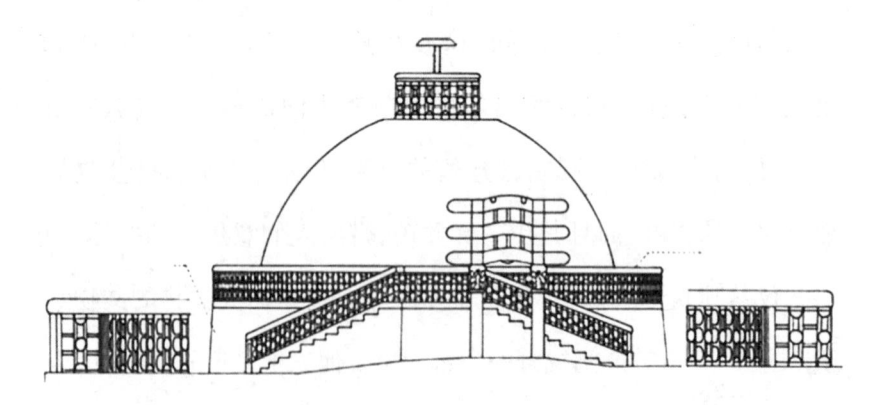

中印度典型的窣堵婆（据桑奇3号窣堵婆制图，补出栏楯）

但中国早期高层佛塔与印度窣堵婆的造型差异甚大，基本原因是公元1世纪小乘不奉佛像与大乘佛教造像的区别，特殊原因就是窣堵婆作为礼佛象征物源自实心的坟墓，而具有窣堵婆和佛殿双重性质的"精舍"建筑成为显著标志，中国汉代木构楼观作为楼阁式木塔造型的渊源，其塔刹并不是窣堵婆的缩影或模型，只是密檐式砖塔的炮弹形轮廓来自印度。接近犍陀罗式窣堵婆的喇嘛塔于元代才在北京出现，南亚次大陆窣堵婆身影一千余年后才投射到中国。

进一步有创见的是，在《中国早期单层佛塔建筑中的粟特因素》一文中，孙先生考察新疆绿洲地区以土坯砌造塔堂，比较若羌米兰塔堂与山东历城神通寺四门塔平面，采撷敦煌壁画中所绘圆拱顶西域式建筑，分析粟特地区毡帐式圆拱形穹庐外形，并用西安北周安伽墓石棺床毡帐雕刻、日本滋贺美秀博物馆北朝石棺床帐门雕刻和天水出土隋唐石棺床上粟特式建筑雕刻一一印证，找出圆拱顶、平檐、山花蕉叶等粟特建筑特点，令人惊异地发现中国早期单层佛塔造型竟与粟特建筑有密切关系，促使我们重新认识、纠正过去的一些误判说法，正如孙先生所说，"粟特人是富于艺术才能的民族，以前我国学者研究粟特金银器的文章为数不少，注意力多集中在这一方面。现在看来，粟特建筑也是值得探讨的课题"。

曾经有人说过孙机是"纸上考古"，言下之意他不是田野考

粟特式建筑与中国早期单层佛塔。左：安阳出土北齐石棺床雕刻；中：天水出土隋唐石棺床雕刻；右：邯郸南响堂山第1窟浮雕石塔

古第一线实际发掘者，其实这是当时局限的狭隘看法，现在田野考古也都是现场整体打包搬回室内清理，利用众多显微新技术进行所谓前沿探测，这就是我们说的"室内考古"或"实验室考古"。孙机先生何尝不是"室内考古"呢？一器一物的解读和细微之处的破解，都要查阅多少图书，都要吸取多少中外考证成果，从典章制度、社会风俗、思想观念、艺术审美等等都需要深入了解，真是百科全书式的"通识"，这绝不是一般人所能坚持和做到的。如果说利用新科技分析可以一蹴而就，那么查阅浩瀚的古籍典章绝不会是唾手而得。某著名大学文博学院院长就声称自己学考古就是可以不用多看书，说出了目前考古界不读书的现状，

其实完全扭曲了田野考古与历史文献密切结合的关系。

最近有些人又借着"图像史学""读图说史"兴起之风，穿越时代任意臆测，神化历史轻率编造，真让人哭笑不得、尴尬至极。孙先生屡屡点拨我，真正要读懂图像，一定要对图像产生的时代背景、思想观念、社会风俗、典章制度等等进行深刻的了解，触类旁通离不开对各种文献的理解与掌握。大胆假设没有小心求证就是无底之根基，立论必须要用可靠的证据说话，防止观念先入为主。他对国内外学术界一些人诸般误导的批评，例如汉画像石研究中的瞎猜解读，丝绸之路研究中的浮文虚言，车马舆服研究中的张冠李戴，美术绘画研究中的时空穿越等等，既显示了他学术功底的深厚，又体现了他毫不弯折的锐气。孙先生多次要求我，既要善于抓住最前沿难啃的题目，大胆冲破固有传统说法；又不能放弃常识底线，失去是非判断，更不能抛弃历史研究应担当的责任感。

四

作为考古、文物与历史研究者，我们总是小心翼翼地翻阅着中华民族整个历史的记忆，总想把其中失落遗忘的部分寻找回来，还想用新发掘的文物史料把它尽量补充完善，所以我们从历

山东龙山文化玉鹜
天津博物馆藏

史深处走来,不仅要拨开迷雾,还要看看我们整个民族经历过怎样的热闹与寂静、辉煌与沉默。

孙机先生正是这样一位实践者、参与者和考证者,他在《鹜鸟、神面与少昊》这篇长文中,详细论述了中国新石器时代山东龙山文化、浙江良渚文化遗物玉器中刻有神面的玉圭,分析鹜鸟具有人格神的身份,认为应与山东上古东夷的先祖少昊有关,少昊名挚即鹜,正与其统领鸟师的地位相称。为了印证并非望文生

山东龙山文化玉器上的神面纹
左：山东日照两城镇出土玉圭
右：台北故宫博物院藏玉圭

义,他将基座承托的鸷鸟与神面结合起来考察,从而得出这是备受尊崇的具象化的始祖神的结论。

但是孙先生不同意将这种复合神徽与图腾制度相牵附,针对"有学者认为图腾制是人类原始时期的普遍存在,是为稳定族外对婚制而建立起的社会制度",他指出这一论断难以适用于整个人类社会,中国新石器时代延绵数千年,已发掘的墓葬数不胜数,从未获得坚实可靠之证明图腾制存在的根据,在许多考古学文化中都找不出它有哪种特殊的图腾符号。20世纪图腾主义在我国学术界泛滥一时,有人说玄鸟是商代图腾,有人说猫头鹰是图腾,有人说牛角是蚩尤族群的图腾,凡是动植物纹尽量往鸟图腾上牵合,有些大名家也说了不少过头话。孙机先生对种种说法进行了辩驳,他强调一定要把视野放宽一些，通过玉鸷鸟形神主寻找各部族之间的交流融汇，探索上古中国人精神层面上的共性，就是文物"微观史"到历史"宏观史"的上升。

他几次对我说，现在大家都经常提到某个少数民族有一个图案，这个图案就是这个民族的图腾。实际上中国古代从没有图腾，图腾不是简单的符号，而是一种社会制度。摩尔根写《古代社会》时，恩格斯很热情地给予了肯定。摩尔根说古代印第安人有图腾，恩格斯在肯定摩尔根时并没有说图腾作为一种制度，全世界每一个民族都是必须经过的。图腾是"奥吉布瓦"方言，是中美洲印第安人的方言，它的意思是"亲人"。比方一个鳄鱼氏族用鳄鱼作图腾，那么鳄鱼就是它的祖先；一个氏族以棕熊作图腾，那么棕熊就是它的祖先。每一个氏族一个图腾，不同的氏族图腾不一样，同一个图腾氏族之间是不能通婚的，必须要外婚。所以，前些年有人说"人类必须经过图腾制度，否则就不能优生优育，如果都是一个图腾通婚，智商愈来愈低了。图腾制度保证外婚制"，这种说法不太符合事实。因为，我们中国是同姓不婚，是祖先崇拜。同姓不婚同样是外婚制，同样是优生优育。所以，我们目前发掘了几十万座新石器时代墓葬，没有哪个墓地，没有哪个氏族是通过同一个图案符号在墓葬区表现出来的。现在各地搞旅游风景区，特别是一些少数民族地区制作了一些大的图腾柱，作为一个吸引游客的看点，也未尝不可，但说古代广西、贵州、云南、海南等地都有图腾，这个绝对是不存在的。

比较孙先生的学问卓识，这部书中的许多篇章都已经成为研究范本和奠基之作，成为学界绕不开的经典标杆，从汉代犀牛形铜器讲到古代生态平衡的破坏，从唐三彩骏马讲到良马性能对国家命运攸关，从豆腐发明讲到增字解经的误判，从中国梵钟讲到声学性能、合金配比、铸造技术和艺术造型诸种学问，从刺鹅锥讲到辽代捺钵狩猎活动，从中国早期眼镜讲到西方文明送来的礼物……物、图、文互证的例子衬托出孙先生学问的博大精深，别出新意，有些就是绝唱、绝学、绝赏，文物研究背后有着无疆界的思想和文化风景，图与史相互补正的核心，就是传递表达人类共通的文化，通过文物这部历史陈酿后物化大史书，让人们重新感知文化的魅力。

今年八十六岁的孙机先生耳提面命，要求笔者不要局限于一器一物的考释，而是从器物的创造出现追寻历史的发展主线，以小见大对接世界，不放弃"微观史"，更不能忽视"宏观史"，他曾题词勉励我"博览沉思做真学者，踏查实证写大文章"，每当

2016年8月,孙机先生讲座
三联"书店里的大学公开课"上海书城专场

看到这苍劲健力的书迹,我都羞愧难忍,这辈子要紧跟孙先生的步伐恐不容易,要做到从"常识"到"通识"更非易事,他要我有多少说多少,"文章宜短、存留干货";他要我切勿急躁,"查阅文献、细嚼慢咽";他要我中西结合,"视角多元、独立思考";他要我引文注释"切勿堆积、恰到好处";虽然现在我也是年逾花甲、白发满鬓,但是不敢丝毫怠慢孙先生的教诲,只能默默遵守,奋力实践。文物并不是已经画下句号的历史,它需要学术界采用多元的视野，汇集中外学人的观点，打开历史诠释的格局，看到更为立体的历史轮廓。我也希望借由孙机先生的新书出版发行，继续利用新出土的文物和新发现的物证，再度唤起人们从历史中醒来，唤醒真正的学术研究，将中国古代自傲的文物从典藏记忆中传播到世界性平台。

（原载《光明日报》2016年12月20日第14版，另载《广州文博》第十辑，文物出版社，2017年）

重建常识：
——遇安师与中国古代物质文化

扬之水

二十八年前，还在《读书》编辑部的扬之水拜孙机先生为师，学习中国古代物质文化。今天，八卷本《孙机文集》出版在即（商务印书馆，2023），遗憾他却未能亲眼见证。《文汇学人》在此摘发扬之水为文集所撰跋文，她特拟按语，以为纪念。

［按］遇安师这几年集中精力做的一项工作，是全面修订八卷本的文集，至今年三月下旬，已基本完成，不过老师仍坚持要再细读一遍校样。三月廿四日，我在无锡博物院参观时，接到遇安师电话，嘱我为文集写一篇跋语。归来后草成呈送师阅，老师修改后返回，我将意见斟酌誊入，遂成定稿。

二〇二〇年十二月在家中（摄影：秦颖）

五月底我往四川，六月四号上午和下午两次接到遇安师电话，嗓音嘶哑，如果不是来电显示，简直听不出是谁。第一句话就是："我怎么写不出东西来了。"然后说四天前阳了，坐也不是，躺也不是，简直不知干什么好。问发烧吗？曰低烧。"去医院了吗？""去了，医院说没事，就回来了。""那您就好生将养，先别想着写文章的事了。最好能住院，比较安全。"第二次电话，说："你还在四川吗？""是，在泸州呢。"最后道："你多保重吧。"这两个电话太特别了，因为老师无事一

《中国古代物质文化》，中华书局，2014年

向不打电话，遂不免心中忐忑。之后的一切，都近乎意料之中，虽然仍不时生出向好的希望。今天从医院返家，打开身边书柜里遇安师的各种文集，看到扉页题字，看到夹着秦颖拍摄的照片，取出遇安师赠送的数册手稿，一切都成为遗物了。二十八年来，每次打电话，叫一声"孙先生"，立刻听到连声回应"您好您好"。最后听到的一句话，竟是"你多保重吧"。

唯一教人欣慰的是，凝聚着一生心血的文集，经遇安师手订，近期可望面世，这是孙先生留给我们的一份最珍贵的遗产。

遇安师的文集终于要面世了，作为追随问学廿八年的弟子，自是满心欢喜和期待。

皇皇八册的篇幅，两部专著之外，为专题论文七十余篇乃集中了作者数十年学术研究之精华。

专著之一的《中国古代物质文化》，我以为适可以冠冕全书。它原是老师在中国国家博物馆举办系列讲座的讲稿，高坛设座之际已令听众折服并大为获益，后将十个专题裒为一编，虽然已无讲演氛围中的"现场感"，但丰厚的内容，简净的文字，依然予人如坐春风之感。融汇考古发掘的成果，以实物与文献的互证为基石讲述中国古代物质文化，提纲挈领，缜密精详，渊博厚实，此书是同类著述中迥出群伦的一部，因此甫一问世，即大为读者所爱，一印再印，不仅有繁体字版发行海外，且译为日文、韩文，走出国门。

按照当今图书分类，《中国古代物质文化》或当算作"普及读物"。而普及读物的写作，难度实远过于专业著述。观今某些"普及读物"，往往是由于作者觉得缺乏专业功力，于是舍"专"求"普"。如果对一项专业并未通晓，写专著自然无从下笔，写

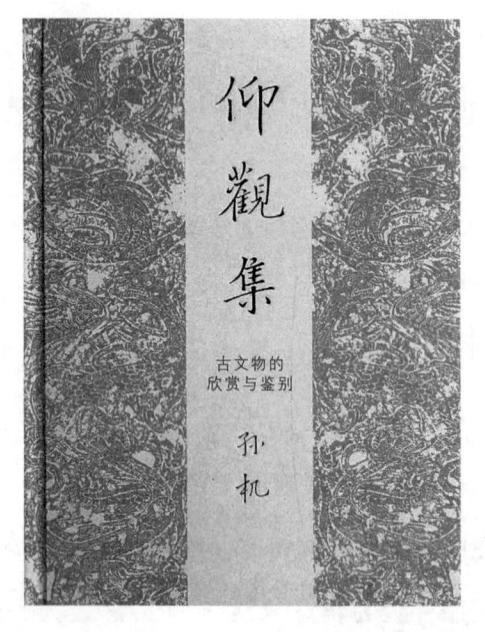

《仰观集:古文物的欣赏与鉴别》,文物出版社,2012年

"普及读物"又何尝能够胜任。收在这部文集中的篇什,固不乏明白如话、使作者一读了然之作,却绝非信口开河、率尔操觚,而是经过多年研究,对问题洞察于胸,方可臻于此境。

《中国古代物质文化》既是作者多年悉心研究之成果的综合,文献与考古材料烂熟于心自是题中应有之义。遇安师虽然未曾从事西方物质文化史的专门研究,但对此从来不乏关注,并时时用为考证的参照。胸中有此一份对照清晰的中西历史年表,便随时可用来互为坐标。农业与膳食，酒、茶、糖、烟，纺织与服装，建筑与家具，交通工具，冶金，玉器、漆器、瓷器，文具、印刷、乐器，武备，科学技术，古代物质文化之方方面面，究竟哪些出自中国的创造，创造过程中又有哪些是本土因子，哪些是外来因子，中外融合的契机是怎样的，这些人们颇为关心却往往难得确解的问题，在此都梳理得一清二楚。

着眼于事物发展的关节点，揭橥起源和演变，既有宏观的鸟瞰，更有细节的发明，而细节的发明，尤其是此著特色。比如《交通工具》题下关于马镫与蹄铁的出现，中国和西方情况的各不相同，其中原因何在，等等，都说得清楚明了，题无剩义。比如《冶金》一题中"冶铁"部分的述论，"新中国成立以来，在科技史研究的许多领域，大都是逐渐积累材料，一步步深化认识，但在冶铁史方面，新发现却仿佛井喷一样，使人目不暇接，传统的老看法这时几乎被全面刷新了"。然而究竟如何被全面刷新，却是有赖于这里提纲挈领言之有据的精准叙述，方使一般人不易弄清的问题粲然于眉睫之前。

按照遇安师的说法，书中所论多为常识。而老师所谓"常识"，意在表明它本是大家应该掌握的知识，但事实却非如此，甚至相反。大多数人对于这本书里讲述的"常识"，往往缺乏体认

长沙马王堆1号西汉墓出土漆棺上的云虡纹

乃至完全不了解,而这"大多数"中也包括了从事各项研究的学者。问题的根源在于我们的教育从来缺少这一环,学校里学到的历史,多是以文献为主构成的政治史或曰政权更迭史以及制度史,古代日常生活之细务,却较少出现在教程之内。现代考古未曾兴起之前,我们没办法掌握这方面的知识;现代考古兴起之后,尚鲜有学人致力于这一学科的建设。其实依凭现代考古而逐渐明了的古代科学技术,比如冶铁、纺织等等,已经可以建立在以历史遗存为据的基石之上,前人依据文献苦苦探索的古代日常生活之细务,今凭借相应的实物资料而得明其究竟。倚仗考古学的贡献,"中国古代物质文化"有条件成为一门学科,理应步入课

邗江西汉墓出土绘虡纹的漆温明（俯视）

堂,成为基本常识。果然如此,那么学文、学史、学习各门艺术的莘莘学子,日后从事专业工作的时候必会少犯许多常识性的错误。从这个意义上说,《中国古代物质文化》也正具备了教科书的性质。

所谓"大胆假设,小心求证",是一个很高的标准,它需要研究者有扎实的学问根底,有敏锐的发现之眼光,考证所提出的假说,因此往往会被证实。收入第七册的《中国早期高层佛塔造型之渊源》,也是一例。文章最初发表于2002年,它依据史籍所载东汉末年笮融建浮图祠的文字,认为此浮图不是塔,而是精舍,或者至少是具有精舍和塔的双重性质。然而"能否把笮融的浮图只看作中国重楼与印度窣堵婆上的刹的简单结合?如果这座以中国式的木结构重楼为主体的建筑物,却在顶部装一个与重楼从来不发生关系的印度式的刹,则两者又如何能互相协调,并为当时初接触佛法的中国信徒所理解和接受?换言之,笮融的浮图在重楼之外是否还有更多的从中国传统形式中吸取过来的成分"?设问之后,文章随之详细分析了汉代建筑脊顶立标的做法,推测笮融所建浮图祠当是如此以传统的形制同外来的因素巧相结合。八年后,《文物》杂志刊出的发掘简报披露了湖北襄樊樊城菜越三国早期墓出土的陶楼,陶楼的式样,完全证实了这一推断（此篇今收入文集时已将这一出土实例补入，当年的设问自然也易为肯定的结论）。

从遇安师问学，自"读图"始。"看图说话"，似乎不难，其实并不容易。真正读懂图像，必要有对图像之时代的思想观念、社会风俗、典章制度等等的深透了解，这一切，无不与对文献的理解和把握密切相关。大胆假设必要有小心求证为根基，这里不但容不得臆想，更万万不可任意改篡据以立论的基本材料。总之，是要用可靠的证据说话，力避观念先行。如收入第七册的《仙凡幽明之间——汉画像石与"大象其生"》，提示人们小心"以图证史的陷阱"："研究古代文物，如能从未开发的层面上揭示其渊奥，阐释其内涵，进而提出令人耳目一新的理论概括，当然是可贵的学术成就"；但"要做到这一步，必须以史实为依归，且断不能以牺牲常识为代价"。

通览全局和纵贯古今的胸襟与识力，为我一向所钦服。《中国历史上的秦汉时代》《从汉代看罗马》《"丝绸之路展"感言》《神龙出世六千年》，是我反复读过的几篇，即便均属"命题作文"，如第一例系为中国和意大利举办的"秦汉—罗马展"而作，第二例为配合该展而举办的讲座之讲稿，三、四两例则分别应"丝绸之路：大西北遗珍展""龙文化特展"而写，但却无一浮言

贵霜金币

应景之辞,而总是在人们习以为然的地方,驻足沉思,大中见小,小中见大,以使脱离了历史轨道的物象重新归位。

因为具备了各个门类的常识,老师可以从容出入于很多领域。《百炼钢刀剑与相关问题》《玉具剑与璏式佩剑法》《凸瓣纹银器与水波纹银器》《玛瑙兽首杯》《刺鹅锥》《水禽衔鱼釭灯》都

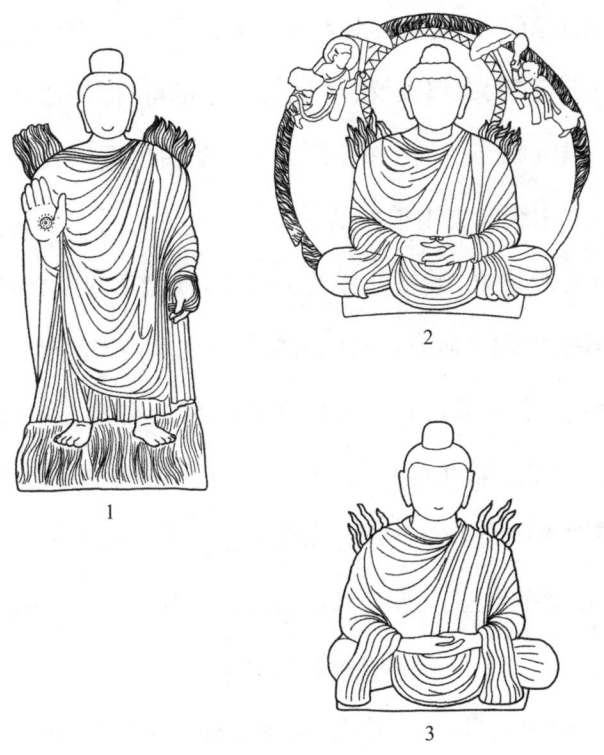

贵霜乌浒河派焰肩佛像

早已成为经典,广为学界采用。《中国梵钟》则是同类题目的奠基之作,至今显示着它厚重的分量。《固原北魏漆棺画》最是"读图"的范本,于是我们知道,文献与实物的互证,最终揭明的不仅仅是某物的性质与名称,而是它的背后我们所力求把握的历史事件。收入第六册的一篇长文《中国墨竹》,对绘画史中写竹一门演变历程的梳理，原是贯穿着对文人画的思考。它围绕着写竹的发生、发展与演变夹叙夹议，考证与鉴赏相间，而神似与形似、文人与画匠以及雅与俗的交织，始终是一条活生生的线索，以此而共同写就中国绘画史中独特的一章。

深锐的洞察力，始终旺盛的求知欲，使老师总能保持思维的活泼和敏捷，专深之研究而每以清明朗澈之风使人豁然，又有不少考证文章竟是旁溢着诗意。遇安师曾经说过，文辞之美，不过是花拳绣腿，文章之谋篇布局乃至字句的经营，只能看作学术论文的第二义。然而老师自己对此却并未稍有懈怠。一篇稿成，每每细加磨勘，务必字字当意。于字句之炼，用心之勤不亚于对论点的推敲。因此考证之文，总是明净晓畅，深厚简切；论述之文，则华瞻而无繁，宏裕而无侈，且含英咀华，浏亮有宫商之声，如《神龙出世六千年》，如《中国墨竹》。这是当今学术著作中不常见到的。

文集中严整精细的线图，一如既往皆出自作者手绘，以我所知，绘图的时间，常常数倍于写作。以一幅模糊不清的照片作为底图，而用线条把复杂精细的纹饰钩摹得清晰，如果不是亲自做过，恐怕很难想象其中的艰辛。对此遇安师每以乡语自嘲："我这是'洗手做鞋，泥里踩坏'，但不管将来如何，眼下总要尽我最大的努力。"

《文汇报》2023年6月25日第8版刊载的本文

仰观与俯察：孙机先生的治学之道

曾有人称遇安师"是百科全书式的人物"，老师对此极力否认。当今时代，靠了各种检索手段，也许胸罗"百科全书"并非难事。但仅凭检索而得到的知识，似乎难以避免"碎片化"，而贯通中外，融汇古今，打通文史，以求在探索中不断解决问题，现代检索手段之外，尚别需一种思考辨析的功力。老师屡屡强调考证工作所必须具备的"常识"，我理解，研究者对各个门类基本知识的掌握，其一也；立足于这些基本知识，立足于可靠的证据，而始终坚持实事求是的态度，其二也。老师曾在和我的通信中写道："古文物是历史的见证。有了确凿的证据，历史会变得更具体，更鲜活，使今天得以充分了解现实社会是怎样发展演变过来的。但实际上在这方面还有些欠缺，许多情况还说不清楚。因为只采用考古学讲层位、讲形制的办法，不能完全做到这一点，采用传统的考据学的方法更是如此。看来将文献与实物准确恰当地加以结合，乃不失为可行之道。"遇安师以数十年的实践向我们昭示了治学路径或曰发现问题、解决问题的方法和以此获得的硕果，承载硕果的这一部文集，自是耸立在文物考古研究领域里的一座丰碑。

（原载《文汇报》2023年6月25日第8版）

孙机先生与物质文化史研究

赵连赏

就个人学识所及，迄今为止，在中国从事物质文化史研究的学者中，学术上取得巨大成功的有两位学者，一位是著名文学家、物质文化史学家沈从文先生，而另一位就是我们本次学术研讨会的主角孙机先生。巧合的是，两位成功的学者都出自同一个单位——中国国家博物馆。沈从文先生虽然最后供职于中国社会科学院历史研究所（现更名为古代史研究所），但他的学术成就大多数是在中国历史博物馆（中国国家博物馆前身）工作期间取得的。看来，中国国家博物馆有着造就物质文化史学术大师的土壤和传统。

我们经常听到、看到或提及的物质文化，通常是指人类创造的一切物质产品和通过这些产品表现出的人类文明状况。广义上的物质文化研究,包含古今中外的物质文化研究,自然也包括对物质文化历史的研究。在西方,物质文化史概念的提出,已有半个多世纪,现在已经成为被西方史学界广泛认同的独立研究领域[1]。相信在不久的将来,物质文化史在中国也会成为独立的研究学科,因为,中国的物质文化史研究在时间上,不比西方起步晚,水平也并不低于国外的研究。上面提到的沈从文先生自20世纪40年代后期就开始了物质文化的研究,虽然现在他已经离开我们三十多年了,但他的许多研究成果,至今仍然不过时,体现了其学术研究的深度。而更可喜的是另一位物质文化史研究大家孙机先生,虽然现在已经年逾九旬高龄,但他依旧以旺盛的精力和饱满的热情活跃在科研一线,并不时地给学界带来新的研究成果,令人敬佩。

通观孙先生《汉代物质文化资料图说》《中国古舆服论丛》《中国古代物质文化》《仰观集》等物质文化史研究论著,发现有如下特点:

---

[1] 参见肖文超:《西方物质文化史研究的兴起及其影响》,《史学理论研究》2017年第3期。

一、指导思想明确

学术研究坚持以实事求是为思想理论的主导原则。物质文化史研究是一门跨学科的学问，历来是学术研究领域的重点和难点，它要求研究者在大量占有文物考古、历史文献资料的同时，还要具备一定的民族、民俗学及自然科学技术等素养，这样的学术门槛不是每一位学者都能随意逾越的。孙机先生在——跨过这些门槛后，面对纺织服饰、茶酒器物、建筑家居、交通工具等衣食住行方面物质文化的各种纷繁复杂的研究专题，始终坚守自己的工作原则；在研究过程中，从来都会针对具体问题，从事实出发，根据已经掌握的相关历史文献记载和考古材料的情况，本着实事求是这一马克思主义的学术原则，有一说一，有二说二，耐心探究问题，精益求精，解决问题，不牵强，不附会，更不人云亦云。有了这样的学术原则作指导，取得的研究成果自然会经得住推敲和考验。

二、研究方法得当

依靠"二重证据法"取得成功。掌握一个正确有效的研究方法,是搞好物质文化史研究的必备条件之一。孙机先生的学术研究之所以取得如此成就,其中的一个重要原因就是方法得当,他通过对一部分文史类出版物对问题的解释发现,"仍有许多基本情况尚待弄清",而现存的历史文献中,许多记载内容"不易读懂"[1],长此以往,就会给广大学者的研究工作带来困惑。造成这些困惑的主要原因,就是研究方法存在问题。在以往的学术研究中,学界大多会采用以文献证文献的传统方法,而许多历史文献对车马服饰等社会物质生活类的历史记载大多都比较简单笼统,由此造成了今天学者们研究中"不易读懂"的学术难题。为能有效解决这些难题,孙机先生遵循了以国学大师王国维为代表的学者们提出的"二重证据法"来处理上述问题。

孙先生依据的这种"二重证据法",并不是王国维原来"纸上之材料外,更得地下之新材料(文献)"[2]的最早"二重证据法",而是在此基础上,又由沈从文先生通过他自己的长期学术研究实践,总结提炼出的一种新的"二重证据法",即将传统文献与出

---

[1] 孙机:《中国古舆服论丛》,文物出版社,1993年,第366页。
[2] 王国维:《古史新证》,湖南人民出版社,2010年,第2页。

土实物相结合的方法进行学术研究。沈从文认为:"单从文献看问题,有时看不出,一用实物结合文献来作分析解释,情形就明白了。""'以书注书'方法是说不清楚的,若从实物出发,倒比较省事。"[1]孙机先生正是依靠继承沈从文先生这种研究方法取得了成功。

三、研究内容广泛具体

　　研究视野开阔,涵盖内容翔实。世界由物质构成,人类依托物质而生存。因此,物质文化史研究最大特点就是内容丰富,物种庞杂,包罗万象。包括维持人们生存的农业耕种、酒茶腊食,人们御体审美必不可少的丝绸织纺、服装化妆,为人们起居服务的房屋建筑、陈设家具,方便人们出行的舟车、马具等人类衣食住行方面的必须品类。也包括与上述方面直接或间接相关的天文、航海、冶金、制陶、计量等。还包括文人雅士生活所需的文具、乐器,以及战争必备的各种武器装备等等,不一而足。这些包含着不同历史时期、不同地域民族习俗、宗教信仰、审美追求等诸多方面中

1　沈从文:《文史研究必需结合文物》,《沈从文全集》第31卷,北岳文艺出版社,2002年,第312、314、315页。

国古代物质文化史类的内容，都是孙先生研究的范围。

范围广，只是孙先生学术研究的一个方面，更重要的是，这些广泛的物质文化内容都是由一个个具体器物集合而来的，需要对它们逐一进行分类，并展开细致而合理的剖析和解读，理清物质的原委才是学术研究的目的。面对众多而庞杂的各类出土文物，为它们分类、重新组合是一件极有难度的系统工程。孙机先生不厌其烦，静心思考，硬是从中理出了头绪。以《汉代物质文化资料图说》为例，他先后花费二十年时间，从大量出土的汉代文物中，找出中国古代社会最传统的农业生产开始分类；之后，陆续将人们生活所必需的衣食住行、民族习俗、文娱形式等分成类系，又将符合条件的器物一一归类，梳理出各类、各种器物的属性、特色，从而初步还原出一幅汉代社会物质生活的画卷。

四、善于捕捉关键问题进行研究

"中华民族是智慧的民族"，这句常被我们用来表达和颂扬自己民族伟大的话语，到了孙机先生那里，他的表述就不仅仅是这么简单笼统的文字了，而是变成了一个个有据可寻的物质文化研究成果，他用各种不同时期、不同地点出土的历史文物为根据，以此证明中华民族的智慧与才能。

如广泛用于农业生产耕种的犁，在唐代，通过"直"改"曲辕"对犁具结构的改变，使得原本长而笨拙的犁架，变成了有弧度的灵巧式，不仅方便了操作，而且还节省了使用耕牛的数量，使生产率得到了提高。

又如，马镫的出现。考古成果证明，于西晋永宁二年（公元302年）出现的马镫，是迄今为止世界上最早出现的马镫。马镫的发明，解决了骑行人因长久骑行产生的不适和疲劳感，而且还因有了着力点，大幅度提高了骑兵的作战能力，发展了军事。在马具方面，孙机先生还利用对国内外各类马车系驾文物的研究，发现中国古代马车采用的是"胸带挽具"法，而西方古代则采用"颈带式"方法。二者的区别在于，前者马匹拉车的受力部分是通过"靷"完成，而西方马匹拉车的受力部分是通过系在马匹颈部的绳索完成。采用西方"颈带式"方法系驾，往往是马车奔跑起来，由于马匹颈部受到传力绳索的勒压，易使马匹窒息而亡，限制了马车行进的速度。而中国古代马车的"胸带挽具"系驾方法则不存在这类问题，直到中国使用"胸带挽具"系驾法大约六百多年后，西方才开始改用这种先进的系驾方法。

再比如，孙机先生通过对国内外历史上多种类型船舶的比较研究后，本着科学的实事求是的态度，认定具有操作简单灵活、不影响船舶主体美观、主掌船舶航向，至今仍被世界造船业广泛使用的"尾舵"技术也是中国人的创造发明。

类似的研究发现还有很多，比如养蚕制丝、金属叠铸、脚踏提综斜织机、铜制火炮等许多内容的发明创造，都是中华民族对世界物质文化进步的贡献。

五、论据鉴别与使用准确全面

与其他学科研究一样，有质量的研究必须建立在论据翔实可靠的基础之上，以此得出的结论才能真实准确。物质文化史研究的主要对象是各类文物，同时再利用文献加以证实它们的存在，文物素材的真实可靠与否直接关系到研究结果的正确性，这是物质文化史研究与其他学科不太相同的特点。孙机先生的研究，除了每每能发现物质文化史上各类问题的实质、善于抓住问题的要害外，更善于对各类不同文物进行鉴别。他凭借多年文物研究积累起来的深厚功底，在研究问题之前，必须先对研究问题所需的石器、铜器、铁器、瓷器、玉器、漆器、陶器、金银器、竹木器、遗址建筑、纺织丝、造纸印刷、雕刻绘画等诸多纷繁复杂、不同类别的文物进行甄别，确定它们的时代和性质，择取出与研究问题相关的具体文物素材，再分别仔细研究各类出土文物和考古发掘报告提供的信息，最终确定文物证据是否可靠，为问题的研究奠定基础。

在对文物进行准确鉴定的前提之下，方才进入寻找、利用各类与文物问题相关的文献记载工作中，这就是我们通常研究的步骤。孙机先生在文献使用方面的功力同样深厚，他的著作中引用了多种不同类别的古今文献，包括正史、杂史、诸子百家、金石文字、笔记小说、诗词歌赋、方志、研究专著、发掘报告等等。依托上述种类全面而丰富的文物、文献取得的研究成果，其学术质量必然是高水平的。

在中华文化的沃土之中，蕴藏着许许多多历史瑰宝，孙机先生是这些文化宝藏的发掘者之一。长期以来，孙机先生在这片饱含民族文化的文物热土中，不断耕耘，不断播种，不断收获。文物中，一些在一般人看似平常普通的物件，经过他的考据研究之后，其背后的文物价值和文化价值立刻凸显了出来。我们要跟随孙先生的研究成果，发现自己民族的祖先原来是那么的勤劳与充满智慧，从而增强国人的民族自信心与自豪感。同时，孙机先生丰硕的研究成果也为中华民族传统文化的传承做出了突出贡献。

（原载《中国古代服饰与礼仪学术研讨会论文集》，主编：王春法，北京时代华文书局，2021年）

致广大，尽精微
——孙机先生的学术境界

霍宏伟

> 半生坎坷世途艰，回首可堪意兴阑。
>
> 怀璧空销双鬓绿，立身唯仗寸心丹。
>
> 著书何必钻牛角，知味无须食马肝。
>
> 夜雨晨风浑不觉，庄周枕上日三竿。

中国国家博物馆终身研究馆员孙机先生十年前写的这首诗作《八四抒怀》，今日读来，不由得让人感慨时光荏苒，岁月匆匆。2023年6月15日，孙先生驾鹤西归，笔者闻讯，悲从中来。思绪万千，诉诸笔端。综观孙先生的学术人生，一心向学，成就非凡，好似巅峰凸起，晚辈虽不能至，心向往之。回首昔日，历历在目。

仰观与俯察：孙机先生的治学之道

九年与贤为邻，十年共进午餐。耳濡目染，获益良多。今不揣浅陋，将笔者向孙先生问学的收获记录下来。更为重要的是，努力将孙先生的研究方法、学术特点、成功经验做一总结，以启迪后人，惠及来者。

一、与贤为邻

孙机先生的大名如雷贯耳，仰慕已久。2008年11月3日，我拜访国博的一位先生，在位于北京市北三环静安庄的通成达大厦门前，偶遇孙机先生。他头戴黑皮帽，身穿黑色皮衣。在冬日暖阳的映照下，他面色红润，气宇轩昂，让我肃然起敬，留下深刻印象。那时，因国博改扩建工程的需要，其临时办公地点就在通成达大厦。2009年7月20日，我入职国博《中国历史文物》（2011年更名为《中国国家博物馆馆刊》）编辑部。9月16日，我有幸在该大厦的一层报告厅现场聆听了一次孙先生的学术讲座[1]，是他开设"中国古代物质文化"系列八个专题讲座中的最后一讲，题目为《科技文物》。其讲述内容将考古资料、历史文献与科技

---

1 这一讲座的具体时间，由扬之水先生告知。

致广大，尽精微

孙机先生主讲"中国古代物质文化"讲座之八《科技文物》（摄影：李守义）

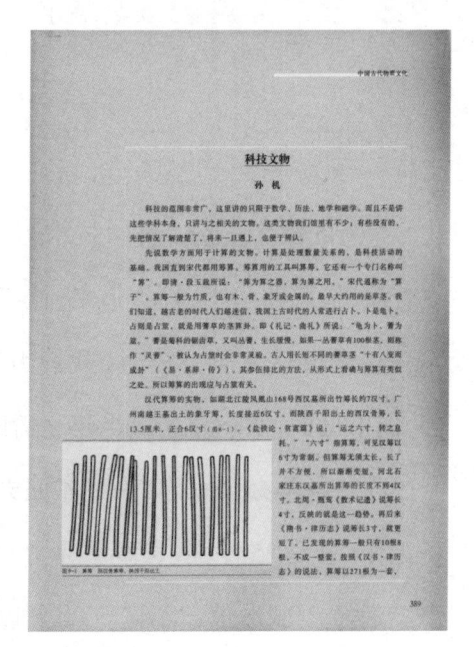

《中国国家博物馆学术讲座文集》收录的《科技文物》讲座内容首页

141

自始至终站立演讲的孙机先生(摄影:李守义)

史资料融为一体,自然天成,后来成为他出版《中国古代物质文化》一书的第十部分《科学技术》。两个小时的讲座,他始终站立着演讲,思路清晰,娓娓道来,让我大开眼界,充满了新鲜感。

在通成达大厦办公时,我们编辑部与孙机先生的办公室相邻,偶尔见面,寒暄几句。半年之后的2010年1月下旬,全体员工开始收拾各类办公家当,做好搬回天安门东侧原址国博新馆的准备工作。1月25日,我去孙先生办公室说:"您老需要帮忙,说一声。"他立刻驳斥道:"不老。"自此以后,在他面前,我再也不敢说

"您老"了。国博同人从来不称呼先生为"孙老",均尊称"孙先生"。实际上,那年他已年逾八旬。"八十不老"的故事,说明他是一个有着鲜明个性的学者,体现出来的是一种积极乐观的人生态度。听其言,观其行,读其文,品其韵,见贤思齐,让优秀成为习惯,须要我们不断向先生学习。2月7日,编辑部同人与孙机先生一起将办公用品运回国博新馆。编辑部办公室是位于三层的两间,我被分在了317室,仍然与孙先生的319号办公室一墙之隔,直到2018年10月16日我被调到国博考古院为止。能与孙先生九年为邻,的确是我一生的幸运。

2010年3月11日,我借着给孙机先生办公室盆花浇水的机会,聊了几句,说我利用过年的空闲时光认真读了一遍他的《汉代物质文化资料图说》,真是包罗万象,内容丰富。孙先生告诉笔者,为了撰写、增订《汉代物质文化资料图说》一书,他下了三十多年的功夫。我冒昧地向孙先生请教:本人以前供职于洛阳市文物工作队,主要从事田野考古发掘工作。后来在四川大学读了五年书,来到国博工作,我今后该如何在博物馆进行学术研究呢?孙先生让我把自己认为最满意的文章给他一份看看,我将在四川大学读博士完成的学位论文《隋唐东都城空间布局之嬗变》呈上,请他指正。3月25日,他将论文纸本还给我,并语重心长地说了一番关于在博物馆进行学术研究的话，可以归纳为三点内容：

第一，在国博要做文物学研究，不能只做考古学。要成为文物学家，这与考古不矛盾，比考古面更大。博物馆重视文物研究，这些文物有各种来源。要用文物学方法进行研究，同时结合历史文献史料。在博物馆工作，要知道藏品的来龙去脉，充分了解文献记载。洛阳是一个重要的地方，但是在国博与在洛阳做研究，两者路子不一样，要对国博的藏品资料进行全面检索。博物馆关注的是陈列展览与藏品研究。你要从文物入手，重视古代物质文化的探讨。

第二，你在馆刊编辑部当编辑，任何材料都有可能接触到，这个岗位容易出人才。你要给自己选择一个有兴趣、以往有些积累的研究方向。

第三，他以自己对国博藏五代白瓷陆羽像考证为例。认为此像不是佛、道造像，并结合历史文献、文物学知识，通盘考虑当时同出的白瓷小风炉、小茶釜、茶臼等器物，将别人眼中一件普通的"小瓷人"，确定为唐代茶神陆羽像。[1]这大大提升了这件馆藏文物的学术价值，从而反映出学术研究对于博物馆展陈

---

[1] 孙机：《一组邢窑茶具及同出的瓷人像》，杨泓、孙机：《寻常的精致》，辽宁教育出版社，1996年，第212—218页。

国博"古代中国"基本陈列展出五代白瓷陆羽像与茶具组合
（传河北唐县出土，摄影：霍宏伟）

工作起着重要的支撑作用。

　　2011年4月25日，我准备申报一个国博馆级科研课题"中国国家博物馆藏汉唐珍稀钱币研究"，征求了孙先生的意见，他充分肯定了这个选题。5月5日，我拿着打印出来的课题申报表，请孙先生看看，他提出了六条意见：一是选题很好，做课题就是要研究出新成果；二是在申报课题之前，你应了解前人的研究成果和达到的高度，事前要考虑成熟，才能有新见解；三是你课题中

经孙机先生考证后确认的陆羽像(摄影:范立)

的一刀平五千、大布黄千已没有再研究的必要;四是课题中能有几个问题说深说透就行了,在钱币学上要有所创获;五是你课题研究的注意力,应放在钱币研究的主线上,解决钱币学上未解决的问题,你目前的有些课题探讨,没说到实质性的问题;六是需要你设定几个重点目标,用新材料、新视角、新手段,得出新结论,重点放在解决钱币主线上的问题。

5月9日一大早,针对我申报课题的事,孙先生特意拿出一篇他自己业已发表的《百炼钢刀剑与相关之问题》论文复印件修改稿[1],嘱咐我复印读后找他。在反复拜读大作数遍之后,我初步了解了孙先生进行古器物研究的路径、方法及表述形式,大大拓宽了本人的研究视野。我去隔壁办公室找他,汇报读后感。孙先生听罢,以他自己写的这篇论文作为例子,耐心细致地给我讲述了他是如何写作关于文物研究学术论文的。

首先,孙先生是以铜器与钢铁刀剑的"湅"数作为突破口进行论述。

其次,他对日本奈良出土带有"中平"纪年铭文的"百练"钢刀制作区域做了辨析,提出此刀并不是由中国传到日本的,可能是3世纪后期在日本制作的,制作者中有东渡的中国吴地工匠。刀铭"百练"为随俗敷衍成文,不能作为汉代"百炼钢"的实物证据。

再次,在上述问题探讨的基础上,孙先生进一步对文献中记载的亶洲地理方位详细考证,指出亶洲可能是儋洲,即今天的海

---

[1] 孙机:《中国圣火:中国古文物与东西文化交流中的若干问题》,辽宁教育出版社,1996年,第44—63页。

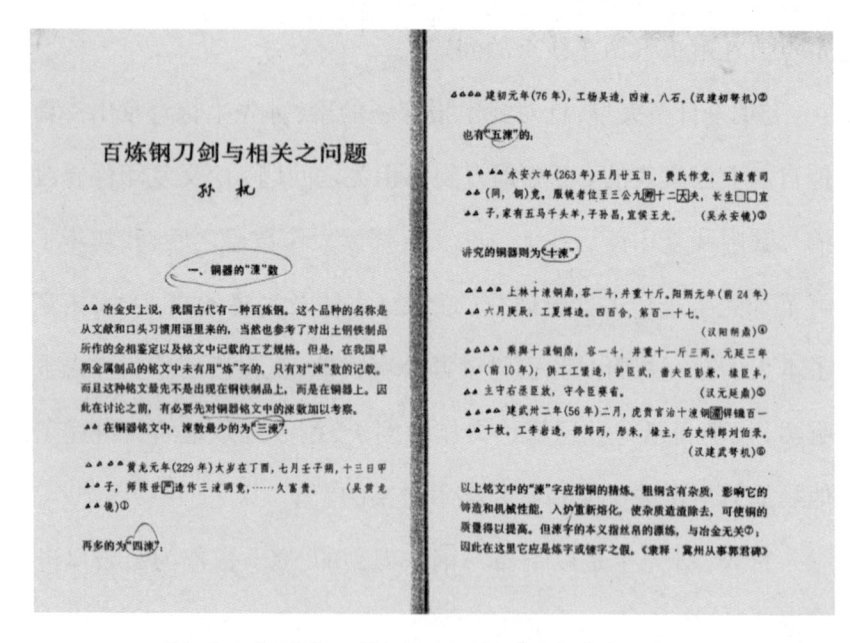

孙机先生《百炼钢刀剑与相关之问题》复印件修改稿之一

南岛；秦始皇派徐福率数千童男童女去的是夷洲，即今天的台湾，至于徐福率童男童女东渡日本之说纯属臆造。

最后，孙先生对于写文章总结了三点：一是先找突破口，如同在山岩上找缝隙。找到有问题的点，再分析错误点；二是要将可靠的实物资料与历史文献密切结合；三是一定要与历史主线相联系，"徐福东渡日本说"出现时间较晚，在历史上此说法不成立。

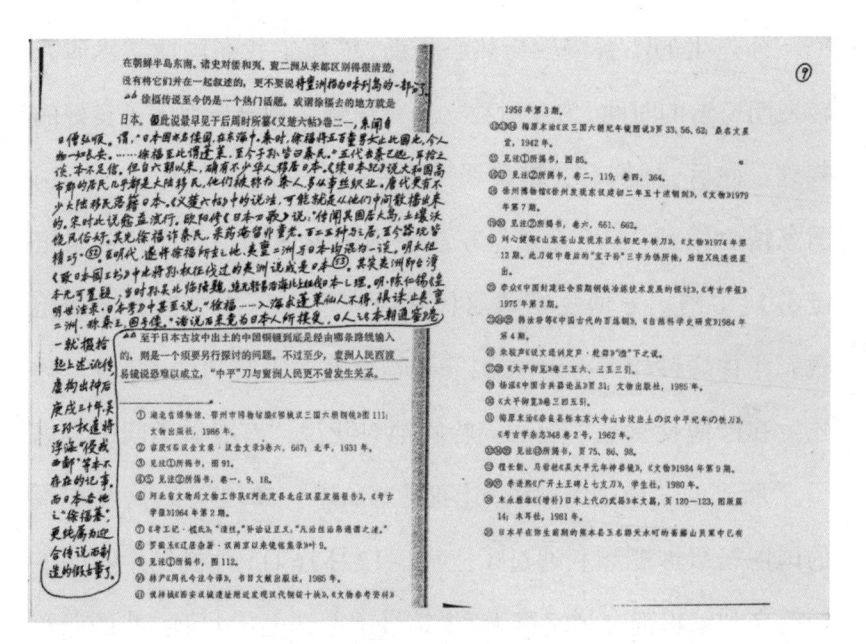

《百炼钢刀剑与相关之问题》复印件修改稿之二

现在想来，他将自己觉得较为满意且保留着诸多删改、补充痕迹的论文修改稿拿出来与人分享，也许是希望阅读者能够明白其修改的用意所在，看到其思考并解决问题的发展过程，这应该是孙先生传授研究方法的独特方式吧。我将其修改稿与收录在《仰观集：古文物的欣赏与鉴别》中的《百炼钢刀剑与相关问题》一文核对之后，发现修改稿应是为了出版这本文集而斟酌改定的。

孙先生的不吝赐教与热心相助，缩短了我在国博学术研究转型期摸索的时间，为今后独立进行馆藏文物分析奠定了良好的基础。此后，拙撰有关馆藏钱币研究的论文陆续发表，如《中国国家博物馆藏"国宝金匮"考》《中国国家博物馆藏唐代彭杲银铤考》《中国国家博物馆藏唐代咸通玄宝考》《中国国家博物馆藏元代昏烂钞印考》《中国国家博物馆藏西王赏功钱考》等。孙先生在国博食堂吃午饭时笑吟吟地对我说："有点做学问的意思了。"听到前辈鼓励的话语，让我甚感欣慰。2013年5月，我申报的国博馆级课题顺利通过了立项。12月16日，孙机先生吃完午饭后来到编辑部办公室聊天，说馆级课题选上了11项，我的课题选题很好，因为国博馆藏钱币的数量、质量均为全国第一，是一座富矿，但遗憾的是以往未能出现有分量的论文，我幸运地赶上了一个好时候。

一旦孙先生有新作面世，他总是慷慨地赠送"邻居"，我们办公室的同事们收获颇丰。几年下来，在我的书柜里，他的代表作诸如《汉代物质文化资料图说（修订本）》《中国古舆服论丛（增订本）》《仰观集：古文物的欣赏与鉴别》《中国古代物质文化》《从历史中醒来：孙机谈中国古文物》等均列其中，不乏孙先生的签名珍藏版。对于收藏的大部分书，我会请求签名，他总是不厌

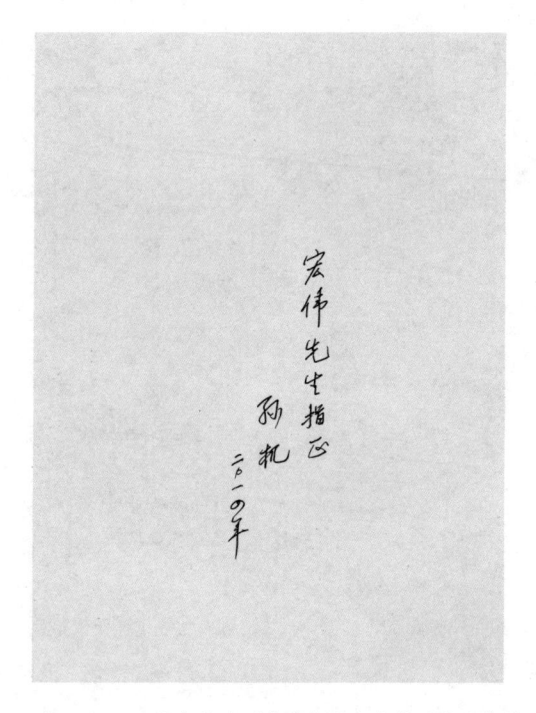

2014年9月19日孙先生为赠书《中国古代物质文化》签名

其烦地满足我的要求，一丝不苟地写下他的大名，这是送给后辈学人最好的礼物。

有来无往非礼也。2016年9月8日，拙撰小书《古钱极品》由中华书局出版，属于我主持的国博馆级科研课题"中国国家博物馆藏汉唐珍稀钱币研究"成果。我赶紧来到孙先生的办公室，诚惶诚恐地送上一册，以感谢他对我申报、研究馆藏钱币课题的

2019年8月20日孙机先生为著作签名（摄影：霍宏伟）

耐心指导。当时先生正在忙于处理其他事务，拿到书也没说什么。过了一个多月，即10月17日一大早，他兴致勃勃地来到隔壁办公室"串门"，和同事们寒暄几句。临出门时，他走到我的办公桌前，笑呵呵地对我的钱币小书给予了肯定，进行了一番鼓励，还竖起了大拇指，我连忙道谢。因为孙先生向来治学严谨，平时极少表扬晚辈。这样一本科普类的古钱小书竟然能够得到先生的

2018年10月23日中午与孙机先生在国博食堂共进午餐（摄影：王方）

赞许，让我感到受宠若惊。2017年11月，拙撰《鉴若长河：中国古代铜镜的微观世界》出版后，我也呈送孙先生以表谢意。2018年8月7日，孙先生的好友、中国社会科学院考古研究所杨泓研究员来国博拜访，恰好我去孙先生办公室办事。他将我引见给杨先生，并提到我的小书《鉴若长河》荣获全国文化遗产优秀图书。拙撰两本小书，在孙先生的诸多鸿篇巨制面前，显得多么的稚嫩与浅薄。但是，先生非但不嫌弃，反而以一颗慈爱与包容之心，善待后辈，提携后学，令我十分感动。

二、闲适雅集

我能够时常受教于孙先生，的确得益于办公室"比邻而居"的优越条件，却因工作环境所限，聊天时间较短，谈论的话题较为正式，而与他在国博食堂共进午餐的美好时光，大多数情况下是愉悦、轻松的，甚至是诙谐、幽默的气氛，偶尔会涉及一些略显沉重的话题。

2010年，国博新馆建成，孙先生每周一、周四来馆上班。自2014年开始，改为周一。又因来馆拜访他的客人有时还想顺便参观国博展览，2017年孙先生改在周二到馆里办公，直到2022年。悠闲惬意的午餐时光，成为我和同事们向孙先生请教的难得机会。

通过长达十年左右午餐时间的问学，让我对孙先生有了更加深入的了解。他的曾用名为孙志杰，字遇安。其父亲为孙毓址先生，母亲为苏延贞女士。其父孙毓址先生，1921年毕业于北京大学法学系经济科，后在山东济南法政学院任经济学教授。[1]1939年，日本人欲逼迫其父任山东即墨县伪县长，他父亲宁死不屈，被汉奸用枪托击打头部致死。听罢，令人唏嘘不已，为其

---

1 根据国博藏孙机先生档案资料。

2020年12月24日午间雅集
（供图：朱万章；自左至右：扬之水、李志仁、孙机、霍宏伟、朱万章）

父亲在国家危难之际具有强烈的爱国主义精神所感动。

　　孙先生知道我曾经在四川大学考古学系攻读研究生五年，特意提起他的一位堂兄孙次舟，先是在齐鲁大学当教授，后为四川大学历史系教授。孙次舟先生是一位文史学者，名叫志楫，字次舟，以字行于世。他早年追随顾颉刚先生，属于"古史辨"派，信守"疑古辨伪"，终生未弃。[1]

---

[1]　郑善庆：《疑古学人孙次舟》，《社会科学论坛》2010年第19期。

孙先生一生所经历的惊险之事，主要有三项：一是他上小学时，在上课过程中，突然屋顶塌落建筑板材，砸在他的桌子上，他本人安然无恙，虚惊一场；二是在上华北军政大学期间，有学员擦枪走火，一颗子弹擦着孙先生的头皮划过，让人心惊胆战；三是在华北军政大学毕业之后，孙先生被分配到北京市总工会工作，在南池子学开吉普车，差一点出现交通事故，从此再也不学开车了。[1]

2019年12月31日中午，我与孙先生及其他同事在国博食堂吃饭，聆听教诲。大家边吃边聊，兴致盎然。他专门谈到，做学问一定要"由小见大"，不能"由小见小"，并以他发表的《秦代的"箕敛"》为例，阐述"由小见大"的学术理念。[2]孙先生将这一类形制较小的量器置于秦代宏大历史的背景下进行探讨，揭示出其深刻的文化内涵，达到了"以物论史"的学术目的。此外，孙先生还曾指出："别人的终点站，就是你的起跑线。"以此来强调撰写学术综述在研究中的重要性，做学问应当立足前沿。孙先生所言对我产生了潜移默化的影响。我反复研读他自己推

---

[1] 2019年11月20日中午，孙机先生在国博食堂讲述，笔者记录。

[2] 刊于《中国历史文物》2003年第1期，后收入氏著《仰观集：古文物的欣赏与鉴别》，文物出版社，2012年，第69—79页。

致广大,尽精微

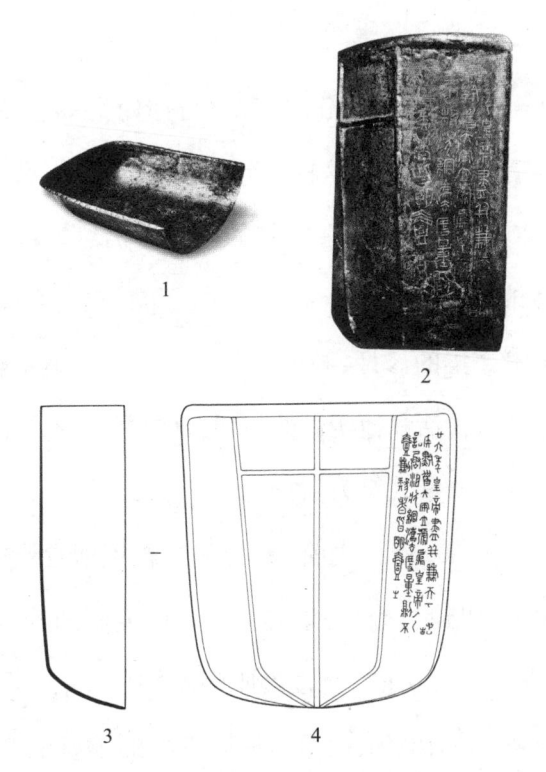

山东博物馆藏秦代铜箕量(《仰观集:古文物的欣赏与鉴别》,第72页,图5-1)

荐的这篇代表作,可以将全文分为三个部分:一是学术史梳理;二是提出问题,从物切入;三是由物见史,透物见人。其论文高妙之处在于,将古器物作为切入点进行探讨,层层递进,最终的落脚点是秦代的经济史与财政史。该文正是孙先生"由小见大"研究原则的充分体现。扬之水先生对此文亦有较为详细的解读。[1]

  大约十年前的一天中午,我有幸与孙先生单独在国博食堂用餐。他很有感触地说了这样一句话:再干十年,我就不干了。但是,直到2023年5月,年逾九旬的孙先生仍然笔耕不辍,还在与商务印书馆编审李静女士合作,完成了自2021年11月开始启动的个人学术文集的修订、校改工作。每当我有懈怠感时,就会想起孙先生的这番话和他所做的一切,他这种在学术上永远奋斗的精神激励着后辈学人努力前行。

  现在回想起来,疫情之前,与孙先生在国博食堂共进午餐,听他谈天说地,纵论古今,的确是一段无法复制的美妙时光。如今,寂寥、清素的餐桌前,我慢慢咀嚼着物质食粮,再也听不到先生风趣幽默的话语,感觉不到他所带来的丰盛的文化大餐与精神享受,正如人们常说的一句话:"吃饭并不重要,关键是和谁吃饭。"

---

[1] 扬之水:《仰观与俯察》,收入氏著《棔柿楼杂稿》,上海辞书出版社,2013年,第102—104页。

三、高山仰止

（一）孙机先生的研究特点

对于孙机先生的学术成果，已有扬之水、葛承雍、赵连赏等学者从多个角度撰文评说。笔者在此基础上，本着"详人所略，略人所详"的写作原则，将孙先生的研究特点概括为以下三点：

第一，体系观念。孙先生构建了一个宏大的中国古代物质文化史的学科体系框架，这是通过先生亲撰《中国古代物质文化》《汉代物质文化资料图说》两部著作体现出来的，前者好似一部通史，后者如同一部断代史，一纵一横，有略有详，在中国古代物质文化史研究及编写体例方面具有开创之功，反映出先生全面系统、科学合理的体系观念。一般读者对其著作所蕴含的体系观念不易察觉，那就让我们重温一下1989年时任历博馆长的俞伟超先生为《汉代物质文化资料图说》撰写的序言，其中部分内容体现出来的正是孙先生这部著作的编写体例与写作思路："按其所包含的物质文化特点，分为若干项，每项之下再依照各种物品的制作技术或用途分出若干子目，每目之内举出典型的物品（包括图像）加以介绍。有些物品因内容比较丰富或复杂,就单独提出列为一项。"[1]孙先生自己也曾经说过:"按照对整体框架的设想,本书拟先从农业写起。"[2]由此可见,他的著作有着缜密的篇目设计理念与体系观念。

第二,问题意识。孙先生解决了一系列具有挑战性的学术难题,这是通过撰写大量学术论文呈现出来的,反映出他强烈的问题意识,"即特别有着发现问题的敏感",因此最有解决问题的兴趣。[3]即使是个案分析,先生自己也反复强调,一定要"由小见大",不能"由小见小"。这一特点在学界已达成共识,不再赘述。

第三,学科贯通。孙先生将文物学、考古学、博物馆学、历史学、科技史、美术史等诸多学科融会贯通,跨界杂糅,浑然一体,完美呈现,打破了各学科之间的界限,其成果被学术界称为关于中国古代物质文化的"百科全书"。先生在一封信中谈道:"夫治学之道,大别可为二宗:一曰专精,二曰通贯。……专固然好,但要

---

1 俞伟超:《汉代物质文化资料图说·序言》,孙机:《汉代物质文化资料图说》,文物出版社,1991年,第1页。

2 孙机:《汉代物质文化资料图说(修定本)》,中华书局,2020年,第673页。

3 扬之水:《以"常识"打底的专深之研究——孙机先生治学散记》,收入氏著《楳柿楼杂稿》,上海辞书出版社,2013年,第90—91页。

致广大，尽精微

洛阳烧沟1023号东汉早期墓出土铜镜（洛阳市文物考古研究院供图）

小中见大，大中见全，政治家所称全局之才，此之谓也。"[1]他的研究内容与思考路径，应该上升到研究方法论的高度来看待，具有普遍的指导意义，值得后辈学者认真体会，举一反三，将其研究方法运用到自己的学术实践中去。

谨以我所熟悉的铜镜研究为例。在《汉代物质文化资料图说》一书中，孙先生将镜鉴这一类器物分列第67至70四个篇章

---

[1] 扬之水：《以"常识"打底的专深之研究——孙机先生治学散记》，收入氏著《楮柿楼杂稿》，第99—100页。

161

大英博物馆藏东汉伍子胥画像镜
(《海外藏中国古代文物精粹·英国大英博物馆卷》，第359页)

进行论述。依照时间顺序，自早期铜镜说起，逐渐过渡到西汉前期铜镜，主要谈到了山东临淄齐王墓陪葬坑出土的大方镜，自然引出历史文献记载的秦咸阳宫方镜。洛阳烧沟1023号东汉早期墓出土规矩五灵镜是孙先生深入讨论的重点例证，曾写有专文。[1]其创新点有三：一是引经据典，对镜上规矩纹（亦称博局纹）法天象地的意义进行阐释；二是结合历史文献，对以往所说此镜为四

1　孙机：《几种汉代的图案纹饰》，《文物》1982年第3期。

大英博物馆藏东汉伍子胥画像镜拓本
(王士伦:《浙江出土铜镜选集》,人民美术出版社,1958年,图10)

神纹有所修正,应该为五灵纹;三是将此镜背上的五灵与十二辰铭文联系起来综合考虑,得出了五灵纹的排列方式竟然与汉代祭祀五帝之坛方位完全一致的新见解。[1]这一个案分析正是孙先生一贯倡导"由小见大"研究原则的具体体现。

2015年,由国博学者主持编纂的《海外藏中国古代文物精粹·英国大英博物馆卷》一书写作工作开始进行。在我负责撰写

---

1 孙机:《汉代物质文化资料图说(修定本)》,上海古籍出版社,2008年,第304—317页。

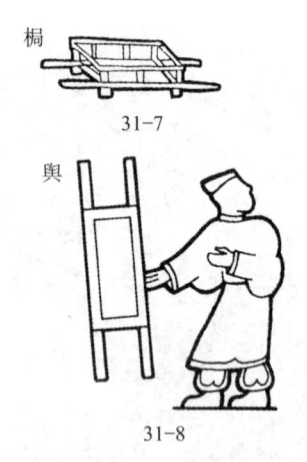

孙机先生摹绘东汉画像石上榻和舆的形象
(《汉代物质文化资料图说[修定本]》,第138—139页,图31-7、8)

大英博物馆藏东汉伍子胥画像镜局部
(《海外藏中国古代文物精粹·英国大英博物馆卷》,第359页)

条目的大英馆藏文物中,有一面东汉伍子胥画像镜,其镜背纹饰涉及一种器具形象的定名问题。在第二组"越王二女"图像的右上方,有两件平面呈长方形、两端分别有两短杆、底部有四足的器具形象。以往有学者认为,这是置有数柄宝剑的架子,其名应是兰锜,或者说是兰锜中的兵兰。

笔者对此说法表示怀疑,详细查阅了《汉代物质文化资料图说》相关文图。孙先生在书中提出:"外形与舆相类,但不抬人而抬物者,则名'梮'。"[1] 我将书中"梮"的图像与大英博物馆藏伍子胥画像镜背纹饰仔细比对,认为镜背上的器具图像亦为"梮"。这面画像镜背第二组图像中出现梮的形象,主要是作为搬运壶、宠物等物品的运输工具来使用的。[2] 孙先生这部代表作的重要作用由此可见一斑。

(二)孙先生的学术传承与研究方法溯源

在学术传承方面,孙先生得益于北京历史博物馆(国博前身)沈从文、北京大学考古学教授宿白两位名师的悉心指导,并

---

1 孙机:《汉代物质文化资料图说(修定本)》,第138—139页,图31—7、8。
2 王春法主编:《海外藏中国古代文物精粹·英国大英博物馆卷》,安徽美术出版社,2018年,第358—359页。

将平生所学传授给扬之水先生,从而将名物学发扬光大。沈从文先生是他的启蒙老师,宿白先生则是他走上学术研究之路的领路人。

2002年12月,在"纪念沈从文先生诞辰一百周年座谈会"上,孙先生饱含深情地说:"我是1951年认识沈先生的,直到1955年去北大读书以前,和沈先生的接触较多,我所认识的也正是一位作为文物学家的沈先生。……在服饰史的研究上沈先生是我的启蒙老师。"[1]

2021年,孙先生提出要在国博举办学术活动,以此来纪念他的恩师沈从文先生。2022年7月15日,"文学中的服饰——纪念沈从文先生诞辰120周年学术论坛"在国家博物馆如期召开。将服饰与文学作品相关描写相互印证,既是古代服饰研究中的重要方法,也是对沈先生一生中两项最重要成就的概括。孙先生亲自参加论坛,并做主旨发言,对沈先生的感激之情,溢于言表。我有幸参会并发言,题目是《沈从文与国博铜镜》。没想到,这竟然是最后一次与孙先生参加同一场学术研讨会。

关于师承宿白先生,孙先生曾说起过他本科毕业论文的指

---

[1] 孙机:《在纪念沈从文先生诞辰100周年座谈会上的发言》,《仰观集:古文物的欣赏与鉴别》,第513页。

2022年7月15日出席国博"文学中的服饰:纪念沈从文先生诞辰一百二十周年学术论坛"嘉宾合影(摄影:孙曦萌)

导老师就是宿白先生。孙先生撰文回忆:"真正引导我走上科研道路的是宿白老师。……先生的教诲仍然使我认识到做学问所应坚持的信念、应采取的方法和应遵守的规范。当面临写毕业论文的时候,先生考虑到我的情况,出了一个《两唐书舆(车)服志校释》,对于舆服研究来说等于是夯实其基础的题目。"[1] "上世纪50年代在北大上学时,我最爱听宿白老师的课,爱读他写的《白沙宋墓》。……当时我就想,如果能遵循先生的规范,在这方面

---

1 孙机:《中国古舆服论丛(增订本)》,文物出版社,2001年,第508页。

在"文学中的服饰——纪念沈从文先生诞辰120周年学术论坛"上发言
（摄影：余冠辰）

写出一部有系统的专书,将片段结合成整体,该多好。"[1] 由此可见,宿白先生对孙先生后来的治学方向与研究方法产生了极大影响。2002年,为了庆祝宿白先生八十寿辰,他的学生们编辑了一部文集,主要是以宿先生不同年代学生的文章为主,入选论文均经过他亲自审阅。其中,收录了孙先生撰写的《我国早期单层佛

1　孙机：《汉代物质文化资料图说（修定本）》,中华书局,2020年,第674页。

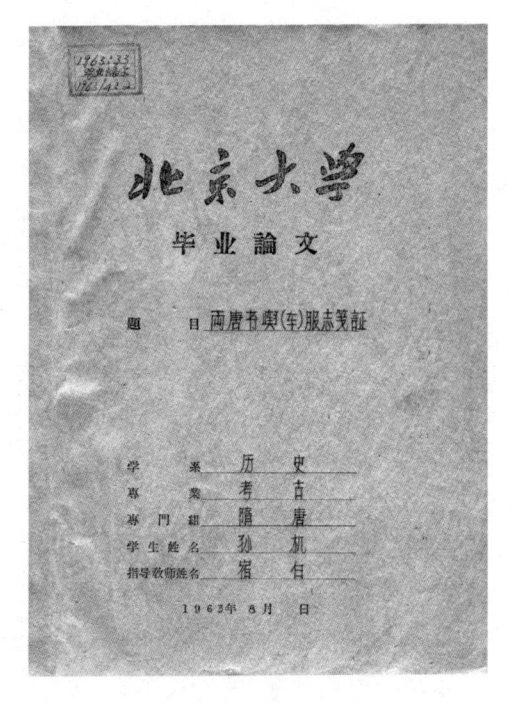

本科毕业论文封面（北京大学考古文博学院信息中心供图）

塔建筑中的粟特因素》。[1]孙先生特意选择了一篇与佛教考古相关的论文，以此方式来向中国佛教考古学的开创者宿白先生致敬，庆祝自己老师的生日。2014年7月，孙先生的著作《中国古代物质文化》出版。有一天，天气炎热，八十五岁的孙先生等人

---

1 《宿白先生八秩华诞纪念文集》编辑委员会编：《宿白先生八秩华诞纪念文集》下，文物出版社，2002年，第425—433页。

本科毕业论文第三卷首页（北京大学考古文博学院信息中心供图）

带着新出版的书，买了一个果篮，坐着公共汽车，到位于北京海淀区的蓝旗营小区看望九十二岁的老师宿白先生，我们仿佛看到了一幅令人感动的美好画面。

孙先生文中所说宿白老师传授给他做学问"应采取的方法"究竟是什么呢？他没有具体陈述。值得庆幸的是，我们读到了徐苹芳先生对宿先生研究方法的系统总结："宿先生治学方法的精髓

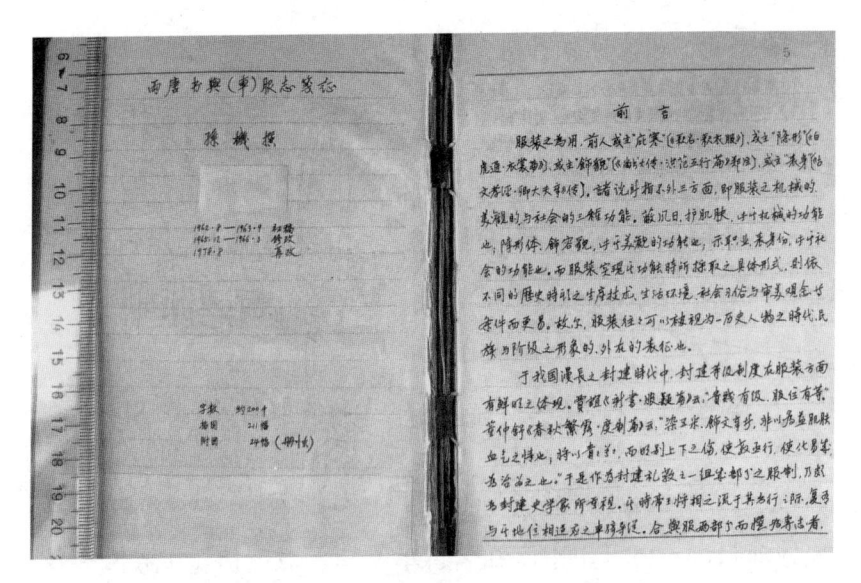

《两唐书舆(车)服志笺证》稿本(供图：扬之水)

是'小处着手，大处着眼'。所谓'小处着手'是指微观，'大处着眼'是指宏观，也就是微观和宏观的有机结合。治学要从微观做起，搜集史料（包括考古学的和历史文献学的）、鉴别史料（史料的真伪和来源）、利用史料（指尽量利用第一手史料），并在最大程度上获得接近于史实的完整史料，去粗取精，抓住历史事物发展的规律，实事求是地研究和阐述与当时社会历史有关的重大问题，这便是宏观的研究。……宿先生之所以能够在学术上取得这么重要的成就，关键便在于治学方法，在于微观研究与宏观研究的完美结合。"[1]当我们再来回顾孙机先生的治学方法时,其"由小见大"的研究原则与宿白先生"小处着手,大处着眼"的研究精髓如出一辙,有着异曲同工之妙,由此可见宿先生对他治学理念的深刻影响。他们都掌握了科学研究的一般规律,并熟练地运用到自己的研究当中。所以,两位先生均取得了令人瞩目的学术成就。

(三)学界对孙先生学术成就的肯定及其取得原因

曾经有一位国博的老师送给我一套作为国家重点图书出版规划项目的《20世纪中国知名科学家学术成就概览·考古学卷》第一、二分册。能够入选本书的学者范围是"海峡两岸暨香港、澳门的考古学家以及在国外的华裔学者,他们分别是中国考古学科相关领域的开创者或者是对中国考古学的发展做出了卓越贡献的学者",本书编委会根据投票结果,"选出了118位20世纪二三十年代至八九十年代对中国考古学发展做出重要贡献的考古学家"[2]。我在翻阅过程中,欣喜地发现第二分册收录有关于孙

---

1 徐苹芳:《重读〈白沙宋墓〉》,《文物》2002年第8期。

2 王巍:《20世纪中国知名科学家学术成就概览·考古学卷·前言》,钱伟长总主编、王巍分卷主编:《20世纪中国知名科学家学术成就概览·考古学卷》第二分册,科学出版社,2015年,第iv页。

致广大，尽精微

《20世纪中国知名科学家学术成就概览·考古学卷》第二分册书影（摄影：霍宏伟）

机先生学术成就的内容，主要包括古器物鉴定、科技史、古代车制与服装、中外文化交流等四大类[1]，就将这个好消息告诉了孙先生。先生不无遗憾地回答，他家里没有这套书。我毫不犹豫地将两册厚书慨然相赠，自己则保留了一份有关孙先生学术传文的复

1　详见王冠英、赵永晖：《孙机》，钱伟长总主编、王巍分卷主编：《20世纪中国知名科学家学术成就概览·考古学卷》第二分册，第71—78页。

印件。孙先生十分高兴，因为这套书对他而言意义重大，这是中国考古学界对他研究成果的充分肯定。

那么，为什么孙机先生能够取得如此巨大的学术成就呢？笔者从以下两方面分析其原因：

一方面，在主观上，他始终保持着积极的心态，目标明确，酷爱学术研究。前半生无论遭遇什么样的坎坷挫折，数十年如一日，超越常人的坚持不懈。直到晚年，他仍在连续不断地自费购书、订阅多种报刊，个人藏书量达到数万册，他的家俨然成了一个小型专业图书馆。他买书之后，大量阅读，增加信息量，紧跟学术前沿。在终生学习的同时，笔耕不辍，孜孜以求。

另一方面，在客观上，孙先生出身于书香门第，幼年受到家学的熏陶。进入青年时期，在人生抉择的关键节点上幸运地遇到了两位杰出导师。1951年至1955年，启蒙之师沈从文先生的耐心点拨，让孙先生重新调整了未来的发展方向，找到了自己新的研究目标。1955年，他考上北京大学历史系，宿白先生成为他学术研究的领路人。后来在宿先生的建议下，1979年他由北大历史系资料室调到了中国历史博物馆（国博前身）考古部工作，这是他学术生涯的重要转折点，在这一点上他与沈先生何其相似。孙先生自己也曾谈到《汉代物质文化资料图说》最终在历博的完

孙机先生家中客厅里的部分藏书（2023年4月25日，摄影：蒋玉秋）

成情况："20世纪70年代末我调到中国历史博物馆。大环境已变样，东风劲吹，一个新的历史时期开始了。馆里条件优越，这项工作得到领导的支持，再加上有馆藏之众多的文物、大量的图书可资参考，使工作得心应手。到1985年末终于完成初稿，之后又补充了一些插图，于1991年出了第一版。"[1] 自1979年至2023年，

---

1 孙机：《汉代物质文化资料图说（修定本）》，中华书局，2020年，第673页。

他在国家博物馆工作的时间长达四十四年。国博的丰富资源特别是平台优势，也为孙机先生跻身于20世纪中国知名科学家之列提供了重要的学术保障。

回顾一下我自己在国博的工作历程，自2009年至今，15年来所遇到的人和物，特别是国博前辈学者对我学术研究的指导，让我受益终生，发自内心地感谢国博。国家博物馆有着其他单位无法匹敌的三大资源：一是时代跨度大、种类繁多的馆藏文物与类型多样的展览，二是数量庞大的文博考古图书资料与"居高声自远"的高端平台优势，三是人力资源，尤其是在学界德高望重、拥有人生智慧的学术前辈。

国博就是一所独一无二的大学，在此遇见最好的老师们，对我的治学理念、方法及路径产生了重大影响。他们传道、授业、解惑，不是在正襟危坐的课堂，而是在国博展厅、文物库房、食堂、报告厅、图书馆、会议室、办公室。随时随地，不拘一格，而得到的知识、方法与道理，却能够让我享用一生。"处处留心皆学问"，只要用心去体会，总是能够源源不断地获取各类优质信息，提高认知，激励前行。孙机先生，无疑就是鼎力支持、耐心指导的国博学术前辈之一，是我在学问之路上执着精进的强大动力。在不知不觉、看似平淡无奇的日常工作与生活中，先生言传身教，不仅在做

2019年11月5日在研究院合影
（摄影：程源源；自左至右：霍宏伟、孙机、朱万章）

学问方面，更重要的是在做人方面，让我收获颇多。2010年下半年，孙先生从上海考察返京。一大早，来到我们办公室，给家里有小孩的同事每人一个世博会吉祥物"海宝"，笔者也有幸得到了一个他送给我女儿的"海宝"，成为本宅的"镇家之宝"，至今仍然挂在书柜上，睹物思人，感念至深。由此反映出孙先生不仅学

2019年11月5日与孙机先生在国博研究院青铜器研究所合影
（摄影：程源源）

问做得好，而且对于同事们下一代的成长关怀备至。

古人将立德、立功、立言视作人生"三不朽"，孙机先生都做到了。步入晚年，他有两桩心事，一是举办中国古代服饰展览，另一个是修订、出版自己的学术著作。2021年2月，由孙先生策划的"中国古代服饰文化展"在国博隆重开幕，观众络绎不绝，

2010年孙机先生送给作者女儿的"海宝"
（摄影：霍宏伟）

好评如潮。2008年，上海古籍出版社出版《汉代物质文化资料图说（修定本）》；2013年，推出《中国古舆服论丛（增订本）》；2012年，文物出版社发行《仰观集：古文物的欣赏与鉴别》；2014年，中华书局出版《中国古代物质文化》；2016年，三联书店印行《从历史中醒来：孙机谈中国古文物》。自2021年开始，由商务印书

2021年2月孙机先生在国博展厅内为观众讲解"中国古代服饰文化展"
（供图：朱亚光）

馆编纂一套八册《孙机文集》，经过孙先生多次校改，于2023年10月正式出版。无论是中国古代服饰展览，还是学术著作，都凝聚着他的心血与智慧，这才是真正的不朽。

盛唐时期铸有一类铜镜，名叫"三乐镜"。故事源于春秋时期，孔子问起隐士荣启期快乐的原因。对曰：一乐我是人，二乐我是男人，三乐我已经九十岁了。我安处常情，等待终结，当何忧

国博藏唐代三乐镜
（供图：国博）

哉？孔子由此感慨道："善乎，能自宽者也。"[1]当我再次看到这面铜镜图片时，不由得想起九十四岁的孙机先生。在这样一个酷暑盛夏的清晨，先生走了，平静安详，了无遗憾。人来到这个世界上，对其评价包括两方面内容：一是做事，孙先生做学问，真正达

---

1 杨伯峻撰：《列子》卷一《天瑞篇》，中华书局，1979年，第22—23页。

2023年12月19日收到孙先生夫人李兰伟女士赠送《孙机文集》
（摄影：霍宏伟）

到了"致广大，尽精微"的学术境界；二是做人，温良恭俭让，先生堪称人之楷模，大家风范。

总之，孙机先生达到了常人难以企及的人生理想境界：他不仅拥有生命的长度，智慧的高度，研究的广度，剖析的深度，更为重要的是，他还有着待人的温度。孙先生的学术人生，本身就是一部皇皇巨著。在未来的日子里，需要我们细细品读，意韵悠长。

附记：在本文写作过程中，中国社会科学院文学研究所扬之水研究员，商务印书馆李静编审，北京服装学院蒋玉秋教授，中国国家博物馆李维明、陈煜、朱万章、李守义、王志强、王方、张晓磊、范立、朱亚光、李重蓉、孙思雅等诸多师友、同仁予以大力支持，或提出宝贵的修改意见，或惠赐珍贵的图片资料；北京大学考古文博学院信息中心提供了孙机先生本科毕业论文的相关图片资料，在此表示感谢。2023年12月19日，笔者收到孙先生夫人李兰伟女士赠送《孙机文集》，令人感慨系之。孙先生生前曾写出赠书名单，本人有幸忝列其中，特此致谢。

2023年6月19日写于国博研究院
7月26日至8月23日修订
2024年4月9日清明后定稿

（原载《文物天地》2024年第6期。收入本书时，略作修改，并增补大量图片）

艺术视野中的孙机先生

朱万章

作为中国国家博物馆的终身研究馆员，如无特殊情况，已退休多年的孙机先生每逢星期二大多会回馆来，查找资料、收取函件、会见客人或从事其他学术活动。正是机缘于此，我和同事们常常会在当天中午在食堂与他偶遇，于是便一起餐叙，交流近期的学术成果与研究心得，闲聊一些学术动态。记得有一次，学者郑岩出了一本谈文物研究的书《年方六千》。孙机先生端着饭盘刚落座，便诙谐地说："最近有本很火的书，叫《年方六千》，我也可以说，年方九十。"其时，孙先生刚刚过了九十岁生日不久，话音一落，我们都被他的睿智与幽默逗乐了。自从去年11月以来，我就没有在博物馆中见过孙机先生。他一直深居简出，闭门谢客。今年6月初，听其亲属说孙先生因为发烧住院了。其时我正

2016年5月11日,与孙机先生在中国国家博物馆

在外地出差,未能及时探望。回京后,再次询问,其亲属说病情已经缓和,且精神状态好了很多,孙机先生还特意嘱咐亲属转告,等过一段时间再去看他,很快就可出院了。未曾料想在6月15日一早,便接到家属发来的信息:"今儿一早老爷子突然呼吸衰竭,8时09分走了。"虽然人总有一别,甚至早已有心理准备,但接到

2018年8月7日，与孙机（中）、杨泓在孙机办公室
（摄影：朱亚光）

此消息时还是感到异常震惊与难受。记得最近一次和孙先生见面，是在去年11月左右，当时问他在忙什么，他说正在编八卷本的文集，还在校稿，差不多快出来了，算是一个小结。我说非常期待此书出来，八卷本一出，就不用到处搜集他的各类著作了，为粉丝们省了不少事儿。他笑着打趣说："到时候还请认真赐教啊。"这自然是孙先生的谦辞了，对于孙先生的学术，我一直处于仰观中，哪有资格"赐教"。当时的谈笑趣话，仿佛如昨。没想到这句戏言，竟成为我和孙先生之间的最后对白。人世无常，

2019年3月12日，在孙机办公室合影，右起：扬之水、孙机、朱万章
（摄影：朱亚光）

令人唏嘘。

　　因为专研领域的相异，我对孙机先生及其学术知道得较晚。大约在2011年，我因为撰写《明初文人墨竹画研究》，开始关注到孙先生的《中国墨竹》一文。其后因为工作关系，我被调到中国国家博物馆学术研究中心，与孙先生由认识到熟悉，再到亲承謦欬，断断续续有将近十年时间。回首这十年间，孙先生每有新著问世，总能得到他的馈赠鼓励。而我在绘画研究中遇到人物服饰、礼制及装饰陈设等方面的疑问，亦会积攒起来不时向先生请

益，孙先生则每问必答，有时甚至还用端整的小行书写在纸片上，"传书"于我，其严谨、认真的学风，让人感念。

一、关于历史画与文人画

孙先生以常识打底、见微知著的古代物质文化研究，在我是一个仰视而陌生的领域，所以我向孙先生请教最多的还是关于绘画方面的内容。他说，绘画的精髓在历史画。从前的绘画都是"成教化，助人伦"，到了王维、苏东坡，开始提倡文人画。绘画本身的功能就变味了，由社会性的教化转变成画家们的独抒胸臆，在绘画中很少能看到社会变革与历史演变的痕迹。绘画社会功能的减弱是宋元以降画史的一大特点。正因如此，在其广博的学术视野中，孙先生关注绘画史相对较少。在其为数不多的绘画研究中，他更侧重画中的历史痕迹，正如他所说："了解古代的社会面貌，当时如留有绘画，则无疑是最直接的窗口，纵使所表现的并非重要的现实题材，仍然可以透露出有关其生活情趣与艺术好尚的诸多信息。"[1]

---

[1] 孙机：《辽代绘画》，孙机：《仰观集：古文物的欣赏与鉴别》，文物出版社，2012年，第390页。

在《谈谈所谓"香妃画像"》中,通过史实的考据,孙先生厘清了现存的"香妃"戎装像和改绘的"香妃"像,证实所谓"香妃"戎装像,实则为室内装饰的"贴落画",不必实有所本,也并非清室所藏妃嫔影像。改绘的"香妃"画像中人物服饰所显示的礼制与"香妃"的身份不符,而与清代中叶的服饰式样相近,由此孙先生也推断画中人并非所谓"香妃",而"说明它是晚于乾隆时代的一位富贵人家之女眷的画像"[1]。在浏览宋画时,孙先生看到的是人物的衣冠,如《折槛图》中的汉成帝和《听琴图》中的抚琴者均只戴束发冠,一幅宋代人物画中的文士戴的是莲花形束发冠。这种形制与在江苏吴县金山天平山宋代墓葬中出土白玉莲花冠是可相互印证的,由此"说明图中人物的形象是写实的"[2]。明代的束发冠掩在巾帽之下,沿袭了宋代的作风。在四川平武报恩寺万佛阁的明代壁画、山西右玉宝宁寺的明代水陆画和万历刻本《御世仁风》的版画中,都可以看到这种演变的轨迹。

尤为难得的是,孙先生常常以娴熟的笔法绘制人物、器物等

---

[1] 孙机:《谈谈所谓"香妃画像"》,孙机:《从历史中醒来:孙机谈中国古文物》,生活·读书·新知三联书店,2016年,第397—402页。

[2] 孙机:《明代的束发冠、鬏髻与头面》,孙机:《孙机谈文物》,台北东大图书股份有限公司,2005年,第368—389页。

仰观与俯察：孙机先生的治学之道

孙机摹绘的宋画中戴束发冠的人物

孙机摹绘的元王绎《杨竹西像》

研究对象的线描图，其线条之流畅、人物造型之生动传神，与专业画家相比，亦未遑多让。绘画史的研究有多种路径，孙先生以图像与文献、器物与考古发掘相互印证的多重证据法，无疑为历史与考古学研究注入了生机，亦为传统的绘画史研究开辟了蹊径。

二、历史真实与艺术真实

孙先生毕生专注于古代物质文化，对常见物质的发展路径，大多能洞悉其源流。对不同时代的服饰、礼制或交通工具等，都能了然于心。我曾有幸和孙先生参加过一个历史题材的绘画作品评审。在浏览各地送来的作品时，孙先生不断摇头叹息，有时候甚至按捺不住激动的心情，当着画家的面严肃指出画中的明显错误。记得在观摩一幅反映魏晋时期的历史画时，画中的车马和人物服饰明显与史实相悖，孙先生当即就指了出来。有的画家——甚至还是非常有名的大画家，脸面上一时挂不住，笑着和孙先生争辩说："历史真实是一回事，但我们也要追求艺术真实啊，应该允许艺术有虚构和自由想象的空间。如果一味要求还原历史原貌，那不就削弱艺术价值了，画就变得呆板了嘛。"孙先生听后立马回应："好家伙！艺术真实当然不能缺少，但是必须建立在尊重历史事实的基础上啊。如果一幅画,让汉朝的人穿着唐朝的服装,坐着宋朝的马车,那不闹大笑话了嘛。一幅画如果错漏百出,还谈什么艺术真实呢?"

在不同的场合,孙先生在评点历史题材主题绘画创作时,都会严厉指出画中的历史错误,其中有不少是常识性错误。他反复强调历史题材的绘画可以允许画家自由发挥,甚至天马行空都未尝不可,但前提是画中涉及的历史元素必须和时代相吻合,否则就是一幅不尊重历史的问题绘画,是不及格的。正是因为孙先生这种严谨笃实的治学态度,许多当代从事历史主题绘画创作的画家少走了很多弯路,最大限度地保证了该主题绘画创作的科学性。

三、辨伪与治学

无论是闲谈,还是撰述,孙先生都多次强调治学必须建立在辨伪的基础上。如果一个学者研究某件"文物",旁征博引,头头是道,但最后被人发现这件作品是件伪物,那无疑就是南辕北辙了。如果这位学者是个有影响力的名家的话,可能还会贻误后学,造成诸多不利影响。

记得在2018年年初，孙先生给了我一篇文章《〈汉画解读〉中的拓片是否可信》（其时我正负责国博学术刊物的编辑工作）。交给我手稿的时候，他特意说："本来不想做这种商榷的事，而且《汉画解读》涉及的名家还是我非常熟悉的老朋友，但考虑到这本书流播甚广，里面赝品充斥，所以冒着得罪人的风险，在深思熟虑之下，不得不写这篇文章。"该书已经出版多年，他一直想写这篇文章，但考虑到书中老朋友的声望，不想让其难堪，所以在其驾鹤西去以后才拿出来刊发。文章对《汉画解读》中明显的常识性错误提出了质疑，如书中收录了从未见过的《铸钱图》、不近情理的车马结构，此外，汉代的兵器（特别是短兵器刀的形制特征和射远武器弓箭的使用方法）、跪坐姿势、酒具的组合与使用、服饰和干支纪年等，都与史实不符，因而推定书中的"这些拓片为伪造"，"以提醒读者，不要被蒙蔽"。孙先生是带着责任感来写这篇文章的。在文中，孙先生特地说明为拓片题写溢美之词的名家被造假者所忽悠，"搭车售假"，"明珠暗投，鲜花插的不是地方"[1]。孙先生为人、治学之严谨与笃实，由此可见一斑。

在学术刊物编辑时，若遇到学术疑点，我们总会问道于孙先

---

[1] 孙机：《〈汉画解读〉中的拓片是否可信》，《中国国家博物馆馆刊》2018年第3期。

> 此戴乌羽冠者为新罗使臣，学术界的认识早就趋于一致。但本文把他和新罗名臣金仁问相联系，则为以前所未曾言及。此说将对《客使图》的研究更推向深入，有创见。建议刊用。
> 但文中的线图应重新摹绘，现在的图太模糊，印出来效果不好。
>
> 孙机 2018.3.15

孙机先生的审稿意见

生，而先生则有求必应。记得我在处理陕西学者杨瑾的《唐章怀太子李贤墓〈客使图〉戴乌羽冠使者之渊源》一文时[1]，对文中所谈到的一些论点拿不准，遂请孙先生审稿把关。孙先生在认真阅读该文后，很快给我写来了一张便笺："此戴乌羽冠者为新罗使臣，学术界早就趋于一致。但本文把他和新罗名臣金仁问相联系，则为以前所未曾言及。此说将对《客使图》的研究更推向深入，有创见，建议刊用。但文中的线图应重新摹绘，现在的图太模

1　杨瑾：《唐章怀太子李贤墓〈客使图〉戴乌羽冠使者之渊源》，《中国国家博物馆馆刊》2018年第7期。

糊,印出来效果不好。"此类审稿意见,但凡与他打过交道的编辑手上都会有不少。之前看似不经意的吉光片羽,现在已成珍贵的手泽,成为孙先生严谨治学与学问渊深的重要物证。

四、从讲堂到食堂

孙机先生多次登上中国国家博物馆的"国博讲堂",每次观众票一放出去,几乎都是一抢而光。讲座时,往往过道上都坐满了人。孙先生八九十岁的高龄,在两个小时的演讲中,一直站着。因为听者提问踊跃,讲座经常超时。为了孙先生的健康着想,有时候不得不强行宣布讲座结束。由此可见大家对学术的热情和对孙先生的追捧。而在国博食堂,又可见到孙先生治学的另一面。

记得有一次,孙先生端着一盘油炸鱼,我特别担心鱼刺多会被卡着,所以提醒他务必小心。孙先生连忙打趣说:"不会不会,要不让我们来比赛看谁吃得快,吃得干净?"说完他就急速开始吃了起来。我见状赶紧说:"不行,要比赛可以,但必须比谁吃得慢,谁吃得稳当。"他说:"好好好,看看谁能得冠军。"旁边的同事都好奇地看着我们。孙先生谈笑风生,在不紧不慢的咀嚼中,又

2015年12月5日,孙机先生在国博讲堂演讲

和我们一起聊起了学术。在温馨的慢节奏比赛中,大家同时吃光了饭盘。孙先生说:"我们并列冠军,亚军暂缺。"孙先生亲和可爱的一面,在食堂里得到了淋漓尽致的展现。

从国博讲堂到国博食堂,大抵可看到一代学人在象牙塔和在俗世生活中的两种形象,一个是学术巨匠,一个是富有人情味、令人感到温暖的邻家大爷。

孙先生虽然专注于学术研究,也雅擅临池。他写得一首好

2019年2月26日,与孙机先生在国博食堂

字,小行书典雅、飘逸,富有学人气,而隶书则雍容浑穆,得汉隶之遗韵。他曾为我题隶书"梧轩"斋额,亦曾为拙作《嘉瓠楼书话》和《画外乾坤:明清以来书画鉴藏琐记》题写书名。他的很多论著(如《仰观集:古文物的欣赏与鉴别》《从历史中醒来:孙机谈中国古文物》)由他自题书名。饱含学术文章之气的书法,成为一代学人书法的典范。孙先生虽已仙去,但我在博物馆总不时回想起在讲堂、展厅、会客室、电梯、大厅、过道、办公室或食堂中见

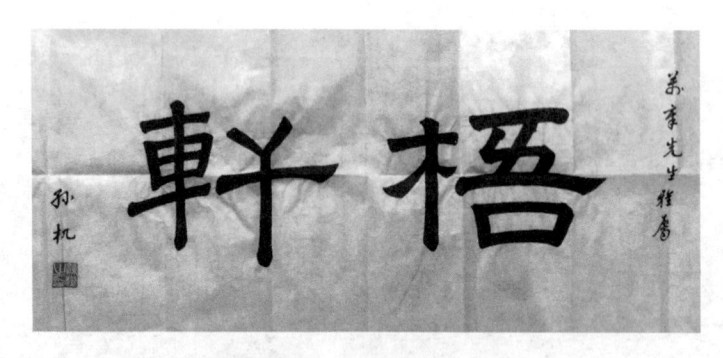

孙机先生为本文作者题写的斋额

孙机先生为本文作者题写的《嘉瓠楼书话》

孙机先生为本文作者题写的《画外乾坤》

到的熟悉身影。他的音容总会不经意间浮现在眼前。我的书架上，整整齐齐摆放着他的多种签名本论著。每当我摩挲着这些深邃而富有温度的书籍，仿佛觉得他从未走远。他的学术精髓与治学精神，实在值得吾辈学习。

2023年7月21日于金水桥畔

（作者单位：香港故宫文化博物馆。原载《中国文物报》2023年8月1日第5版）

文物专家孙机：从文物社会功能透见鲜活历史

杨雪梅

著名文物专家、中央文史研究馆资深馆员孙机近日离开了我们。

"一心向学，成就非凡"，中国国家博物馆研究馆员霍宏伟的话，说出了很多考古文博人的心声。孙机1979年调入原中国历史博物馆（中国国家博物馆前身）考古部工作，1990年退休。他是中国国家博物馆的终身研究馆员，大家经常会在馆里见到他。很多学者非常珍惜、享受和他一起在食堂餐桌上的谈话时光，从只言片语中管窥学问之道。他认为，现今尊之为"文物"者，多数曾是古人的日常生活用品，在当时的社会生活中有着自己的位置。从文物社会功能的视角，可以看到鲜活的历史画面。倘使角度合宜，调焦得当，还能看见某些重大事件的细节、特殊技艺的妙谛，以及不因岁月流逝而消退的美的闪光。这一重建常识的理念被越来越多的人所接受，也贯穿了孙机的著作和各种展览。

在学术方面，孙机受沈从文、宿白两位名师悉心指导，他将平生所学传授给扬之水、葛承雍等学生。2022年7月，"文学中的服饰——纪念沈从文先生诞辰一百二十周年学术论坛"在国博召开，孙机做主旨发言时谈到将服饰与文学作品相关描写相互印证。这既是古代服饰研究的重要方法，也是对沈从文先生一生中最重要的两项成果的概括。

孙机在文博界享有很高的声誉与影响力。他曾多次为国家重点珍贵文物征集项目把关论证，八十七岁高龄仍坚持为一线文物进出境责任鉴定人员现场授课。无论是文物出境展览还是流失文物追索，孙机都给予了非常多的学术支持。比如他多次为流失海外文物的回归助力献策，促成流失英国的青铜虎鎣、流失日本的曾伯克父青铜组器等文物回归祖国。

晚年的孙机主要想做两件事，一是办一个中国古代服饰展，二是整理出版自己的文集。2021年2月，九十一岁高龄的他作为策展人，为国博策划了"中国古代服饰文化展"，迅速掀起观展热潮。展出文物的精美自不用说，更令人难忘的是各种辅助展品和饱含知识的线描图。他指导北京服装学院团队复原制作的十五

青铜虎鎣入藏仪式上，孙机在做介绍（摄影：新华社记者李贺）

尊古代人物雕塑及服饰，完整再现了古人衣冠配饰的整体形象，成为古代衣冠配饰的范本。他还多次到展厅亲自讲解，一说就是两个多小时，令人折服不已。

2022年，北京大学考古文博学院庆祝考古专业成立百年，为樊锦诗、孙机等杰出校友颁发了"考古文博学院杰出院友奖"，这是他看重的。

如今八卷本的《孙机文集》，经过他的多次校改，已全部完成，即将出版。

浙江省文物考古研究所研究员郑嘉励回忆起1998年前后读到孙机《汉代物质文化资料图说》时的激动："每一篇文章都特别扎实，论说有据，让你不忍放下，仿佛一座丰富的宝藏""他的结论就是你的起点，你可以在此基础上开始更远的航行"。

《汉代物质文化资料图说》是孙机的代表作，享誉海内外学术界。在这本书里，古器物和古文献"打成一片"，如一部汉代大百科全书。全书涉及两汉社会生活的方方面面，两汉的考古发现几乎尽皆网罗在内，虽考校一器一物，却不限于一器一物，征引宏富，论据严密，笔锋所到，纵横捭阖。以实物与文献相结合的办法为各种古器物定名，并且在此过程中揭示出人与物的关系，进而呈现两汉社会的种种历史风貌，这种研究方法令很多学者茅塞顿开，也引领很多人走上研究之路。

孙机著作中严整精细的线描图，均由他亲手绘制。绘图的时间，常常数倍于写作，他为每本书付出的心血可想而知。家人回忆，有的时候，他吃完晚饭就坐下来开始画，等画完了，抬头一看，天都亮了。现在印刷条件好了，很多考古、文物图书都直接采用照片而不用线描图了。但孙机认为，线描图有不可替代的作用，

《汉代物质文化资料图说(修订本)》封面

能把要表现的细节刻画得更清楚。

孙机在一次接受采访时说:"汉代人创造了灿烂的文化,发明创造不计其数,从天文数学到农田水利,从烧砖制瓦到驾车造船,到处都闪耀着智慧的光芒。更不用说丝织、造纸、冶金、制瓷等世人普受其惠的诸多贡献了,这些成就均有力地推动了人类文明的进程。中国古代物质文化是中国人的骄傲,这种信念应该促使今天的中国人有信心更好地创造我们自己的新生活。"

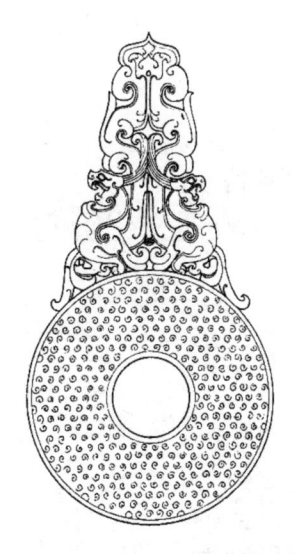

由孙机绘制的出廓璧（河北满城1号汉墓出土）线描图。
选自《中国古代物质文化》一书

    孙机的另一著作《中国古代物质文化》同样影响深远。这本书如教科书般通俗晓畅，不但获评2014年度"中国好书"，而且一再加印，并被译为外文出版，可谓流布遐迩、惠泽学林。很多人是看着孙机的书而爱上中国历史的。他虽然离开了我们，但他留下的那些常读常新的著作会不断拥有新的读者。

    （作者单位：人民日报社。原载《人民日报》2023年7月22日第6版）

一位深耐寂寞的学者
——孙机与中国古代物质文化研究

李 静

《孙机文集》(全八册),孙机著,商务印书馆

《孙机文集》共四种八册，包括两种久有影响的著作《中国古代物质文化》和《汉代物质文化资料图说》（后者改为上、下两册）、重新编排起例的《中国古舆服研究》（上、下两册），以及全新编排的《中国古文物论丛》（上、中、下三册）。《孙机文集》收录的是孙机一生主要学术研究的成果，但并不是全部。文集所收文章经孙机亲自选定。他说："收入文集的文章，都是相对紧实的，是真正解决了问题的、立得住的，那些有点松的文章就不收了。"所以称"文集"，而不是"全集"。

视学术如生命

自20世纪50年代受到沈从文、宿白等先生的影响，孙机一直致力于穷尽文献和利用考古成果填补中国古代物质文化研究的空白。

1949年年初，孙机坐着大马车，只身投奔解放区，来到了当时的北平。一开始他到华北军政大学做学员，被安排学习驾驶坦克。1951年他被分配到北京市总工会宣传部文艺科工作，办公室在劳动人民文化宫，用的是故宫的朝房。当时，沈从文先生从北京大学调到了中国历史博物馆，他的办公室在孙机办公室的隔壁。那时候的中国历史博物馆将故宫的端门、午门作为展厅,常有展览。沈从文先生当时50多岁,天天去端门、午门的展厅里给观众讲解。观众也不知道他是沈从文,只觉得这位老先生讲得很好。孙机也常去跟着听,一来二去就跟沈从文先生比较熟了。孙机说:"沈先生研究服装史是花了大力气的,之前没有人花这么大力气。"他还说,自己当时连幞头是什么都不知道,是沈先生给他讲了这些知识,所以孙机把沈先生当成自己的老师。

1955年,孙机考入北京大学历史系考古专业,师从宿白先生,1960年毕业,留在北京大学历史系资料室工作。1979年,他被调到当时的中国历史博物馆,此后便不断推出研究成果。2022年,北京大学考古学院举行百年庆典,向孙机颁发了"杰出院友奖",他说这是他一生最珍视的荣誉。

笔者跟孙机老师相熟,缘于《中国古代物质文化》一书的出版,那是大约十年前。《中国古代物质文化》出版后,获得的好评和重视大大超过预期,其实这只是学术大众化的一次成功尝试,而孙机的学术成就早已为学术界广泛认可。作为该书的编辑,我和孙机老师也在这些年的多次学术交流活动中,增进了彼此的信任。读他的书稿,每一篇都像是在解应用题:逻辑严谨,层层剥开迷雾。比如文字训诂是怎么讲的,文献是如何记载的,考古发现的器物特点是什么,中外横向对比、历史纵向对比是什么情况。读罢不由得对作者肃然起敬。

孙机老师的前半生可以说并不顺利。我们在沟通书稿之余,有时会谈起他经历过的一些事情。他讲起来总是云淡风轻。我曾问:"经历那些不如意,甚至可以说是苦难的时候,您是怎么过来的?"他说:"我就是读书。读书,我就进到那个世界里了,其他就都忘了。"他说:"一切向前看。"说着还配上他特有的手势。这些年,我们更多的是听他讲笑话,每次都被逗得前仰后合,过去的苦难他从来不主动提一句,仿佛岁月一直就这般静好。

多年前,孙机身边的朋友就建议他出版文集或全集,他总是推托,谦虚地表示自己的成绩有限。加上还有许多待完成的论题,他认为还不到出版文集的时候。2021年,孙机终于开始着手编订文集。出于多年的信任,他完稿后交付到了我的手上。一般文集多为旧作新版,但《孙机文集》除了重新编排起例,几乎每页都有修改,有些是整段重写,有个别文章还是全新的手写稿,比如第六册中的《"后母戊鼎"不是"司母戊鼎"》《说爵》《梅花插在哪里》等。我深深感动于这位九十多岁学者的扎实求真、一丝不苟。

这次出版《孙机文集》,我们尽可能地查证了全书的引文、参

2020年8月1日，孙机先生在家中（摄影：李静）

考文献，更换了部分图片，真正做到了"后出转精"。我们强化了很多手绘插图的细节，这些细节是对内容的重要补充，插图都是孙机老师亲笔手绘的。他对图片的位置、大小等都有严格的要求，放大到多少尺寸也都一一细心地标绘出来。

八册的《孙机文集》是一套不可分割的丛书，编排深具匠心和条理，内容之间做了互见处理，在前面某册出现的图版、内容，后面某处再提到时，均以"见某册某篇某图"等形式出现。一方面是不希望在同一套书中出现重复的内容，另一方面也希望读者可以在详略不同的叙述中相互参酌，获得更多的信息。但是《孙机文集》中的每一篇、每一章又是相对独立的，所以随意翻开都可以进行阅读。

八册书稿的校样，孙机老师通读了三遍，每一遍都有新的修改，也有图片的调整。三校完成后，他本来要求再看一遍校样，电话里跟我说，大概有一千多字的内容，还要补充进去。但是非常遗憾，这项最后的工作他没来得及亲自完成。

孙机老师去世后，师母找到一本书，说唯一可能有增补的，就是上一版的《中国古代物质文化》，书上有批注。我对照校样，逐条做了校核。我发现有些确实可能就是要增补的内容，有些是在上校样已经改过的，也有些可能是旁批备注，还有一些内容跟定稿时相比已有较大改动。我觉得，还是以孙机老师生前确定的最后校样为准比较稳妥。其中有一条，我颇为犹豫。针对"农业与膳食"篇中关于"葵"的问题，孙机老师旁批："吴其濬《植物名实图考》说葵是冬苋菜。但冬苋菜'叶片圆如猪耳'，则和葵不同。待查。"我想这可能是孙机老师正在研究的一个小问题，还没来得及定论，这能否视为书稿的一部分呢？考虑再三，我把这一小段文字作为括注补在了校样上，觉得这正是学问无止境的一个例证——即便是九十余岁的高龄，他仍然没有停止研究，可以说奋斗到了生命的最后一刻。

我曾问孙机老师："您对每一个问题的论证都非常详细，引证的资料非常多，您是怎么做学问的呢？"他说："我没有任何窍门，我也没有专门的分类卡片什么的。看到新出的东西，或者到博物馆看见摆出来的东西，有的时候忽然就会灵机一动，觉得应该把这个事情说得更系统一些。脑子里有一些最基本的东西，然后写的过程中再去查查，那个就是锦上添花，而不是碰到一个问题临时去找，那不知道到哪儿去找。"所以首先是多读书，有了非常丰厚的知识积累，自然就会有想法。发现问题之后，再通过文献和实物的查证来印证这个问题，阐发这个问题，我想这就是孙机老师的研究方法吧。

承载硕果的一部文集

《孙机文集》的内容涵括宏富，很难用一句话概括，说它是一部中国古代物质文化的百科全书，我想并不为过。

关于中国古代物质文化研究，沈从文先生曾说："由于出土数量多，分布面积广，依旧可以证明一部中国古代物质文化史，还保存得上好于地下……综合各部门的发现加以分别研究，所得的知识也必然将比过去以文献为主的史学研究方法，开拓无限广阔的天地。文物学必将成为一种崭新独立的科学，得到应有重视，值得投入更多人力、物力进行分门别类研究，为技术发展史、美术史、美学史、文化史提供丰富无可比拟的新原料。"[1]

由于物质文化研究的特质，《孙机文集》由一篇篇文章组成，在深厚的学术底蕴基础之上，文笔简洁又准确，直接又扎实，没有专业研究基础的读者也一样可以看懂。利用大量亲笔手绘的线描图辅助理解，书读起来一点不觉得难。

《孙机文集》既有对中国古代农业、工业、衣食住行等物质文化方面的系统研究，帮助读者对中国古代的物质文化产生文字和图像的直观认识；也有文物鉴定方面的细致研究，针对某件文物是什么、如何定名、怎样认识等给出学理方面的深刻解读。《孙机文集》内含横向比较、纵向爬梳，如解谜题般逻辑清晰、推理严谨，对于细致深入地了解中国古代物质文化、文物鉴定等大有裨益。

八卷本《孙机文集》主要包括以下几个方面的内容。

---

[1] 沈从文：《中国古代服饰研究》，商务印书馆，2017年，"引言"。

仰观与俯察：孙机先生的治学之道

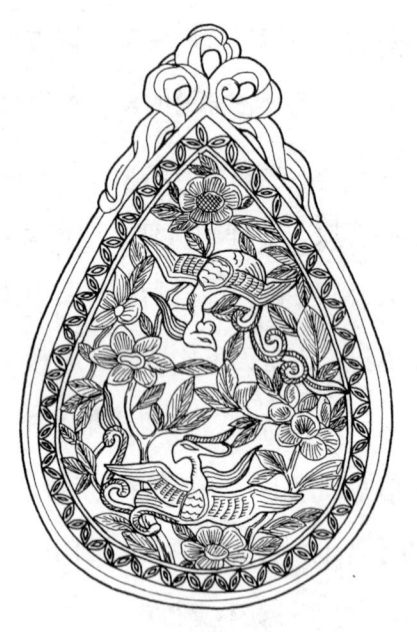

北宋帔坠（南京幕府山出土），孙机手绘，图片选自《孙机文集》

一是对中国古代物质文化某些方面的系统论述。

比如在《汉代物质文化资料图说》中，孙机以六个单元的篇幅，系统论述汉代农业，从起土碎土农具、耕翻土地的农具、播种农具、灌溉设施、收获农具、粮食加工工具、农作物品种等多个角度，把汉代农业的各个环节讲得清晰、细致。中国古代是农业社会，自汉以降两千年间，农业的生产工具、生产方式变化并不大，很多工具和生产方式直到晚清时期还在使用。所以，讲透了汉代的农业,足可以管窥中国古代两千多年的农业生产和生活。

二是对某些问题的考证、探讨。

比如关于金缕玉柙(见《孙机文集》第三册)和后母戊鼎(见《孙机文集》第六册),孙机提出了自己的见解,立论严谨。

关于金缕玉柙,他从文字解析入手,说明玉柙即"亲尸之棺",是内棺,属于敛具的一种,但因出土时称"玉衣"而一直被讹用。他用简单的话说:"衣服怎么会盖在脸上呢?"又比如现藏国家博物馆的重器后母戊鼎,重达832.84千克,是我国现存最大的古铜鼎。此鼎因其铭文写法,最初被释为"司母戊鼎"。经过孙机考证,认为第一个字应为"后"的反字,并举出了若干反字之例。而且"后"在上古时代泛指君上,"司"在《说文》中的解释是"臣司事于外者",可以理解为一个办事人员。他说:"会为一个办事人员造这么大的鼎吗?"

《文集》中类似的文章有多篇,有些文章可能涉及某位具体的学者,但孙机在文章中从没有批评之意,而是把具体问题提出来,以商榷的形式指出文献和考古中的相应证据,对问题进行更进一步的深入探讨,使问题越辩越明。

三是文物鉴定的案例及方法。

这方面最有影响的大概是茶圣陆羽像的鉴定。陆羽是《茶经》的作者，是在中国茶史上起到重要作用的人物，宋代梅尧臣的诗中有云："自从陆羽生人间，人间相事学春茶。"《茶经》讲述了茶叶生产、加工、烹煮、饮用及器具等各方面的内容，有力推动了饮茶的传播。时至今日，《茶经》仍备受推崇。

茶圣陆羽的像，据传是在河北唐县出土的一批茶具中发现的。孙机说："它既与茶具同出，装束姿容又不类常人，也不是佛像或道教造像，故被鉴定为茶圣像。这是已知之唯一的一件茶圣像。"

诸如"三子钗""三事儿""刺鹅锥"等的定名都显示了孙机的研究功底。孙机的做法是，把器物放在当时的社会环境下，结合文献给出恰当的定名，为那个时代的社会生活提供注解。

四是对文物的功能、应用及价值意义等的细致梳理。

古车制的研究和定名，是非常复杂的工作，孙机关于系驾法的研究，无疑是其中的一项重要突破。轭引式系驾法的提出，突显出了中国古车生产的先进性。更重要的是，孙机的这项研究在秦始皇陵出土的铜车马上得到了印证（见《孙机文集》第四册）。霞帔坠子曾一度被误认为"香囊"。孙机从服制的角度入手，考定这件器物应定名为霞帔坠子，是用在贵族女子衣服前的（见《孙机文集》第五册）。秦代有"箕敛"一词，"箕"曾被认为是征

始皇陵一号铜车,孙机手绘,图片选自《孙机文集》

钱之物。据孙机考证,它应是一种量器,用来征收谷物(见《孙机文集》第七册)。

对古器物的考订,往往会忽略细微的差异。孙机说:"文物其实就是当时人们的实用之物,首先要根据文献记载,给它一个确切的定名,知道当时的人们管它叫什么,然后要弄清楚当时是做什么用的,有哪些社会功能。再之后,就要知道它在中国文物史上有着什么样的文化价值。这方面还有非常多的工作要做。"

五是对文献整理的扎实贡献。

《孙机文集》第四册将《旧唐书·舆服志》和《新唐书·车服志》的内容汇总、排序、比对，逐段整理和研究，既有版本校勘，又有溯源、释典、解读，以及对相关问题的深入阐述，其成果远远超过一般的古籍整理，是舆服、车服研究绕不过去的经典力作。《旧唐书·舆服志》只有1.5万字左右，《新唐书·车服志》只有1万字左右，经孙机整理后，在《孙机文集》中占了210页，足有十几万字。比如《旧唐书·舆服志》中有一句话："隋制：初制五品以上乘偏车。"孙机经过考证，归纳出隋代20种车制及其乘者、用途、驾车之牲的种类数目等，还详加备注。扩展内容实在太丰富了。而且几乎没有一条注释是三言两语带过的，每一个小点都经过了严密的考证，随处可见几百字乃至一千多字的详细考订，足见文献功底之深厚和相关知识之丰富。

以上提到的几个方面并不足以涵盖孙机中国古代物质文化研究的全部，他在很多方面的贡献是具有里程碑意义的。孙机在沈从文先生、宿白先生之后，将中国古代物质文化研究推向一个新高度。他与扬之水等后来的学者共同搭建的中国古代物质文化研究的方法论和研究体系，对中国古代物质文化的学术发展和学科建设具有重要意义。孙机在每一个话题下都从文字、文献和文物等多方面入手，其严谨可见一斑。扬之水为《孙机文集》写了一篇万字跋文,收在《孙机文集》第八册,引用孙机曾写给她的信,昭示了孙机一直秉持的研究方法:"古文物是历史的见证。有了确凿的证据,历史会变得更具体,更鲜活,使今天得以充分了解现实社会是怎样发展演变过来的。但实际上在这方面还有些欠缺,许多情况还说不清楚。因为只采用考古学讲层位、讲形制的办法,不能完全做到这一点,采用传统的考据学的方法更是如此。看来,将文献与实物准确恰当地加以结合,乃不失为可行之道。"

扬之水在跋文结尾说:"遇安师以数十年的实践向我们昭示了治学路径或曰发现问题、解决问题的方法和以此获得的硕果,承载硕果的这一部文集,自是耸立在文物考古研究领域里的一座丰碑。"

(作者单位:商务印书馆。原载《光明日报》2024年2月1日第11版)

大家底蕴，不忽精微
——访国家博物馆研究馆员孙机

吴 娜

因为刚刚出版的《中国古代物质文化》一书，孙机先生始为更多普通读者知晓。而在考古文物界，曾经师从沈从文和宿白两位名师的他，早已因学养深厚、知识渊博而闻名。

1955年，孙机考入北京大学历史系考古专业，然后留系工作，1979年又调到中国历史博物馆，退休后返聘至今。在国家博物馆数十年，孙机的主要工作是研究国博的展陈文物，对它们进行准确、丰富、生动的解释，让观众获得最权威的信息。他说，自己工作的最后成果是展览而不是著作。

因此，孙机的著作不算多，但都是不可多得的精品。例如，此前他筛查汉代文物、梳理汉代文献、分类整理考订的《汉代物质文化资料图说》一书，编撰历时20年，20世纪90年代出版后受到国内外学术界的好评,被誉为"百科式的、足以代表汉代物质文化全貌的皇皇大作,已成为历史文物考古学者案头必备之书"。

深秋的北京,在一栋普通的居民楼里,记者见到了这位年过八旬的老先生。他外表温润平和,谈起自己做了几十年的学问,却旁征博引、侃侃而谈,显露出不一样的神采。

一、知识缺失的忧虑

"博大精深的中华优秀传统文化是我们在世界文化激荡中站稳脚跟的根基。"习近平总书记曾经这样表示。[1]

对此,长期从事中国传统文化研究的孙机深有感触:"中国古代的物质文化成就是我们这个东方大国五千年辉煌历史中重要的组成部分,是基本国情;本应成为常识,本宜家喻户晓。"而现实生活中多数人这方面知识的缺失,让孙机感到忧虑。这正是他为普通读者整理撰写《中国古代物质文化》一书的起因。

"衣食住行是人类生活最基本的几个方面,历史上中国一直

---

[1] 习近平:在中共中央政治局第十三次集体学习时的讲话,2014年2月24日。

遥遥领先,在工业革命之后才落后于西方。"

孙机以和农业生活密切相关的犁为例:"耕地的犁在我国早就出现了,西汉时又发明了犁壁,由犁铧和犁壁形成的连续弯曲面能将耕起的土垡破碎并翻转过去。土垡被翻转过去,接触到阳光空气,生土就会变成熟土,更有利于农作物生长。而在西方,罗马的犁没有犁壁这个部件。后来欧洲农民在犁上安装了木质的'泥土翻板',其作用接近于犁壁,但远不如汉代的铁犁壁光滑适用。而且,11世纪之前在西方,它还不为人所知。现在能看到的反映西方装'泥土翻板'之犁的图像,大都是13世纪以后的作品了。"

"中国古代还有好多比西方先进的其他发明,比如马镫、船舵、纺车、织布机……例子太多了,不胜枚举。所以在历史上我们固然也学西方的东西,比如马蹄铁等,但总的来说,在生活方面,中国比西方先进,这是我们的优势项目。"

引经据典、如数家珍地介绍了一系列我国古代的物质文化成就,孙机动情地说:"现在我们讲要传承优秀传统文化,就要先知道传统文化是什么。我国古代物质文化方面的成就过去没有得到很好的整理研究,相关的著作不多,没有进入中小学教材,甚至很多知识分子也不了解,造成很大的缺环。"

由于专业的缘故，孙机对国内的历史题材绘画和影视剧创作都非常关注，其中出现的器具和服饰上朝代错乱、张冠李戴的诸多问题让他倍感无奈。"有人提出一句口号叫'气死历史学家'，非常不负责任。我国有这么好的文化遗产、这么重要的文化成就，被浪费了太可惜。在西方，博物馆里的历史题材和宗教题材的绘画大都很写实，可以起到史料的作用；前几年国外甚至出现照相写实主义，创作细致入微，很有价值。国外的历史题材影视创作也比较严肃，比如《埃及艳后》这部电影，里面的很多用具都是用博物馆的展品复制的，非常讲究。"

二、大家底蕴的小书

"中国古代物质文化范围太广、问题太多，既关系到生产，又关系到生活；千头万绪，很难细说。这本小书只能介绍一个大致的轮廓。"虽然孙机始终自谦这部著作为一本"小书"，然而凭借大家的底蕴、晓畅的文笔、准确的内容，这本书所展现的农业与膳食、酒茶烟糖、纺织服装、建筑家具、交通工具、冶金、玉漆瓷器、文具乐器、武备以及科学技术这十个方面的中国古代物质文化成就，全面、系统、权威，在国内尚不多见，堪称同类著作中的精品。

曾有人借用国学大师黄侃的话来评价孙机的治学精神："一曰不忽细微，一曰善于解剖，一曰必有证据。"这本《中国古代物质文化》可谓例证之一。

这本书虽然面向普通读者，在表达上力求通俗易懂，就像孙机自己所概括的，"是一本知识性的读物，不需要在这方面有太多积累，拿起来就能看"，然而书中的很多内容，都经他起例发凡，对相关领域的学术研究具有重要价值，"有一些没说过的话，澄清了许多流传已久的误解"。

比如书中指出，所谓原始时代的石犁并不是犁，原始时代的耘田器也并非农具，商周的爵不是饮酒器而是祭器，汉代墓葬中出土的玉衣也不是殓服，而是玉柙即内棺。曾被宣传得很火的司南与指南仪器也毫无关系，纯粹是想当然的产物。

展现孙机功力的地方还在于，书中用到的几百幅线描图，均为其亲笔手绘，画面生动，绘制精密，是文字的绝佳补充。谈到这手被业界称道的绝活，一贯低调的他却只是说："我是北大历史系考古专业毕业的，考古制图是一门必修课。"

"不保养、不锻炼、不娱乐"，看起来比实际年龄年轻的孙机笑称这得益于自己的"三不"原则。几十年如一日，他把几乎所有的时间都投入到了自己钟爱的学术研究之中。如今虽已是八十六岁高龄,他仍然忙碌于国博的很多工作,为传统文化的弘扬发展尽心竭力。

"日丽橙黄橘绿,云开鹏举鹰扬",在孙机家的客厅里,挂着这样一幅他亲手书写的条幅,读来明朗、温暖,正如这位老先生给人的感觉。

(作者单位:光明日报社。原载《光明日报》2014年11月24日第7版)

科创的基因,我们一直都有
——对话文物专家孙机

顾学文

一本新书,销量过十万,便是畅销书了。《中国古代物质文化》优雅地跨过了这道门槛。

作者孙机"始终如一"的专业履历,似乎很难与畅销书作者常有的"丰富多彩"的形象勾连起来:自20世纪50年代起,二十岁出头的他,在沈从文等前辈的指引下,步入历史文物研究领域。从此,不曾离开。

这本书所涉的农业与膳食、纺织服装、交通工具、冶金、武备、科学技术等内容,更与流行无关。通常这样的书能卖三千册已属不易,但它却火得"任性"。

与孙机一席谈,记者找到了"火"的理由:读这本书让我们看到,中国自古以来一直有科技创新的基因,我们现在迎头赶上,来得及。

解放周末：在《中国古代物质文化》中，您从农业工具到膳食，从服装到建筑家具，从交通工具到玉器瓷器，乃至武备、科学技术，一共谈了十大方面，这些古代物质里潜藏着怎样的历史与文化的信息？

孙机：中国古代的物质成就，是我们这个东方大国五千年辉煌历史的重要组成部分。政治史、经济史，这些都很重要，帝王将相干了些什么，人们关注得也很多，但一些属于社会生活的边边角角的事儿，为人所知的不多。

但是，这些事同样反映着历史。社会是一个整体，物质生活是在一定的国家制度里产生的，不是天上掉下来的"物种"。我们现在说的文物，在古代大部分不是生活用品就是生产用具。鼎是煮肉的，簋是盛饭的，尊是盛酒的，原先都是日用品，后来才成了祭祀礼器。

今天的人通过出土文物、史料文献，还有普通人的家书、便条，可以看到古代人是怎么生活、怎么劳动的。这一看就会发现，正史记载得太简单了，古代社会生活其实是有血有肉、丰富多彩的。

解放周末：数十年间，您一直在用这一独特的视角研究历史，并取得了令人注目的成绩。比如您之前出版的《中国古舆服论丛》《汉代物质文化资料图说》等书,都已成为历史文物考古学者的工具书,被誉为"百科式的皇皇大作"。

孙机:我今年八十多岁了,一辈子就做这一件事。

这事做起来有意思。就说古人戴的冠冕吧,从商代开始,一直延续到中国封建时代的结束,其间出现了各种各样的冠式,背后都有故事。

中国服装史上一些重大的变革,比如南北朝后期服装由单轨制变为双轨制,辽、金、元、清服制政策的区别等,也都和当时的政治、经济、文化背景有关。

解放周末:通过物质,人们可以看到物质背后的社会发展脉络;另一方面,社会发展也会在某些历史时刻受到物质的影响。

孙机:白薯就是一个典型的例子,它对中国的人口发展影响很大。

白薯是外来品种。明万历二十一年(1593年),福建长乐人陈振龙到吕宋(菲律宾)经商,看到白薯,想把它带回祖国。但吕宋不准薯种出口,于是他"取藷(薯)藤,绞入汲水绳中,遂得渡海"。万历二十二年(1594年),福建遭荒,陈振龙的儿子陈经纶向福建巡抚金学曾推荐白薯。金学曾命各县栽种,大有成效,度过了灾荒。为什么?因为白薯种得好,可以亩产万斤,而那时小米的亩产量不到200斤。

经过陈家几代人的推广,白薯在中国被广泛种植,在一定程度上缓解了我国的粮食问题。我国人口在西汉时已达六千万,然而直到明末,还只有一亿人,到了乾隆就猛增到两亿,清末就是四万万同胞了。这其中,从新大陆传入的白薯、玉米及其他高产作物的作用不可低估。

解放周末:您埋首著述,为今人搭建了一座通往古代的桥梁。经由它,物质不再是博物馆的陈列和书籍中的图录,而是过往时空里的鲜活再现。解码这些历史信息,对今天的我们有何意义?

孙机:你是上海人,不吃馒头吧?我是青岛人,爱吃馒头,你知道中国什么时候开始吃馒头的吗?汉代。那时叫"起面饼",是发酵的。要让面食发酵可不简单,掌握了酵母菌生化反应的特性才能做到。生活于3世纪上半叶的何曾,"性奢豪","蒸饼上不坼作十字不食"。他要求蒸饼上面得裂开一个十字,和现在北方人吃的开花馒头差不多。你看,那时的面食发酵已如此讲究。

可那时候的罗马人还在用死面做面包,一直到15世纪的奥斯曼帝国还是这样。有一次,奥斯曼帝国入侵亚美尼亚,有个亚美尼亚妇女,拿起一个面包砸向闯进她家的奥斯曼帝国的将军,将军的脑袋当场挂了彩。你想想,这面包得多硬、多难咬啊?中国人比罗马人早一千多年吃上了松软可口的发酵馒头。

解放周末:类似的故事在这本书里经常可以读到,而且,不仅出现在古人的衣食住行方面,也出现在生产、军事等方面。

孙机:在古代,中国领先西方的地方多了。

就说耕地的犁吧。中国在很早的时候就发明了犁,西汉时又发明了一个安装在犁上的叫犁壁的部件,这犁壁和原来的犁铧形成连续的弯曲面,能把耕起的土垡弄碎了并翻转过去。土垡被翻转过去,接触了阳光、空气,生土就变成了熟土,有利于农作物的生长。后来,欧洲的农民也在犁上安装了一个木头做的"泥土翻板",作用相当于犁壁,但没那么好用。

再说舵吧。广州出土的东汉陶船,船后面是有舵的。而同时代的西方还没有舵,他们在船尾两边各支两只长桨,用长桨控制航向。舵利用了力学原理,舵一动,船马上拐弯,特别好操作;用桨可麻烦了,费劲。欧洲低地地区(荷兰、比利时等国)的水手直到公元11世纪才开始用舵,和我们差了八九百年。

还有马镫、纺车、织布机等,都是中国人发明的。当然,中国人也学习、引进人家的东西,比如马蹄铁等。但总的来说,当时的中国比西方先进很多。

解放周末：这些生动的例子，读来不仅趣味盎然，也让今天的我们自豪。但长期以来这些信息沉没在典籍里，鲜为人知。

孙机：这些本是基本历史，本应成为常识，本宜家喻户晓。

我在《中国古代物质文化》的后记中交代了写这本书的缘由。当时，国家博物馆因改扩建而闭馆，馆领导让我趁这个机会给馆里的年轻人讲讲课，书里的内容基本都是当时的讲稿。

中国古代物质文化是个大课题，本来我也没那么大的胆子，去写这么宏大的题目。但有一次，我和一位年轻人聊天，他说古代没什么了不得的，四大发明不就是放了个炮仗、造了张纸吗？听这话，我心一震，觉得不管我能写成啥样，都得写，得给年轻人补补课。

无论我们走到哪里，都得先弄明白我们是从哪里来、怎么来的。今天的人们，是古人聪明才智的受惠者，比如中国的人均耕地面积只有美国的三分之一，可是几千年来，古人用先进的耕种技术养活了我们的祖先。

我们身受其惠，却浑然不觉，数典忘祖，一味地赞美外国的月亮，那是不应该的。

解放周末：时间的长河冲刷了人们的记忆，传统的断裂加大了古今的距离，这些年来人们似乎更多关注、推崇的是西方文化。

孙机：国际上有一种"中国文明西来说"，认为中国文明出于埃及。甚至，1946年的时候，哈佛大学有位教授还在地图上画了条线，认为该线以西的古人智商比较高，该线以东，包括亚洲、中南半岛等地的古人智商比较低。

再加上从鸦片战争开始，中国积贫积弱一百年，不少人养成了外国就是比我们先进的惯性思维。直到今天，有些卖进口货的商家，开价更有底气对不对？听说是进口货，人们也更乐意掏钱对不对？

解放周末：这样的文化心理是否也存在于考古界？

孙机：是的。在这些思潮的影响下，一些新文物出土时，有些专家学者们就爱说这个是从西方来的，那个是从西方来的。

三年前，秦陵新发现了百戏俑坑。百戏俑就是杂技演员，腰里围着一块布，上身光着。有西方学者说，这个不符合中国的传统文化。中国的俑是示意性的，通常大概有身子、有腿就行了，而百戏俑却被塑造出了这么逼真的肌肉感觉，所以，它不是中国的，而是从希腊传过来的。我们国内一些学者都呼应这种观点。

秦时，马其顿国王亚历山大东征，确实在亚洲建立了很多定居点，但离我们最近的点都远在现在的吉尔吉斯斯坦，距我们今天的边境线还有数百千米，而秦时中国的边境在甘肃玉门关那里，离吉尔吉斯斯坦远着呢。可这位学者非说因为那里有过亚历山大定居点，有过希腊雕塑，所以这些百戏俑是从那里传进中国的。问题是，你在中国发现过希腊雕塑吗？别说一整块，一块希腊雕塑的渣也没有。

秦的工匠聪明着呢，他们把武士俑做得千人千面，那么写实，怎么就不能把百戏俑做出肌肉的感觉呢？我们中国人身上不也长着肌肉吗？

西方确实有比我们好的地方，我们应该向人家学习，学到了是占便宜的好事，但首先得确有其事呀。

解放周末：对文化遗产的正确体认，不仅是今天的人面对过去的方式，也是民族复兴不可或缺的前提。

孙机：习总书记说过，博大精深的中华优秀传统文化是我们在世界文化激荡中站稳脚跟的根基。现在我们讲传承优秀传统文化，得先知道传统文化是什么。我国古代物质文化方面的成就，过去没有好好地整理研究，相关的著作不多，更没有进入中小学教材，连很多知识分子也不太了解。这是常识上很大的欠缺。

比如对古代冶金方面的研究，以前做得很不够，新中国成立后，这方面的研究成果就跟井喷似的，数量惊人。不要以为西方工业革命了，冶金工业发展得很了不得，其实它还比中国晚了一千年。春秋早期，我们就有了液态生铁，生铁的出现比西方早了一千三百多年。后来，中国又有了生铁可锻技术，就是把生铁里的碳从片状锻成絮状，这样铁的韧性就增强了，强到可以拿来做火车的轨道。汉代的球墨铸铁标准，和我们现在冶金部颁布的标准竟然是一致的。而西方的球墨铸铁出现在第二次世界大战后，这又相差了2000多年。

这些都应该宣传出来，让大家知道。中国五千年文明史上，影响世界的科技有七十多项，不是只有四大发明。

解放周末：读完这本书，未免产生这样的困惑：何以遥遥领先数千年，却在近代百年受尽屈辱、落后挨打？

孙机：作为一个文明古国、大国，中国一直比较富裕，人们喜欢过平静、安稳的生活。当模式成为定式时，就会少了变革的意图，从而导致发展的停滞不前。反之，西方工业革命兴起，他们大踏步地前进，不仅赶超我们，而且还一再拉大彼此的差距，直到洋枪洋炮打开中国国门。

我写这本书，不是要把中国说成什么都是完美的，都完美了还改什么革？我只是想告诉大家，我们自古以来，一直有科技创新的基因，现在迎头赶上，来得及。

解放周末：这样一本考古类专业书籍出乎意料地广受读者

欢迎，成为畅销书。从某种角度来说，这是一种提醒，提醒我们长久以来是否一直误读了读者的需求。

孙机：我很高兴大家爱读这本书。我想，大家爱读，一是因为读了能知道不少以前不知道的事。近百年来我们受欺负的事，大家都知道得比较多了，不用我再来啰唆了。我就跟大家说些早些时候的事，这是我们做历史研究的人的任务。

二是因为大家读了可能还有所触动。古代物质文化是我们基本历史的一部分，了解这些，就有一种推动作用，推动我们重新树立起民族的自信心——中国不是一直落后的，事实上，中国曾经遥遥领先于其他文明。现在中国人去美国拿绿卡，唐朝时中亚人都愿意到中国来，来了就不想走了。

世界有四大古文明，三大古文明都湮灭了，古埃及衍变到现在，连语言、文字都没有了。而我们中国文明，绵绵不绝。安阳的洹水，三千五百年前叫洹水，现在还叫洹水，地名没改，地名的写法也没改。国外有这样的吗？

解放周末：按照现在的图书分类，这本书在普及读物之列。普及读物的写作，从某种角度而言，难度实甚于专业著述，取精用宏，论证得宜，还得兼顾可读性。

孙机：大家不肯写这样的小书啊，写了它换不来职称。我的能量只能干这点事,我就用心把它干好。

解放周末:当下确实面临着这样的问题:专家没时间,或没意识,或放不下身段,做大众普及工作,而一些所谓的普及读物则错误百出,以谬传谬。

孙机:我们不能强求一些在各自领域里已经走在非常前头的专家回头来做普及的事,因为他再往深里走,也许就有重大突破了。但希望愿意做普及工作的人,能认真当回事来做,学术功底要扎实。自古文章千古事,容不得半点马虎。

尖端科技研究重要,提高大众的科学素养也重要。今天,我们的社会需要重建文化的自信。

(作者单位:解放日报社。原载《解放日报》2015年7月17日第13版)

这才是"恋物"的最高境界

尚晓岚

> 现今尊之为"文物"者,在古代,多数曾经是日常生活用品,以其功能在当时的社会生活中有着自己的位置。若干重器和宝器,只不过是将这种属性加以强化和神化。从探讨文物固有的社会功能的观点出发,她们如同架设在时间隧道一端之大大小小的透镜,从中可以窥测到活的古史。倘使角度合宜,调焦得当,还能看见某些重大事件的细节、特殊技艺的妙谛,和不因岁月流逝而消退的美的闪光。
>
> ——孙机

今年8月,孙机先生有几种新书面世。三联书店推出了《从历史中醒来:孙机谈中国古文物》,共50篇专题文章,是一部自选集；上海古籍出版社的《华夏衣冠：中国古代服饰文化》和《载驰载驱：中国古代车马文化》也即将上市，集中体现了他在古代舆服研究领域的成就。配合新书，孙机先生在京沪两地做了几场演讲，虽然涉及文物、考古、历史等相当专业的内容，知识密集，信息量大，但他讲得生动，风格轻松，一切都信手拈来，成竹在胸，偶尔几句玩笑也恰到好处。而且他总是在讲台上一站到底，怎么看都不像一位八十七岁的老人。

近年来，随着传统文化的回潮，公众考古的兴起，各地博物馆的兴建，原本深僻的文物研究跃出了狭小的专业圈子，对古人衣食住行感兴趣的年轻一辈大有人在，业余研究、动手复制的也为数不少。渐渐地，孙机先生的书热起来了。他早年的著作《汉代物质文化资料图说》，2011年再版之前，就连复印本也曾在网上炒到上百元。2014年他的《中国古代物质文化》面世，各大媒体将其评为年度好书，一致推荐。时代的变化，为原本寂寂于书斋和博物馆的孙机先生打开了聚光灯，但他对成为一个"公众人物"似乎不感兴趣，他的步调没有变。

孙机先生1929年生于青岛。他十九岁来到北京，当过坦克兵，新中国成立之初，他调职北京市总工会宣传部文艺科，在劳动人民文化宫上班。那时他结识了在历史博物馆工作的沈从文先生，两人的办公室都在天安门北侧的故宫东西朝房。两人经常聊天，孙机先生对古代舆服（车马与服装）和文物最初的兴趣，与沈从文有关。1955年，孙机考入北京大学历史系考古专业，师从宿白先生，毕业后留在系里的资料室工作，1979年调入历史博物馆。

孙机先生在博物馆工作时，有一件事为人所乐道。馆藏品里有一个不起眼的小瓷人，属五代时期，一直被当作一般文物。孙机先生精心研究，鉴定这个小瓷人为当世仅存的茶神陆羽，是当时卖茶人供奉的神像，生意好用茶祭拜，生意不好就开水浇头。于是小瓷人立刻身价百倍，赴国外展览的保险额大涨。如今文物研究似乎总是和"鉴宝"分不开，然而孙机先生的工作严守学术范畴。在8月举行的新书演讲中，他曾说："我不是做文物鉴定的。现在有人做鉴定，拿个东西一看，第一句话'这是真的'，第二句话'值二十万'，第三句话……没了。这和做学问不是一回事。我们研究文物是为了研究历史。"他语调轻松，像讲笑话一样，不带要批判什么的火药味。但是很明显，他把自己的研究，与以逐利为目标的鉴宝热、收藏热划清了界限。

不仅如此，在《从历史中醒来》一书的编辑孙晓林看来，孙机先生的研究也与传统的"古器物学"有所不同。孙晓林说："宋代以来人们就研究赏玩古董，传统的古器物学重在古典趣味的追求，有一种把玩的气息，也发展出了金石学等精深的学问。孙机先生常从文字入手，他对甲骨、金文，对音韵、训诂等传统小学的熟练运用，都能从中看到他的研究与传统治学的关联。但他不限于此，他的高明之处在于，并非仅仅研究文物的名称、形制和工艺特点，而是将一器一物还原到历史中，特别是还原到古代社会生活里，探求文物所蕴含的历史和文化变迁，包括通过文物透视古人的精神世界。这就为读者搭建了通往古代的桥梁，文物真正'从历史中醒来'，成为过往时空里的鲜活再现。其实，这也是孙机先生这一代学者超越前人之处，他们视野开阔，把古器物学带到了新的境界。"的确，孙机先生曾表示，他一辈子做的事，就是通过文物去看文物背后的社会生活，"以考校之功而得名实各安，当然是成绩，但总要使考订之物事密切系连于历史的主线，以小见大，方为佳胜"。

孙机先生的研究，不仅专、深，而且很"杂"。仅以《从历史中醒来》为例，书中涉及动物、饮食、武备、科技、佛教艺术等，从玉具剑的佩戴法到宋人奢侈的饮茶法，从汉朝带烟管的釭灯到辽人春季游猎捕天鹅专用的刺鹅锥……他固然有系统完整的专项研究，如古代舆服，而书中涉及的很多"杂项"，则与博物馆的工作实践有关，入藏品多而杂，看到一件东西就要解决相应的问题，容不得半点含糊，也不受年代或文物门类的限制。扬之水先生在

《从历史中醒来》的跋语中写道:"如今'大师'的称号已被叫滥了,其实最终教人折服的不会是称号,而是扎实的学养与卓越的见识。遇安师不是'大师',他是以发现问题、解决问题而令人由衷信服与钦敬的智者。"

孙机先生一贯强调文物的"三重价值",即历史、科学和艺术价值,这在他的研究中有鲜明的体现。孙晓林说他的文章中可以看到"十八般武艺",将文物与文献(包括正史、笔记、档案、碑刻、诗文、小说、信札等)进行严谨的比对,恰到好处,阐释透辟,解决了许多疑难问题。文章中不仅体现了古文字、古文献功夫,让人惊讶的是他对化学、物理、天文、数学等各类理科知识的运用,文物对他来说是历史价值和艺术之美,也是科学的结晶。孙晓林说,这或许和孙机先生在北大读书及工作期间大量阅读、博闻强记打下的基础有关。她也曾对此感到惊讶,孙机先生告诉她,在北大的好处是,"任什么书都有,任什么问题都有人解答"。

翻开《从历史中醒来》或孙机先生的其他著作,总是能看到大量的线描图,人物、动物、器具、建筑等造型准确,线条优美,细密处纤毫毕现,严谨得一笔不苟。有的图是线描加浓密的点画,不仅文物的轮廓,连明暗也呈现出来了,是素描般的立体效果。这是孙机先生的一手绝活。你若对此感到惊叹,他多半会平静地表示，画图是考古专业出身的人必备的功夫。事实上画这些图是极精细极耗神的工作，孙晓林说，有时孙机先生从下午两点开始画，完成时东方既白，一幅图画两三个星期也并不稀奇，"他乐在其中"。

孙机先生为《中国古代物质文化》写过一篇简短的后记，提到他和一位"年轻同学"的闲聊。对方表示中国古代没什么了不得，"四大发明不就是放了个炮仗造了张纸吗"？他闻言"心底一震"。他觉得，中国古代物质文化是我们辉煌历史的重要部分，"本应成为常识，本宜家喻户晓"。在最近的几次演讲中，孙机先生不只一次谈到古人发明的船舵和马镫对人类文明的重大影响。他难得发表"中华文明的骄傲"之类的议论，他只是通过细致的研究，告诉人们一件物品的来龙去脉、功用技艺，但是如果仔细体味，就能感受到他长存心中的一种信念，这或许也是他那一代经历过民族屈辱的人们共有的理想，是被传统文化的丰赡美妙所吸引的年轻一代新生的骄傲——中华文明古老而灿烂，曾长期领先于世界。了解我们的文明，发自内心地热爱她，对她抱有信心，势将推动新生活的创造。

以下为孙机先生最近所做的三次演讲中的部分内容，从中可以看到他的治学思路：如何考订器物名称，如何通过文物进入往昔的社会生活，勾画历史变迁，并理解古人的精神世界。

以下内容根据孙机先生在北京和上海的三次演讲速记稿整理。

一、金缕玉衣，一个错误的名称

古代很多大墓里出土过"玉衣"，人全身被玉片覆盖，用金丝把玉片编起来叫金缕玉衣，拿银线编的叫银缕玉衣。河北满城汉墓，也就是中山靖王刘胜的墓出土的金缕玉衣非常有名，考古队员给它起名叫"玉衣"，就流传开了。事实上这是个错误的名字。

它并不是一件衣服，应该叫"玉匣"，"匣"也可以写成"柙"或者"椑"（均读作 xiá）。古代有"椑棺"。贵族的棺材是有很多层的，西汉诸侯王墓多用三层棺。满城汉墓的发掘报告根据遗物推定有一棺一椁，那么连同"玉柙"就是三层，正符合诸侯王用三棺之制。玉柙就是最里面的亲身之棺。所谓"金缕玉衣"这个说法，属于久讹成真，老说错，改都改不过来。

二、那些陶俑其实不是"俑"

我们经常在博物馆里看到各式各样的陶俑，说唱俑、文官俑、武官俑、胡人俑，甚至天王俑……历代墓葬里出土了很多——

其实一概称它们为"俑"是有问题的。

"俑"是什么？孔子说："始作俑者，其无后乎，为其象人而用之也。"使用的"用"字在先秦可以当"杀"讲。就是做一些陶人、泥人，用它代替活人来殉葬。所以"俑"原本是杀殉的替身。

春秋战国以后，直到明清，墓里出了很多陶俑。但是，比如说有些俑戴着玉佩，说明是有一定身份的人，这个用杀殉就没法解释了。所以它们并不是"俑"，那应该叫什么呢？《礼记·檀弓》里说："涂车、刍灵，自古有之，明器之道也。"涂车就是拿泥做的车，刍灵就是拿草扎的动物，都是明器，也就是给死人用的陪葬品。我们现在很多所谓的"俑"，是泥做的明器，那时候管它叫"偶人"。现在约定俗成了，就算不改"俑"这个叫法，但我们得知道它和早期社会的杀殉不一样。

汉代以后出土过一些所谓"说唱俑"，很幽默，很自然，完全是一个说唱艺术家的形象，在黑暗的墓室里头，有一种艺术的光彩。它并非表示一个人被杀死到地下去当奴隶，它代表了汉代人的死后观念，就是让墓主人在地下还能够继续过他原来富裕的、平静的地上生活。

常见的还有"文官俑""武官俑"，都是高官的形象。墓主人固然不是平民，但是比方说一个县令，他的墓里就可以出这样的俑，相当于小官的墓里边，把大官当成了俑，这个说不通，更谈不上什么杀殉。实际上它不是"俑"，它是墓葬神煞，是镇墓的神。墓主人希望借他们的力量，在阴间保得平安。

还有一些骑着骆驼的胡人俑，唐墓里比较常见，它们往往被解释成代表丝绸之路上的商队。可问题是，墓葬里的俑是为墓主人服务的，而有时候从墓志看墓主人生平，其实他从来没有出去做过买卖。这是怎么回事呢？早期的贵族死后，有专人给他制作俑，到唐朝就有了专门做陶俑的作坊，直接买现成的，放在墓里边就完了，当然朝廷有制度，不能太超出规格。俑是商品，所以做得越漂亮越豪华越好。送葬的时候，俑是要跟着送葬队伍一块往墓地走的，很吸引眼球，工匠就照着最漂亮的做，怎么好看怎么来，好多卖钱。

三、穿裤子，一次大变革

甲骨文里的"人"字，象形的不仅是一个自然人，而且是一个社会人。就是说他讲礼仪，会跪坐，才成为一个人，不会跪坐在当时就不是人。早期中国人的衣服，是上衣下裳，没有裤子，我们现在穿内裤，古人缠着一块布，叫作"裈"。这就产生一个问题，当时没有桌椅，坐在席子上，如果两条腿像簸箕一样伸开，里面不完善的内衣就不能把身体全部掩盖住，所以华夏民族要在席子上跪坐，这样内裤虽然不完善，但是能很好地遮盖身体，保持礼貌。当时，跪下以后坐在脚后跟上，这叫"坐"；如果臀部抬起来，叫"跪"；如果挺直上身成一个直角，这叫"跽"，又叫长跪。当时很多礼貌都是在跪坐的基础上衍生出来的。

服装是和社会生活相互配合的。古人说"国之大事，唯祀与戎"，祭祀和战争是国家大事。先秦时期的主要作战方式是车战，中国和西方都有战车，但是只有中国有车战。当时认为车战是最隆重、最庄严、最正规的作战方式，用战车的数量衡量国家强弱，骑兵和步兵都是次要的兵种。战车上的人员属于"士"，是当时的贵族，平民跟在战车后面当徒兵，他们在服装上不需要更改原来上衣下裳的结构，内衣不完整，所以衣服也不开襟。在这种情况下，就产生了改革的要求。战国时代赵武灵王的"胡服骑射"就是骑上马，穿了裤子。裤子是当时的游牧民族发明的。穿了裤子以后就很不一样了，就产生了"深衣"，就是把原来的上衣和下裳连起来。

中国历史上第一次服装大变革，就是从上衣下裳变成了穿裤子和深衣。这样就发展出了骑兵，到战国的时候骑兵越来越重要。战车虽然汉代依然有，但是在战争里的作用越来越小，后来的战车主要是宿营的时候围作一圈,起一个保卫作用,要不然就是运输作用。

四、汉代人死后不会"上天堂""下地狱"

在佛教传入中国以前,古代中国人看待死后的世界,跟西方、跟印度的观念是非常不一样的。比方说,汉代没有灵魂"上天堂""下地狱"的观念。

中国的道教,追求的是成仙,成仙就是长生不老,"老而不死"。秦始皇、汉武帝都追求长生。中国的仙人也可怜,他没有一个根据地,没有一个"天堂"可以在那儿待着,他就在天上溜达,四处漫游。

佛教看待死后世界,讲的是轮回。那些身处热带的印度思想家,思维特别,中国人真是望尘莫及,天是三十三重天,地狱是十八层地狱,中国人想象不到。所以佛教传入以后,中国震撼了,好家伙,人家的天地这么厉害,咱们住平房,人家是大厦。

那么佛教传入之前,中国古人怎么看待地下世界呢?以汉代为例,那时认为,人死之后,都魂归泰山。在地下也有一套管理组织。人的灵魂到了泰山以后住在那儿,然后怎么样呢?没下文了。当时中国人没再往下想象。现在研究汉画像石，有学者认为一些图像表现的是墓主人带着一队人马升天或下地狱，这是不对的，汉代人没有这样的想法。

（作者单位：北京青年报社。作者已故。原载《北京青年报》2016年9月2日）

孙机：考古能看得见历史，也能望得见未来

李　静

孙机先生在书房

2020年国庆节，孙机先生的《汉代物质文化资料图说（修定本）》即将由中华书局付梓，我去拜访他。老先生高兴地谈起不久前习近平总书记在主持中央政治局第二十三次集体学习时发表的关于考古工作的讲话，还拿出不久前的《光明日报》读了一段话："我们要加强考古工作和历史研究，让收藏在博物馆里的文物、陈列在广阔大地上的遗产、书写在古籍里的文字都活起来，丰富全社会历史文化滋养。"

"这话说得太深刻、太精准了！"孙机先生说。他说，不仅要把我国的考古发现研究透，而且要让古代的社会生活活起来，这里面包含着文化自信，加强文化自信的目的是加强爱国主义，增强民族凝聚力、民族自豪感，"我们考古工作者肩负着这么一个任务"。

一、要由小见小，也要由小见大

年轻时，孙机曾想写一本书，书名就叫《物源》。那时，他的学术兴趣是探究事物的来历，他想要弄清楚世界上那么多千姿百态的东西，究竟从何而来，会向何处发展。回想几十年的学术之路，虽然没有写出一部名为《物源》的著作，但孙机的研究一直与

"物源"息息相关,他也一直保持着最初的那份念想。

这些年来,各地出土了很多文物,有些盆、罐、瓶,人们一看就明白,知道是干什么的。但是有些东西,学界一直不知道它们是做什么用的。文物能够为那个时代的社会生活提供注解,但有些古代的东西没有流传下来,慢慢被湮没在历史里,今天的人们已经不了解它们的用途,就有必要探索"物源"。他举了两个例子,一个是霞帔坠子,一个是三子钗。

北京昌平明定陵出土的霞帔坠子,刚出来的时候,很多人不知道是什么。有的图片发表时,尖朝下,有人认为是香囊、银熏或佩饰。对照明代典籍就可以知道,这个东西叫霞帔坠子,应该尖朝上。霞帔是从肩膀上垂下来的飘带,帔底下就是个坠子。追溯起源,霞帔在唐代就已经出现,经过唐宋的发展,到明代,霞帔及坠子的佩戴规定已经很严格了:一品至五品的命妇,霞帔上缀金帔坠;六品、七品,缀镀金帔坠;八品、九品,缀银帔坠。霞帔坠子这个小物件的变化,反映了中国舆服制度的一个侧面。

三子钗的辨识也很有意思。三子钗多为铜制,一般长15到17厘米,当中为长条形横框,两端为对称的三叉形;有些出土文物,居中的一股再分为两叉,且与两侧的两股分别弯成三个呈品字形排列的不封闭的弧圈。最开始有人把这认作搁笔的支架等

仰观与俯察：孙机先生的治学之道

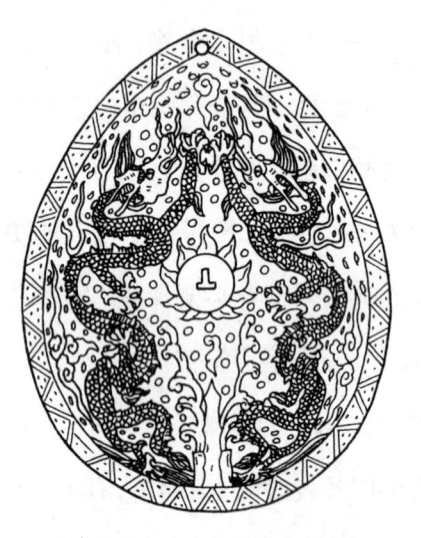

北京昌平定陵出土的明代金帔坠

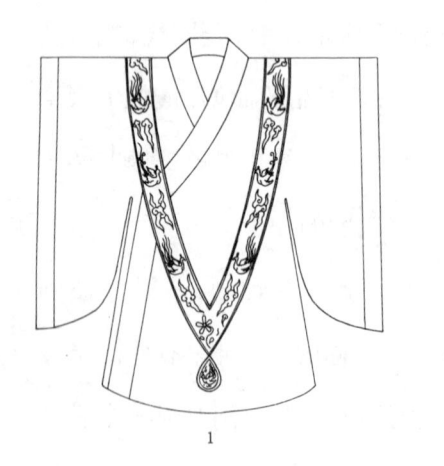

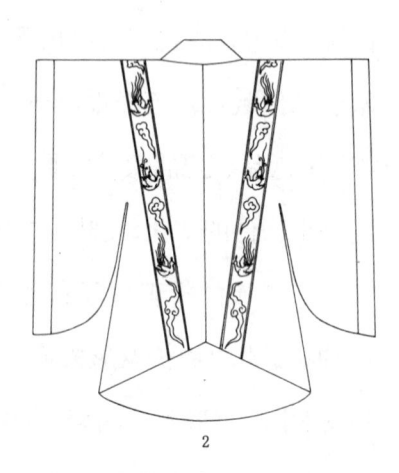

1　　　　　　　　　　　　2

明刊《中东宫冠服》中的霞帔与帔坠

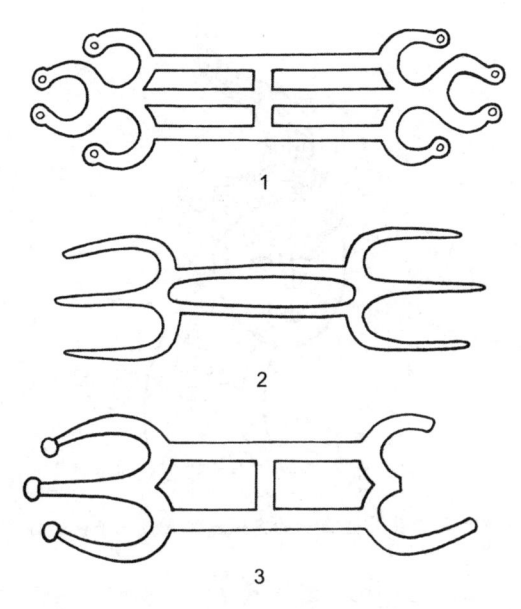

从上至下分别为河南洛阳烧沟东汉墓出土的三子钗、北京顺义西晋墓出土的三子钗、广东广州西北郊东晋墓出土的三子钗

物,后来在一具未被搅动的女性头骨上端出现此物,才给人启示,这可能是妇女用的发饰。

讲到这里,孙机拿出他的旧作《从历史中醒来》,翻到山东临沂西张官庄出土的汉画像石上的女神像,女神像头上清清楚楚地戴着这种发饰,"这样我们就可以确认无疑这是一种发饰,但是叫什么名字呢?这就需要到文献中去找答案。根据文献记载,这个物件是三子钗,又名三珠钗"。

山东临沂西张官庄出土的东汉画像上戴三子钗的神灵

　　孙机说,这些只是"由小见小"的例子。霞帔坠子也好,三子钗也好,都是些小物件,把它们说清楚了,也只是说清楚了一个装饰品或者一件小事。研究古代文物,不仅要"由小见小",而且要"由小见大"。一件东西说清楚了以后,我们对于当时社会生活的很多方面可能都会有新的认识。这样的例子也有很多。

　　比方说,西汉初年社会上普遍谴责秦始皇的暴政。在秦始皇的诸多暴政当中,有一个叫"头会箕敛",是说秦军拿着一个像簸箕一样的东西去老百姓家随意敛收粮食,供给军费,遭到老百姓的抱怨。前些年学者在山东博物馆发现了一个铜箕,上面铸着

秦铜箕量

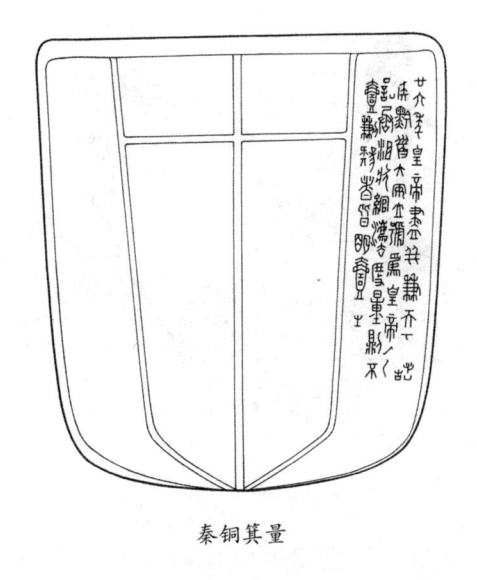

秦始皇统一度量衡的诏书,证明这是个量器。从秦往下,到汉朝,虽然没有发现这类实物,但是发现了它的模型,就是出土的一套量具,跟斗、升等一块儿,还有一个箕,那么这个箕就是一个量具。从秦往上,战国甚至商代都有这种量具。所以说,中国古代量器当中有箕量,文献上也这么说了。这样的话,不管老百姓怎么抱怨秦暴政把收粮食的比例定得高,但是不可能说拿着簸箕随便就装,装完就走,那就不是政府行为了。所以,这个"头会箕敛"就是当时汉初的人谴责秦朝的时候说得比较夸张的一句话。出了这个箕量以后,事情就可以搞清楚了。

固原北魏墓漆棺画

通过这件文物可以把秦朝赋税制度说得更清楚。这个东西的发现就是对文献的一个补充说明,也是对当时整个社会状况的一个说明,是"由小见大"的例子。

孙机又举了个例子,是宁夏固原一座北魏墓中出土的一件漆棺。这个漆棺上画的是中原的二十四孝图,但人物都穿着鲜卑装,两种文化都有体现。孝文帝改革以后,不仅改穿汉服,而且把籍贯都改了。原本他是今天大同那一带的人,籍贯改成了洛阳,而且不许再说本民族的鲜卑话,引起了旧贵族的反感,导致他的亲儿子都反对他,后来就反叛了。固原漆棺画早于孝文帝改革,使我们对这次改革的背景有了更多了解,从而对改革的全过程形成了一个较为完整的印象。

二、让古代的社会活起来

全盘整理五千年的中华文化遗产，目前还很有难度，尤其唐代以后的文献浩如烟海，想要穷尽几无可能，但整理一个朝代还是有可能的。孙机选择了以汉代作为横切面，先让一个朝代"活起来"。他的尝试，主要就体现在《汉代物质文化资料图说》里。

汉承秦制，是中国历史上第二个统一王朝，历时四百多年。从国家层面而言，其制度、文化、社会等方面相对成熟，可以作为一个横断面去研究，而且汉代的文献相对有限，下点功夫，可以将现存的汉代文献通读。再者，汉代文物层出不穷，可以与文献相互印证、互为表里。投身汉代文物与文献的世界，就有如走进一条可以历览汉代众生相的大画廊。

孙机的中国古代物质文化研究，既包括农业、手工业等生产内容，也包括衣食住行等生活内容。在《汉代物质文化资料图说》这本书里，孙机把汉代生产、生活等方面的事物，分成了100多个小题目，衣食住行，农业、手工业、冶金、采矿等生产生活方面都包括在内。

对这些汉代物质文化资料的每一个方面，孙机都会从基础讲起，细致梳理源流。比如，纺织方面，先讲桑、麻、蚕丝等原材料，然后讲纺织用的各种机具，再讲由这些原材料织成的面料——锦、帛等，然后讲刺绣、染色、印染等手段，进而介绍什么身份的人穿什么样的纺织品。讲完纺织之后，就讲衣服，怎么剪裁、怎么穿，再讲首饰及其他。又比如，农业从耕地说起，然后说播种、灌溉、五谷等。看了这本书的人，就能从根儿上对这些知识有所了解。

孙机说："过去，有的国家把考古研究所叫物质文化研究所，这就是说，考古研究的主要对象是具体的物质文化，而不是抽象的概念。还有的国家，把考古学科放在人类学里，主要侧重于史前史，就是人类进入文明以前，没有文字的时代。做这个时代的研究，只能采取层位学、类型学的方法对具体的物质进行研究。人家说苏秉琦先生闭着眼睛摸陶器的口沿，就能知道它是早是晚，因为他对类型学太熟悉了。但考古学在确定文物的年代之后，还要复原社会面貌。史前时代没有文字记载，复原这个时代的社会面貌，让它活起来，是很不容易的。"孙机说，通盘看中国历史，尧舜以前的历史比较渺茫，三代以后就比较具体了，有文字以后的历史是重点，通过实物和文献记载相结合，对事物的认知就会具象很多。

《汉代物质文化图说(修定本)》内文

实物和文献记载结合,是孙机从事文物研究的重要方法。王国维提出的二重证据法,是指考古的文献和传世的文献相印证。现在的二重证据,是要将实物和文献相结合,这样就能把历史事件解释得更活了。这些更活的材料,不仅是二十四史、十三经这些传世材料,还有考古发掘的古代话本、文书等各类文献。不管是传世文献还是出土文献,只要是真的、可靠的,与器物研究有关系,就可以不拘一格,拿来互相对照,扩大印证的范围,使古器物和古文献"打成一片"。

三、呈现中华文明对世界的贡献

孙机专注于汉代物质文化研究,已经有四十年了。他说,这本《汉代物质文化资料图说(修定本)》出版后,不会再有机会修改了,所以叫"修定本"。这是他最看重的学术成果。

从横断面来说,孙机的研究考察了汉代的基本物质文化资料;从纵向来说,贯穿整个中国古代。但是他谦逊地认为,即便如此,自己仍没有能力将各个断代的物质文化都以像《汉代物质文化资料图说》那样的方式研究出来,其他时代的研究只能有待来者,"考古工作不只是'由小见小''由小见大',或者考古和文献相结合,还要通过对考古成果的研究,认识中华文明的灿烂成就。这就不是理清几件文物的名称和用途的问题,摊子还要铺得更大"。

在他看来,研究古代物质文化,不仅能让人们更加了解、热爱祖国的历史,而且能为今天的建设提供动力,"我们说考古对社会有用,不是说考古能为今天的社会生活直接提供一个什么新技术,而是说考古可以增加文化自信,进而加强爱国主义"。

17世纪欧洲工业革命以前,中华文明在很多领域领先世界其他国家。有学者研究,到了清朝乾隆时期,中国的GDP还是排在世界第一的。原来只说中国有"四大发明",其实中国有很多发明创造影响了世界。英国学者李约瑟指出,中国有70项发明曾经领先世界,后来传到了欧洲。

前些年,有学者提出,中国的马车受到了西方的影响。孙机对古车做了大量研究后认为,中国古车与西方古车完全是两个体系,差别极大:从构造上说,有大轮、小轮之别;从系驾法上说,有轭靰式系驾法和颈带式系驾法之别;从性能上说,有用于车战和用于运载之别。距今约三千七百年的河南偃师二里头遗址发现了双轮车的辙痕,从考古上证明中国此时已经有车。《尚书·甘誓》是夏朝初年夏后启讨伐有扈氏的誓师词,应该是可信的材料。誓词中对作战的具体要求是:"左不攻于左,汝不恭命;右不攻于右,汝不恭命;御非其马之正,汝不恭命。"这段话反映出当时不仅有车,而且能进行车战。一辆车上配备了车左、车右、御手等三名车士,组成一个战斗单位。可见此时战车兵已经有明确分工,车战战术已经规范化。如果所驾驭的不是性能良好的战车,则不仅不能正常发挥其战斗力,也积累不了足以上升为军事条令的战斗经验。中国马车出现的年代与中亚、西亚马车出现的年代相仿,并不存在西方已有了成熟的车型而中国紧随其后的情况。

从系驾法方面考察,中国古车与西方古车大相径庭。系驾法是将牲畜拴在车上,使之充分发挥拉车的能力,易于接受操控。1980年在陕西临潼秦始皇陵封土西侧出土了两辆铜车马,全副挽具包括像繁缨这类细节,都用金属逼真地复制了出来,中国古代的系驾方法从而表现得清清楚楚。这辆车由两匹服马所负之轭的䩞上各引出一条靷绳来拉车,而且在轭肢外侧还附上加固杆,证明这里确系拉车的主要受力之处。两靷的后端系在舆前的环上,再用一条粗绳将此环与轴的中心缚结。拉车时,马肩胛前的轭受力,两靷传力,完全不影响马的呼吸,这就是"轭靷式系驾法"。再拿它与商周车马坑出土的遗物

秦始皇陵铜车马

相印证，可知中国先秦古车的系驾法实为一脉相承，前后并无二致。

西方则不然，那里的古车是用颈带将牲畜的颈部固定在衡上，牲畜拉车时颈部受力，通过衡和辕拽动车子前进，被称为"颈带式系驾法"。由于颈带压迫牲畜的气管，牲畜跑得越快呼吸越困难。无可辩驳的史实是，到公元8世纪，欧洲的马车才放弃了颈带式系驾法。

孙机又举了球墨铸铁的例子，1947年，欧洲的冶金专家才研究出现代的球墨铸铁技术。球墨铸铁比一般的铸铁强度更大,机械性能也更为改善。让人惊讶的是,在河南巩义铁生沟冶铁遗址出土的西汉铁器里,检验出了发育良好的球状石墨,它的球化率甚至符合现在的国家标准。虽然那个时候的球墨铸铁工艺还不成熟,但对我们总有一些借鉴意义。

孙机这样的学者把古代社会搞活了。我们看到古代社会那么有秩序,而且技术又那么发达,很多文明我们都处在世界前列。

四、考古不只是往后看

1955年,孙机考入北京大学历史系考古专业。从那时起,他就开始研究中国古代物质文化。在北大,孙机最亲近的老师是宿白先生。宿白先生告诉他,考古研究要多读书,而且要读有用的书,读的时候特别要注意物质文化方面的史料,史料里会有很多"触角",这些"触角"会触及方方面面,有些东西会互相联系起来,成为学术研究的入口。

宿白先生于1957年发表的考古报告《白沙宋墓》,让孙机印象深刻。这本书不仅把壁画中反映的历史说得很清楚,而且文字

《白沙宋墓》(2002年版)护封

生动,书中引用的文献大多是第一手材料和最好的版本。在他看来,这与宿白先生原来在北大图书馆做过事有关。孙机一直谨记宿白先生的教诲,在北大学习和工作期间,也常常利用北大图书馆丰富的藏书。虽然读书很少有直接的发现,但读得多了,把各种书联系起来,就会发现问题。如此慢慢积累下来,就打下了做学问的底子。

　　学考古的学生都会上考古绘图这门课,孙机也受过这个训练,而且特别重视。他的著作里都配有他自己画的线描图。孙机说,从年轻时试写的论文到《汉代物质文化资料图说(修定本)》,这么多年积累了上千幅古代器物的线描图。画图不容易。有的时候,他吃完饭就坐下来开始画,等画完了,抬头一看,天都亮了。现在印刷条件好了,很多考古、文物图书都直接采用照片而不用线描图了。但孙机认为,线描图有不可替代的作用,能把要表现的细节刻画得更清楚。这次出版的《汉代物质文化资料图说(修定本)》,有百余幅线描图因为原版的效果不太理想,是他重新画的。他觉得,如果不重新画,就那样黑乎乎地印出来,太对不起读者了。

　　如今,"大众考古""公众考古"的说法很流行。孙机说,"大众考古"不是让大家都去考古,而是让大家了解考古的知识。地下文物归全民所有,进行发掘必须得到政府的批准,否则,即便是在自家院子里发现古墓,也不能任意发掘。考古学家奉政府的命令去挖掘,这是他的工作。如果他不为政府工作的话,那就是盗掘了。向大众普及考古知识,应该重在普及考古的成果,而不是普及田野考古的技术或方法。

如今已经九十一岁的孙机,仍然关心着当下的考古事业和国家的发展。他说,我们的国家需要向前看,考古学不是让人们往后看,而是让我们增加向前的动力。

(原载《光明日报》2020年12月21日第11版)

平生风义兼师友

程毅中

惊悉孙机先生已于6月15日仙逝了！近年久未会晤，不知他何时生了何病，感到很突然。他一向老当益壮，坚强过人，八十多岁还骑车上班，讲课时挺立不坐，我总觉得他应该寿过期颐的。现在他却真的安息了，除了哀痛，特别为文物考古事业的重大损失感到无比惋惜，一时恐怕很少有人能代替他。我见到消息已晚，赶不上参加遗体告别，只能写一篇小文聊表哀思。

他和我是北大校友，比我大半岁，但他入学却比我晚，因为他是以调干学生的身份上北大的。他入学前曾跟沈从文先生做过文物考古的基础工作，差不多是先做了几年硕、博连读的研究生，再来读考古专业的本科，当然出了优异的成绩。1995年，他和我同一年膺聘为中央文史研究馆馆员，这才成了"同年"。当然他是我的前辈，同馆已二十八年了。所以我引李商隐哭刘蕡的诗句"平生风义兼师友"为题，比较恰当。

他在中国国家博物馆是终身研究馆员，还骑车上班做研究，写讲解词，开讲座，写出了好几本有新见卓识的书。他让文物"从历史中醒来"，使文物活起来了。文物自己不会说话，他替文物说话了。他把文物放在物质文化的大格局里，用多重证据进行分期分类的考辨，做出许多新的解释。限于知识结构的狭窄，我只能不求甚解地读了一部分书，说不到点子上。好在国家博物院的讣告里已说得很清楚了，他是我国文物考古研究方面的集大成者。

孙机先生的文化修养非常高，除了文物考古的专业知识，还广涉诗文艺术领域，也爱写诗。2009年国庆节前夕，中央文史研究馆举行聚会，马凯同志也来出席，还当场吟诵了他写的一首《满江红》，我们受到了极大鼓舞。会后，孙机先生立即和作了一首，并倡议我们有兴趣的同人一起和作。晚上文史馆的工作人员打电话通报给我，我也受到了启发，当夜匆忙写成一首词，让文史馆回报给马凯同志。这是我和孙机先生的一次合作，我的灵感正是被他激发的。事后马凯同志曾多次召集袁行霈、孙机和我讨论传统诗词如何继承和创新的问题，为建立中华诗词研究院出谋划策。对孙机先生来说，这不是跨学科的活动。至于古籍整理，更是他所熟悉的业务了,他和我同时进入了全国古籍整理出版规划领导小组。

这次,我得知孙机先生病逝的噩耗,心情十分悲怆,率尔写了一首小诗,纪念他的业绩,表达深切的悼念:

> 以文化众吾家事,
> 华夏文明继万年。
> 文物有魂终复活,
> 能言不但汉衣冠。

李商隐哭刘蕡的诗为刘蕡鸣冤,给刘蕡争了名誉;我哭孙机的诗则是为他评功歌德,赞扬他的业绩,也许我的诗也能附他的骥尾而传世。

孙机先生还有另一大值得一提的贡献,他带了一位没有学位的"研究生"扬之水女士。她用古代文物考释古籍的著作陆续问世,影响不小,为我们的古籍整理工作增加了一个方向,这也是孙机先生开辟的新路。

2023 年 6 月 26 日

(作者单位:中华书局。作者已故)

那年,那天,我叩了孙机先生的门

袁 仄

约三十年前,第一次见孙机先生……

那年,我在北京服装学院任教,恰逢刚接任中国服装历史的课程,甚觉任重道远。同年,我拟赴香港理工大学就读哲学硕士(MPHL.),研究课题是中国唐代服装与现代时装,鉴于此,我前往拜访孙机先生。

那天,乃是我最最难忘的一次学习经历。

那是20世纪90年代初的早春,在北京柳芳小区的一幢普通公寓,拾梯而上,我便忐忑不安地站在一扇门前。我手上没有任何介绍信函,如此唐突拜访一位学界前辈,让我感到局促不安——

开门的正是孙机先生,他身材不高,十分清健,目光炯炯。

进屋之后，是间客厅，也像书斋，环顾四周，记忆中他的书橱里盛满了书。

孙先生以静谧的神情听完我的来意，他十分认真地听，目光盯着我，也似乎在鼓励我，鼓励我把自己的想法陈述出来。看得出他是个极其认真的人，他对我那种并非敷衍的关爱，使我对这位前辈的敬重之情油然而生。

听罢我的问题之后，他便向我娓娓道来。未料他的"娓娓道来"居然数小时之久，且这是一次历史知识的跨越时空、知识含量极高的谈话。

孙机先生从汉武帝拓边谈到西罗马的灭亡；从中国服装史的治史谈到中国史与世界史的关系；从汉深衣谈到唐圆领袍……西罗马灭亡、匈奴西迁、"上帝的鞭子"、汉将甘英的怯弱（指不敢渡海赴罗马）和康有为的怒斥……李唐王朝的父系母系、谈到李白、元稹……

我万分欣喜的是孙机先生知识渊博，思维敏捷，话匣打开，如万斛泉随地而涌。他多视角多维度地思考历史，或古或今，或近或远，或宏观或微观……对中国和西方历史的俯瞰、微视、反思与想象，正可谓东西历史纵横谈。孙机的历史"纵横"是全方位意味，可以是时空的轴线，经为纵，纬为横，孙先生讲的东西历史之交集,达到了一个"纵横驰骋,唯意所之"的境界。他陈述中国历史教育的东西割裂,所以他的讲述里始终将东西方历史糅合、比较着,让听者耳目一新,脑洞大开。

那天孙机先生就像一位睿智、和蔼的得道高僧、大神,他携吾之手步入历史世界的百花园、百草园、伊甸园,向我娓娓道来园内的花草、美景,仿佛携我登一山巅,俯看世间沧桑。

这是我步入服装史学的真正意义上的第一课,且是开智、开悟的重要一课。孙机先生展示了史学的无穷魅力和广阔的彩色画卷。我在人生中第一次体悟到:何为"顿悟"、何为"茅塞顿开"、何为"醍醐灌顶,甘露洒心"。犹如孙先生打通了我的仁督二脉,对我这个半路出家的史论学子打下史论学术思维、基础,皆因孙机先生,皆因"那天"。

对那天的感悟,后来我写了一篇短文,题目为《一面之师》。文中写道:"从小学到中学、中专、大学及两次研究生生涯,书读了不少,教过我的老师无数。其中,有一位我仅见过一面的老师,但他的教诲令我终生受益,他是孙机先生,中国历史博物馆的研究馆员,史学界的名人。迄今他一定忘记曾有过我这样的'一面之学生',但我却永远地记得那'一面之交'。"(刊于我的杂文集《人穿衣与衣穿人》)

先生讲到唐代服饰,令我印象深刻。他作了一个有趣的比喻，一个超现实的比喻——"穿越"。他说，假如一个汉朝人沉睡三百年后醒来，忽然置身于着幞头、圆领袍、䚢䩞带、长勒靴的唐朝人物面前，一定会觉得眼前服饰不胜新奇，他所见的满大街皆是胡服。"……唐代男装常服吸收了胡服褊衣的若干成分，将汉魏以来的旧式服装全盘改造了的缘故。唐代女装也摆脱了汉代袍服的影响，接受了一些外来因素，形成了一整套新的式样。"

在三十年前用"穿越"的思维着实显示孙先生的思维活跃、前卫。令人肃然起敬。孙机先生没有考古、典集式的迂腐，而是对历史有特别清醒的认识，其历史知识之广博，足见其厚积功夫与思维超脱。聆听一番启蒙之后，不胜叹服，不胜钦敬。

那天乃至以后，我倾心于中国服装史的兴趣，得益于那一天孙先生的指点。对这个几乎陌生的伊甸园，是孙先生携我才得以蹒跚入园。

我在香港理工大学的研究也就是在孙先生的启蒙下确定了论文选题，研究唐代服装的"胡"化之实之源之由之why……

偌大的研究项目让我兴奋不已。

确定了思路以后便在香港潜心研究，对我而言，是跌跌绊绊的过程。但这两年的研究过程中，提升了我的史论知识储备，培养了我的史论思维，皆因孙先生指点之故。

从服装视角俯观大唐盛世，恰因其开放，致其繁荣昌盛。以唐朝最典型的男装圆领袍为例，其形制窄袖、圆领，皆非汉民所着。也如宋人沈括言"自北齐来，皆胡服也"。究其原因分析"为什么"，颇具挑战。

唐之前之后战争频繁，唐东征西讨，大破突厥，战败吐蕃，招安回纥，皆是民族融合的基本条件。李唐皇室皆混血，其母系"皆是胡种，而非汉族"，这也是重要缘由之一。陈寅恪"汉人与胡人之分，在北朝时文化较血统尤为重要……血统何在，在所不论"。导致唐人的性观念有着极强的游牧民族"夫兄弟婚""妻姐妹婚"的特色。故唐人的民族心态往往以文化界定而非血统。如金观涛言："中国士大夫心目中的民族认同符号已可能超越了种族、语言和政治组织实体，达到古代社会很难具有的某种世界主义境界。"其余种种不赘。

孙先生给的选题建议让我沉浸在良好的研究中，获益良多，获益匪浅。但最终论文的成文，并不令我满意，其体量、内容完全没能达到我的预期。

跌跌绊绊地走完这一段以后，我又寻觅孙先生的论著阅读，犹如继续先生对我的教诲。他的《中国古舆服论丛》展示了先生在这个领域里研究的精湛成果，其中对唐女装的论文将唐装分析得淋漓尽致。反顾自己撰写的唐代服饰浅薄拙论,终究未敢再叩孙先生的门。

孙老在他的论丛中写道:"……对舆服史上的若干主要问题试加梳理,以期为将来更有分量的舆服史之撰述,充拥彗清道之役,这就是笔者的厚望了。唯斯学蹊径乍辟,巉岩犹横,文献记载与形象资料中难解之处尚多。偶或不揆梼昧,略事考证,窥管抛砖之衷,先进来哲,幸鉴而正之。"智者尚谦,晚辈汗颜。

20世纪末,我的兴趣点转向近现代服装历史,合著完成了一部20世纪中国百年的服装演化史《百年衣裳》(读书·生活·新知三联书店出版)。在2018年中国纺织出版社纪念沈从文先生的论坛上,晚辈方敢将此拙作赠予孙机先生。赠书会上,意外的是孙先生接到拙作后说,这本书我读了不下十遍……当即令我无比惊诧与感动,难以言表。

"经师易求,人师难得。"作为一位学识渊博的大家,孙机先生的学品一流,人品一流。他为人谦和,平易,豁达,他永远活在我心里。

(作者单位:北京服装学院。原载《中华读书报》2023年12月20日第7版,收入本书时略作删减)

孜孜问学的一生

黄燕生

我与孙机先生接触较晚。孙机先生是1979年到博物馆考古部工作的,办公地点在西朝房;我是1982年毕业分配到保管部通史资料室的,资料室位于博物馆大楼一层西南角。我们见面不多,但我很快就对他有所了解。当时资料室藏书有限,又没有开架阅览室,很多资料要到馆外查找,外借台有两本集体借书证,一本是中国科学院图书馆的,一本是北京图书馆的,凭集体借书证去这两馆借书,比个人借书证可借图书的范围要广,数量要多。这两本集体借书证经常不在,一查登记本,往往是在孙机先生手里。1983年春,我被借调到国家文物局职称办公室,那时职称评定刚刚恢复,规章尚不健全。受领导指派,我在各单位报送的材料中筛选出一些研究成果多的典型范例。当时革命博物馆与历史博物馆已分开,在历史博物馆报送的申报副研究馆员的材料中,有两人比较突出,一位是宋兆麟先生,其论文按照研究领域分为若干类,每类列举代表作十篇;另一位就是孙机先生,论著按年编号,不仅成果丰硕,而且书写隽秀,犹如硬体书帖一般,给我留下了很深的印象。至今我还保存着一份孙先生手书论著目录的复印件。职称评审在1983年夏突然暂停,1986年才恢复,1986年评审通过的副研究馆员中有部分就被认定为1983年的,其中的宋兆麟先生和孙机先生,在1986年的评审中还被评为研究馆员。那时我已回到馆里,馆里同事都认为这两位是由中级破格评为正高的。后来我才知晓两人是北大历史系考古专业1960届毕业的同班同学。

1992年至1997年我调到陈列部参加中国通史陈列修改,考古部的办公地点也挪至馆东门外,但与孙机先生也不常见面。大约是1998年底,当时我已调回图书馆工作,一天孙先生到图书馆找我,说他承担了国家文物局的一个项目,编辑《中国古代印刷文物图集》,希望我能参加。我当然很高兴,很快按分工完成了明代刻本的选目。清代刻本选目记得是文物出版社孟宪钧先生完成的,而唐宋元选目由孙机先生自己撰写而成。此项目的论证会于1999年8月在国家文物局举行,规格很高,傅熹年先生、李

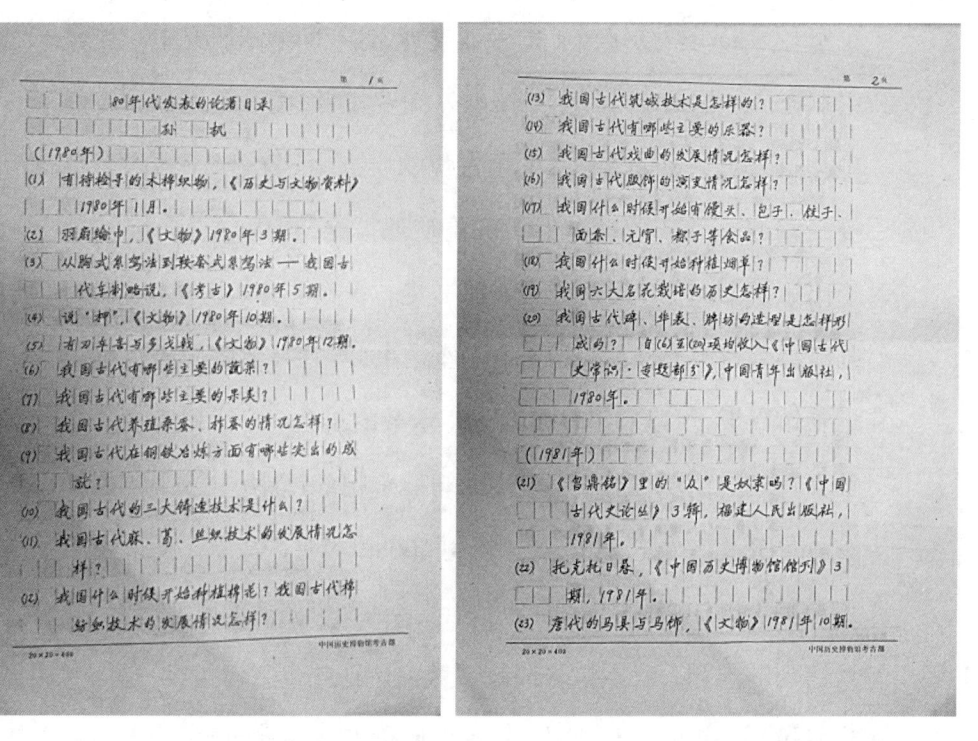

孙机先生手书论著目录复印件

致忠先生、罗树宝先生等前辈都参加了。可惜这一项目因各种原因没能进行下去。

我与孙机先生有较多接触交流，是在2008年至2010年兼任学术研究中心主任期间。当时正值国家博物馆改扩建工程期间，全馆人员在三元桥临时办公楼办公。办公楼三层有会议室和阅览室。为提高博物馆员工的专业素养，这期间学术研究中心受命组织每周一次的学术讲座，馆内外许多知名专家都应邀授课，其中孙机先生主讲的课程"中国古代物质文化"持续时间最久，也极受欢迎。后来孙机先生将讲稿整理扩充，由中华书局于2014年出版，当年就荣获了好几项图书奖。我除了参与讲座组织，因临时办公楼没有食堂，孙先生讲座结束后，往往要陪同先生到附近餐馆用饭，所以有了较多向先生请教的机会。学术研究中心还负责馆刊的编辑工作，孙先生返聘后承担《中国历史文物》的终校。孙先生校稿极其认真。记得2008年9月的一天，我正在京郊参加《方志中国》文献片审稿会，接到孙机先生的电话，要和我谈馆刊的问题。我连忙告假赶回城内。孙先生急切找我，是因为当时馆刊编辑部人员短缺，三校之后仍发现许多问题，为保障馆刊质量，他建议调整编辑部人员。我将孙先生的意见向馆领导汇报，不久董琦副馆长兼任了馆刊主编，又调入了李维明博士做编辑，后来相继调进一些年轻人，编辑队伍得到充实。孙先生也改任终审。

　　孙机先生对所承担的工作认真负责，见不得任何瑕疵。在学术研究上也一丝不苟，容不下些许错漏。1998年我将新出版的《宋仁宗　宋英宗》一书送给孙先生，一天孙先生特意到图书馆找我，见人多又引我至花园，很郑重地说："你那本书内容很全，但其中一节的标题'太后殡天'用错了词，应该是'宾天'，加歹字旁，那是犯了大忌的。"孙机先生就是这样一个性格直率的人，从不假以颜色。我与他都是《古代中国陈列》总体组成员，讨论大纲修改时，不论是馆领导讲话还是老专家发言，如果孙先生认为有欠妥之处，都会当场指出。2005年，孙机先生在馆刊发表《简论"司南"兼及"司南佩"》，对王振铎先生设计的司南模型提出质疑，认为王先生设计模型依据的是《论衡·是应篇》中所述的"司南之杓，投之于地，其柢指南"，用的是明通津草堂刻本；而历史博物馆旧藏的南宋刻本前四字是"司南之酌"，因而不应将司南设计为勺子形状，司南应为指南车。司南模型长期摆放于表现三大发明的展柜，其图片也进入一些教材，因此引发了很大争议。2005年，孙机先生在中国科学技术史学会作专题报告，在会后的讨论环节中，有学者提出，关于司南是什么，还要等待考古实物出现才能确认。孙先生当即回应："因为它无可等待，如果没有这个东西，你等什么呢？"

我与孙机先生的另一次长谈就与司南相关。2010年春，孙先生将看到的有关司南的各种观点做了梳理，写了篇《再论"司南"》，准备在馆刊发表。其中一些措辞比较激烈，编辑看后不敢修改，提交到部门。那时新馆大楼已建好，我们也搬至新馆办公，我也不再兼任学术研究中心主任，专心筹备新图书馆的开馆。可能是考虑到我与孙先生关系尚洽，学术中心孙彦贞副主任找到我，希望我出面与孙先生谈。我虽然答应了，但考虑到孙先生的一贯风格，内心还是很忐忑。果然，孙先生见我拿着校样进来，反应强烈，不待我说话，就开始讲述他撰写这篇文章的依据，我已记不清是如何谈下去的，只记得孙先生沉默了好一会儿，最终说道："我知道这不是你一个人的看法，我会再考虑的。"我如释重负，马上到办公室转告大家。大家都说孙先生很给我面子，我自己感觉是孙先生对晚辈的体谅。后来得知，孙先生自己撤下了这篇稿子，经过多次修改，迟至2018年才在馆刊发表，那时我已经退休了。

　　追忆与孙先生几十年间的点滴接触，我深切地感到孙先生是一位孜孜问学、心无旁骛的学者。学术研究几乎成了他生活中的全部内容。与孙先生聊天，若与学术相关，他便滔滔不绝，引经据典；谈及其他，他则一言不发，似与己无关。好在孙先生与我同样有啤酒之好，但也只是小酌一杯。孙先生早年曾随沈从文先生学习文物知识，沈先生到历史博物馆后经常在展室义务讲解，孙先生也到展室旁听，他说过沈先生是他服饰史研究的启蒙老师。孙先生到历史博物馆工作后，接续了沈先生的遗风，也经常为一些重要展览作讲解，1997年，中央大厅举办《全国考古新发现精品展》，我到现场旁听了他的精彩讲解。孙先生提携后辈，关爱青年，向他请教问题，都能得到极为耐心的解答。在送别孙先生时，我方得知，已经九十三岁的孙先生不久前曾在家中跌倒受伤，但他仍到馆内对青年进行指导，令人感喟不已。

孙先生一生孜孜问学，并能持之以恒。20世纪70年代，历史博物馆承担了《中国古代史常识》第五册专题部分的撰写，此前已出版的四册分别是关于先秦、秦汉魏晋南北朝、隋唐五代宋元和明清的，是断代史体系的，第五册则按物质文化史拟题。全书七十一个题目，孙先生承担了其中的十五个，涉及中国古代饮食、纺织、服饰、铸造、筑城、音乐、戏曲等。因是为青年编纂的普及读物，所拟题目极简明，如："我国什么时候开始有馒头、包子、饺子、面条、元宵、粽子等食品？""我国古代有哪些主要的蔬菜？""我国什么时候开始种植棉花？我国古代棉纺织技术的发展情况怎样？"此书由中国青年出版社于1980年出版，我在上大学时就看到了。当年参与撰稿的有三十人，大多没能继续从事这方面的研究，只有刚刚调入历史博物馆的孙先生以此为契机，开启了他探讨古代物质文化的漫长旅途，从《汉代物质文化资料图说》到《中国古代舆服论丛》,从《寻常的精致》到《中国圣火》,从《仰观集》到《中国古代物质文化》,从《华夏衣冠》到《从历史中醒来》。一步一步,每一步都是那样扎实,那样掷地有声。

大约二十多年前,在纪念沈从文先生诞辰一百周年座谈会上,孙先生有一个发言,用四个生动事例说明了在博物馆开展古代物质文化研究的必要,至今我仍记忆犹新。他说,徐悲鸿先生画《田横与五百壮士》,本是秦末汉初人的田横,却穿着隋唐时期才流行的圆领袍,佩戴明代样式的宝剑;电视剧《三国演义》中的曹操,头盔上装饰着日本镰仓时代才出现的被称为"锹形"的一对犄角;电视剧《马可波罗》中的忽必烈摘下帽子后,竟露出一个大光头,而不是那时期被称为"婆焦"的用小辫子绕成的发环;《红楼梦》中妙玉给宝钗喝茶的杯子,是一件明清时期才较常见的葫芦器,上面却有晋代王恺、宋代苏轼的刻款。他认为,不能苛求古今文学艺术家也都首先成为历史学家,而是应该像沈从文先生那样,从古代服饰入手,深入研究古代各类文物,将中国各个历史时期的制度风俗搞明白,并提供给社会各界,不然就会出现张冠李戴、汉唐宋元一锅煮的各类作品了。

孙先生八十二岁那年,在自编论文集《仰观集》的后记中,谈到他为什么能够持续进行馆藏文物的研究。他说:"博物馆是文物的殿堂,而文物是人类文化成就之物化的见证。在博物馆服务,有幸和这些世间珍异朝夕谋面,没有理由不掬其丹诚,倾其绵薄,去揭示它们的内涵,阐扬它们的意义。"孙先生这段话,是对自己在博物馆从事学术研究的漫长旅程的一段小结,也可成为博物馆从业者的一段铭言,我们当置之座右。

孙机先生千古!

(作者单位:中国国家博物馆)

服饰为缘

赵　丰

我知道孙机先生，其实是在早年与王㐨先生的交谈之中。他们共同的关注点是古代织物和服饰，但王㐨先生先前在考古所里接触实物较多，后来孙机先生在博物馆里接触实物则更多。所以，王㐨先生更多地研究织物，孙机先生则更多地研究服饰。我平时以做织物为主，服饰很少，所以和王㐨先生更熟一些。但许多年来也常得孙机先生教诲，近年更应国博之邀，应聘成为孙先生创立的舆服研究所的成员。孙先生学问深广，是一部中国文物的百科全书。我无法追随和评价孙先生，这里只是回忆以服饰为缘与他的一些交往，作为追思。

一、隔空荐后学

与孙先生的第一次正式交集，我已不很记得了，但不迟于2005年5月12日在中国文物研究所召开的《中国古代发明创造综合研究》的可行性研究会。会议由国家文物局罗静处长主持，当时来了许多科技史和文物界的大腕，其中也有孙先生。我记录中记得最多的是，任何一个项目他先要设定问题，设定目标，再进行研究，并解决问题。这就是问题导向，问题导向是做学问的最基本方法。

但影集中查到我和孙先生之间最早的合影是在2005年8月12日于北京召开的"国家文物鉴定委员会全体会议"上。国家文物鉴定委员在我眼中是一个非常令人羡慕的称号，因为前辈陈娟娟先生曾经是织绣领域里唯一的鉴定委员。国家文物鉴定委员会成立于1983年，但到2005年时已有十五年未有增补，在世的委员越来越少，新委员的增补十分迫切。

国家文物局对此十分重视。当天的会议由童明康副局长主持，单霁翔局长讲话，董葆华副局长出席。会上傅熹年先生被任命为主任委员，史树青、耿宝昌、孙机先生被任命为副主任委员。

2005年8月12日，与孙机先生合影

我也忝列国家文物鉴定委员，分在杂项组中。组中还有王世襄等老委员，也有杨泓、张淑贤、夏更起、胡德生等新委员。

会后，童明康副局长对我说，我是当时最年轻的委员之一，是唯一做科技鉴定的委员，但也是争议最大的委员。为什么会是争议最大的？我并不知道，后来老友扬之水告诉我，当时站出来推荐我的，正是孙先生。孙先生用了几乎十五分钟的时间来介绍我所做的工作，解释了大家的疑惑。至于具体讲了些什么，我并不知道，后来也没有再问。现在童明康副局长和孙机先生两位同时仙逝，令人痛惜不已。孙先生和我在此前并不很熟，却能如此隔空提携后学，令我感动，同时也更敬佩孙先生对学术动态的了解。

二、东瀛鉴国宝

因为参加了国家文物鉴定委员会，我也多了一些和孙先生更为接近的机会。2011年1月16日，在国家文物局的安排下，我随孙先生一起赴日本鉴定文物，同行还有夏更起、陈克伦、吴旻等人，我们鉴定的文物主要是一些古代漆器和宋代缂丝。宋、明、清历代漆器由孙先生和夏先生主看，我只在边上看看纹样。

1月17日下午，我们一起在横田好古家看了两件宋代缂丝。两件缂丝都是典型的宋代花鸟纹样，其中一件可称为缂丝紫鸾鹊，以紫色的纬线织出底色，画面布满了牡丹花纹，花间则有三只较为完整的鸾鹊飞舞。这是中国古代书画中最为珍贵的包首材料，在《齐东野语》《南村辍耕录》等书中均有记载。孙先生对这两件缂丝也非常赞赏，对它们的真实性、艺术性、科技性都给出了很高的评价。

跟随孙先生出行，他就是一部行走中的中国文物百科全书。

2011年1月18日，与孙机、夏更起、陈克伦、吴旻、孙峰在日本平和公园合影

我们走到哪里，他总给我们讲到哪里。我的电脑里保存着一段孙先生说宋代点茶的视频，让我回想起这是我们一起在日本最后一次餐前用茶时，孙先生顺便谈起了点茶和斗茶，并从当时喝茶的习俗，来解释茶具、茶碗等器型的形成原因。这其实就是艺术和科学的结合。我也相信，历史上文物造型的形成一方面是因为好看，另外一方面是因为好用。

三、国丝论宋明

2016年中国丝绸博物馆完成了改扩建工程，馆里条件有了较大的改善，所以我也很希望能邀请孙先生来杭州做客，特别为常来我馆参观的广大服饰爱好者讲讲中国服饰史。

2018年，因为日趋升温的汉服热，我们决定在国丝馆里举办"国丝汉服节"。我的想法是要充分利用馆藏文物和学术资源，为传统服饰文化爱好者提供学习、交流、鉴赏和提升的平台，打出"让文物活起来，让生活更美好"的口号。4月21日和22日，我们举办了第一届国丝汉服节，孙先生应邀来到杭州，做了题为"宋代服饰变化的历史原因"的专题讲座。2019年4月27日和28日第二届国丝汉服节的主题是"明之华章"，我又邀请了孙先生和老友扬之水两位同来，孙先生为我们做了题为"明代在服装史上的继承和创新"的讲座。孙先生的两场讲座都座无虚席，还为听众仔细解答了许多疑问。其实我也多次听过孙先生的讲座，他经常会从常识的角度出发，对一些流行的观点提出质疑，再用大量的史料和文物来证明。讲座之后，孙先生也观看了和汉服节配套进行的文物鉴赏等环节。孙先生还为我们留下了观看《梅里云

2019年4月27日，与孙机、扬之水合影

裳》明代服饰展览后的墨宝，题写了"博物工坊"和2020年国丝汉服节"宋之雅韵"的活动名称。

孙先生身体极棒，八十多岁时还都是骑自行车到国博上班。但他2019年来杭州时已是九十高龄，当年的汉服节我们还召开了"'一带一路'文化遗产保护和可持续发展高峰论坛"，上海大学党委副书记段勇见了我，说我胆子太大，所以我后面再也不敢邀请孙先生高龄南下了。

四、国博商复原

孙先生平时工作是在中国国家博物馆。国博自沈从文先生起已开创了中国服饰史的研究天地，到孙先生时更成为这一领域的研究高地。我一般见孙先生都来国博，记得最早一次还是在中国历史博物馆时期，我要走过历博的屋顶才能到孙先生的办公室。孙先生出来接我，戏称这是爬雪山过草地。

自2018年起，在春法馆长的大力支持下，孙先生出任国博终身研究员及国博研究院名誉院长，建立了舆服研究所，并开始筹划中国古代服饰史展览。服饰为缘，我也和孙先生有过几次商量。孙先生觉得中国古代服饰的资料比较散，展览要靠文物，但绘画文物多是平面的，真正的服饰文物铺在那里也是平面的，不好穿起来展示。所以想做一批复制的实物，每个时代各选一到两件代表性款式。当时他一方面与北京服装学院合作，另一方面也找了我和我所在的东华大学及中国丝绸博物馆。

2019年年初，孙先生知道我要来北服开会，就特别约我见面一聊。1月7日，我和包铭新兄一起去看了孙先生。孙先生带我们看了当时一个打击盗掘的展览和"汉世雄风"特展，后来又签名送了我们新版的《中国古舆服论丛》。然后，我们面商了复制服饰的想法。依靠图像进行服饰复原，我总觉得做出来不真，比较倾向于做一组以出土服饰为依据、从面料开始进行原工艺复制的实物。后来我和王淑娟一起在当年4月拿出了中国古代服饰史的一个复制方案，计划复制历代服饰十五件套。可能是因为实物面料的复制涉及原工艺研究，时间比较长，成本也比较高，最终孙先生没有选中我所提供的方案。但在与孙先生的历次交流过程中，我依然学到了很多很多他的研究方法和策展思路。

近年来，国博连续每年都召开"中国古代服饰研究论坛"，形成了一个品牌，孙先生也总是让我的学生蒋玉秋转达参加论坛的邀请。2020年人们见面都不容易，但当年的论坛还是在10月8日召开了，会上也见到了杨泓先生。我讲的是马山楚墓龙凤虎纹绣单衣的复原方案，致敬国博自沈从文先生以来对服装史的研究。

2021年年初，由孙先生策展的"中国古代服饰文化展"在国博开幕，盛况空前。4月6日，我去国博看展，原本我没有计划看望孙先生，但那天恰逢孙先生为国博新进人员讲课，讲的题目是"对馆藏古代文物的认识和研究"，我也借机见了孙先生一面。我与孙先生以服饰为缘，有过不少交往和向他学习的机会，但没料到这竟然成了我与孙先生的最后一次见面。孙先生健硕的身

2020年10月8日，与孙机、杨泓、葛承雍、丁鹏勃合影

影和慈祥的音容依然时时出现在我眼前，他勤奋、博学、严密、独立的方法和精神依然激励着我，他牵起的服饰之缘不会断绝。

2023年6月18日于杭州冻绿斋

（作者单位：浙江大学艺术与考古学院）

天下谁人不识君

姜舜源

我于2012年年初调入中国国家博物馆学术研究中心，专职做学术研究和编辑工作，与孙机先生在同一部门，两间办公室正对门。孙先生是前辈专家，我是后学，理所当然尊重老先生。他是青岛人，我是烟台人，心理上有一种自然的亲近感，因而较少敬畏，较多亲切，无话不谈。我毕业后曾在故宫博物院工作多年，师从单士元、朱家溍、郑珉中，也多向杨伯达、徐邦达、冯先铭、耿宝昌、王朴子、于倬云等当时故宫其他老专家学习，孙先生也很熟，因而有许多共同话题。话题不但包括学术问题、业务问题，还有专家往事甚至日常琐事。这些话题往往是中午在国博食堂吃饭时说起。一段文博往事，再加一段逸闻趣事，在孙先生那里变成一席笑谈，一顿饭也吃得津津有味。偶尔有些事也令人心中不平,他就会说:"影响你用餐的好心情了。"

一、历经磨难,初心不改

孙先生于1949年6月考入中国人民解放军华北军政大学学习,当时只有20岁,此后到1954年,相继在北京市总工会及其下属的北京市劳动人民文化宫工作;1955年考入北京大学历史系考古学专业学习。他是新中国培养出的新一代青年大学生,是时代骄子。在后来的政治运动中,他受到了冲击及不公正对待。与孙先生聊天,他从来不提这段遭遇,我也从来不问,而在文化宫等时期的往事常常被提起。比如他在文化宫的办公室位于端门东廊的后墙外,当时历史博物馆在午门到端门及东西两廊办公,沈从文先生的办公室在东廊里。如果走文化宫正门进来找沈先生,要绕上一大圈,他就从沈先生办公室的后窗户跳进办公室里。到文化宫之初,为开展文化活动,他被领导派去学习小提琴。这位琴师招了两名学生,他之外是一位九岁的小姑娘。小姑娘起初叫他"叔叔",后来小姑娘技艺进步很快,他则进步很慢,于是不久后,小姑娘就改口叫他"大哥哥"了。他说看来再过一阵就该叫他"大侄子"了,他干脆放弃不学了。我想起刚毕业时也想学拉小提琴，当时在恭王府的中国音乐学院的一位教授指教我说：第一，小提琴等乐器要从小就学，不能半路出家；第二，这些乐器都必须拜师学艺，不可能自学成才。孙先生也是因此缘故终止学习小提琴的。有一次他讲起他的父亲在日寇侵华占领青岛时期，被日本兵所害。那时他年龄很小，父亲生前的事记得的不多。当他忆起这段往事时，看不出他怒火满腔，但感受得到他心中的国仇家恨。后来谈起一度兴起的"周作人热"，他颇不以为然，说："他们忘记了日伪时期周作人挎着洋刀，在天安门前检阅日伪军警，那副狐假虎威的鬼样子。"这时没有更多交流，但我们心中都明白：一个丧失民族大义、甘当日寇走狗的汉奸，配谈什么中华文化！

　　相处得久了，我体会到有些往事他不提，并不是认为不堪回首而选择性地忘却了，而是已经进入"虚舟有超越，洞庭空波澜"的空明化境，那些事根本不值一提。不平的遭际往往使人的世界观、人生观、价值观乃至为人处世都发生很大变化甚至扭曲。日久见人心，我接触到的孙先生，是历经磨难而初心不改并得以升华的那种人。即使到了暮年，他对国家、对社会仍然保持着一颗赤子之心，家国情怀愈发深沉。《孟子·离娄下》有云："大人者，不失其赤子之心者也。"孙先生与人为善，乐见其成；奖掖后学，助人为乐；爱护晚辈，心向未来；长存利人之念，而无防人之心。

他把学术中心的年轻人当成了自己的孩子。从外地出差回来，把人家送他的玉饰分给小伙伴们，说："没成家的每人一件。"有小伙伴要找对象了，他就开玩笑式地建议一个目标：高标准的是什么样，最低红线在哪里。我将这些条件归纳为"子建的才、潘安的貌"，他大笑不已。他希望看到后学、年轻人成长起来，为他们取得成就而由衷地高兴。他的几本结集陆续出版，每次他都送我们每人一本，而且在扉页上认认真真写上赠言，留下款识。论文集发行量一般不会太大，如果再自费买上一堆书，版税就所剩无几了。

2015年7月，人民日报社编写的《习近平用典》繁体字版在香港出版，我应邀担任责任编辑。孙先生得知消息，专门经过我的办公室向我祝贺说："这件事做得好。既是业务上的成绩，也是政治上的贡献。"他还把样书拿回他的办公室欣赏一番。2018年，人民日报社继续编写《习近平用典》第二辑，这次从一开始我就应约担任国内版首席特邀校订，并仍旧担任繁体字版责任编辑。他对此都给予了热忱肯定，为我取得的点滴成绩而高兴。

孙机先生在著作扉页上签名

二、学术报国,犹日孜孜

我到国博工作时孙先生已经八十三岁,依然天天上班,最后几年是每周二来馆,如遇工作需要则随时都到。他虽然进入耄耋之年,但犹日孜孜,来上班时总是关在屋子里写文章,到了餐点,就和大家一起乘电梯下楼去食堂吃饭。他不用电脑打字,总是用钢笔一笔一画地书写。有一次我歪批三国,说您的字有些"苏体",孙先生说不喜欢苏东坡。因为五代李后主时在宫人中兴起裹脚,到北宋时尚未普及至民间,有人撺掇苏东坡写文章推波助澜,结果这老兄照办。借助名人提倡的效应,这种恶风陋习从此大行其道,禁锢中国妇女一千年。因此孙先生对苏文豪很有意见。此事我尚未核查,但后来从明嘉靖时彭大翼辑《山堂肆考》中,看到有苏轼与友人以使女春娘交换白马,春娘不堪受辱,"触槐而死"之说。总括而言,苏轼不尊重妇女的确是事实。

2012年至2013年,孙先生说起有一家企业计划投资200万元,请他主持复原汉代服饰,当然也少不了给他的报偿。孙先生说,人家企业是为了赚钱盈利,我们做学术研究是为了弘扬文化,目标不同,所以他婉拒了。十八大提出培育和践行社会主义核心价值观,后来中央领导机关组织有关专家,发掘传统文化特别是文物中,分别表现"富强、民主、文明、和谐、自由、平等、公正、法治、爱国、敬业、诚信、友善"的代表性文物。这项工作是义务劳动,但孙先生欣然接受了任务,并为此工作煞费苦心,以自己的所学奉献国家和人民,体现出学术报国的崇高精神。他说,这12个词24个字,有的相关历史文物非常丰富,比如富强、文明、和谐;有的不突出,比如民主。封建社会是专制的,与民主背道而驰。

毛主席的《新民主主义论》中指出："清理古代文化的发展过程，剔除其封建性的糟粕，吸收其民主性的精华。"我国古代也有原始的民主思想，历史文物中也包含民主性的精华。我提出天安门华表，孙先生说："我们想到一起了。"华表源出四千年前尧舜时代的"诽谤木"，其功能略似以前的"公众意见箱"和如今各级政府网的举报信箱。"尧立诽谤之木，舜置敢谏之鼓"，百姓将当政者的施政缺失直书于诽谤木上，它体现了远古中华政治文明的民主传统。

晚年，孙先生相继出版了《仰观集：古文物的欣赏与鉴别》《从历史中醒来：孙机谈中国古文物》《中国古代物质文化》《汉代物质文化资料图说》《中国古舆服论丛》等书。这些书是他一生学术研究成果的结晶，在相关历史文物研究领域，是一个时期的代表性研究成果，多为不刊之论。他送我的几本大部头著作，如今都好好地收藏在书匣里。遇到众说纷纭的疑难问题，我就从中寻线索、找答案。中国国家博物馆于2021年年初推出的"中国古代服饰文化展"，是孙先生晚年的心愿和奋斗目标。这是全国第一个全面系统展现中国人各历史时代服饰面貌的专题展览。展览开幕至今一直门庭若市，常常需要排队多时方能入内。

三、文物共欣赏，疑义相与析

东晋陶渊明《移居》诗说："昔欲居南村，非为卜其宅：闻多素心人，乐与数晨夕。""邻曲时时来，抗言谈在昔；奇文共欣赏，疑义相与析。"有时我想，我们可能更像是孙先生的"邻曲"，守望相助之外，更是谈古论道的忘年之交。

我熟悉的名家，可谓各具典型人物的典型性格。如果说金庸先生睿智，饶宗颐先生沉静，单士元先生幽默，朱家溍先生通达，徐邦达先生儒雅，冯先铭先生潇洒，杨伯达先生霸气，郑珉中先生高洁，耿宝昌先生蕴藉，那么孙机先生的突出特征就是认真。孙先生是考古学出身，一生从事文物研究。他常说的一句话是："靠实物说话。有一分事实得一分结论。"他认真但不拘泥，乐于接受新知识。我到国博之后主攻明清史，特别是清史。清史研究与其他朝代历史研究的最大不同，是史料特别多，当事人恨不得自己都能站出来"口述历史"。2019年9月，时值孙先生九十岁生日，国博举办了"中国古代服饰与礼仪学术研讨会"。事前半年，孙先生就嘱咐我撰文参会。我跟他汇报说，打算写的题目是《清代官服有关史实辨证》。旧说清廷入关之际，明臣金之俊以

"十从十不从"为条件降清；实际上，金之俊本人在顺治元年五月初八日薙发降清，"十从十不从"无从谈起。清代特有的"入八分公""未入八分公"，指宗室成员的八件待遇：宝石顶、团龙褂、开气袍、紫缰、朱轮、门钉、茶壶、家将。八分之中舆服居五——宝石顶、团龙褂、开气袍、紫缰、朱轮，说明舆服制度在清代社会生活中具有重要作用。说起清代著名的顶戴花翎，花翎起初只赏宗室贝子以下及御前侍卫，为的是美观，并不是典章制度。乾隆帝的孙子们见花翎好看，都纷纷要求爷爷赏赐。乾隆帝说孩子们喜欢就赏他们吧，一时兴起，甚至还想颁发五眼花翎。后来以花翎赐亲王、郡王，再后来推广至文武大臣，成为一代典章。孙先生初闻以为是戏说、演义，后来见于清太祖努尔哈赤九世孙、礼亲王代善六世孙、康亲王杰书之孙昭梿的《啸亭杂录》以及其他时人笔记、文集等一手史料，有别有洞天之感，颇予肯定。

大约是2021年冬天，有一次午餐时与孙先生隔着几个位置坐，饭还没吃，他忽然说："你这几篇清史文章非常好。"我哪里承受得了如此肯定，赶忙说："这是您对我的鼓励，我一定朝这个方向努力。"孙先生很郑重地说："我说的是实话。"我素知孙先生一向甚少臧否人物，他应该是意有所指，我得弄清楚以便照这路子继续做下去，就问："您说的是哪一篇？"他说："这几篇都很好。"

2018年7月12日，与孙机先生在国博食堂用餐（摄影：王方）

我翻查了一遍，除《清代官服有关史实辨证》收入那次学术研讨会论文集之外，还有《中国国家博物馆藏〈丕翁先生巡视台阳图〉考——兼及统一之初"权独隆焉"的巡台制度》，发表在国博馆刊2021年第9期，孙先生的文章《盠驹尊的造型是代表骒驹吗？》之后，孙先生一定看得到。我近年来关于清史的其他文章，他看到的应该还包括馆刊上登载的《国博藏清"皇帝之宝"考析》和《国博藏传清太祖太宗手书文书考》等。不管是不是这几篇，孙先生的肯定都是我的莫大荣耀，是对我的莫大激励，我应该加倍努力,不负厚望。

  日月忽其不淹兮,春与秋其代序。2022年春节后不久,我就要离开国博了。我走得仓促,来不及和孙先生道别,嘱托了他的弟子代为转达:一俟安定下来,再回来看望他老人家。后来我跟一位老领导说到此事,老领导很赞同这一做法,说其实上了年纪的老人并不喜欢别人与之道别。碌碌无为又一年,一年更比一年忙,一年多了也未能回去看看。时至6月,忽然传来孙先生仙逝的讣闻。虽是盛夏,伤别之际,心中却想到高适《别董大》的情景:"千里黄云白日曛,北风吹雁雪纷纷。莫愁前路无知己,天下谁人不识君。"孙机先生,这位中华文化的优秀传人,追随先辈的足迹,拜会中华民族的先圣先贤、列祖列宗去了。天下谁人不识君!

  (作者单位:中国国家博物馆)

探微求实,大家风范

钟少异

孙机先生是中国古代物质文化史研究的一代宗师,其研究兴趣和涉及面非常广泛。古代兵器是其涉及的领域之一,科技文物是其毕生关注的重点。孙先生在这两方面所做的工作,有一些不大为人所知却很有意义。我根据个人的了解略述其事,谨表对先生的感念和缅怀。

一

孙机先生对古代兵器的研究主要集中在20世纪80年代,那时他正在编著学术力作《汉代物质文化资料图说》。兵器是物质文化的重要部分,这部大书中的一个专门部分是汉代兵器,为此他对汉代兵器资料进行了广泛的收集和研究，并前溯商周，下及晋唐，进行联系分析。当时他发表的《玉具剑和璏式佩剑法》一文纵论春秋战国直至隋唐时期中国佩剑方式的发展变化。此文也有把古兵器研究与服饰文化研究相融和的倾向，因为服饰文化是孙先生研究古代物质文化最关注的重点之一。古代服饰的一个重要内容就是怎么佩剑佩刀，孙先生此文至今仍是这方面最重要的文章。

当时还有一个重要的契机。80年代初文化事业百废俱兴，"科学的春天"到来，国家组织编纂《中国大百科全书》，军队受命编纂《中国大百科全书》中的军事卷。为体现中国特色，军事卷中专门设立了中国古代兵器学科，邀请孙机先生撰写弓、弩、床弩等条目。《中国大百科全书》第一版的条目撰写人，大多是各学术领域的知名专家。孙先生因在中国古代物质文化史和科技文物方面的学术造诣，承担了古代兵器中技术性较强的抛射武器系列条目的撰写。孙先生把上述两个方面的工作结合了起来，令其相得益彰。

我那时刚从大学毕业来到军队，参加了《中国大百科全书》军事卷的编写工作，因而经常与孙先生联系接触，向他求教请益，得到孙先生多方面的指导和帮助，受益良多。孙先生甚至把尚未出版的《汉代物质文化资料图说》稿本复印件借给我们学习、参考。该书的所有图版都由孙先生用大号纸手绘拼组。稿本复印件很大，图很清晰。正式出版后，书中的图都大大缩小了，反而没有稿本复印件好用。

孙机先生非常关注古代兵器的技术性问题，这与他对科技文物的毕生浓厚兴趣是分不开的。他撰写《百科全书》的古兵器条目和《汉代物质文化资料图说》的兵器章节时，对战国秦汉弩的复原做了细致的思考。之前杨泓先生根据战国楚墓出土的弩的残件绘制发表过一幅战国弩的复原示意图，孙先生仔细分析此图后认为，杨先生的复原总体上是很合理的，但弩弓和弩臂的绑缚固定方式有些问题，容易松脱。他对杨先生复原图的这个部分进行了修改，重新绘制了战国弩复原图。在绘制《汉代物质文化资料图说》中的汉弩复原图时，他对弩弓和弩臂的绑缚固定方式也是如此处理，这得到了杨先生的肯定。恰在那时，中国军事博物馆筹建古代战争馆，就以孙先生修订的复原图为依据，制作了战国弩和汉弩的复原模型。这个复原此后便成为中国弩研究者广泛引用、复原者必须参考依据的经典。众所周知，杨先生和孙先生是中国文物考古界意趣相近、非常投缘的两位名家，曾合著《寻常的精致》一书。战国弩复原图的修改，也是体现他们两人

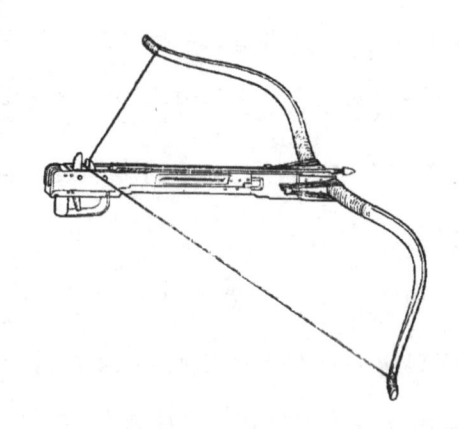

战国弩复原示意图（《中国古兵器论丛》，第137页）

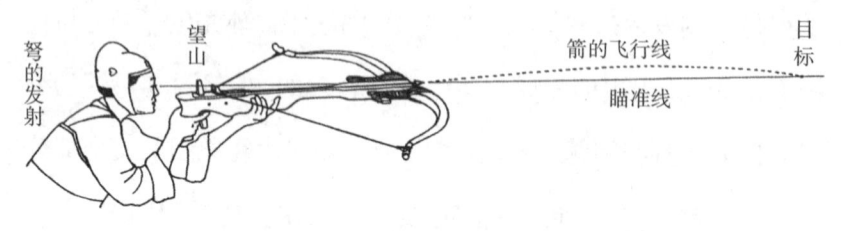

汉弩射击示意图（《汉代物质文化资料图说［修定本］》，第166页）

亲密学术关系的一段佳话。

  弩和床弩都是中国古代的高技术武器，床弩把大型弩安装在架子上发射，威力更大，技术水平更高。中国床弩在宋代发展到巅峰，当时的大型床弩联装三张弓，用三张弓的合力发射巨箭，能够远及数百步，摧毁城楼。宋人《武经总要》中的床弩图描绘

中国人民革命军事博物馆复原弩（来源：中国人民革命军事博物馆官网）

出了三张弓安装在架子上的位置关系，但没有画清楚弓弦的穿绕连结方式，于是三弓床弩的弓弦怎么穿绕连结、三张弓怎么形成合力就成了疑问。对这个问题以前无人探讨过，更无人说得清楚。孙先生承担《中国大百科全书》军事卷床弩条目的撰写任务后，对此做了反复思考，写成《床弩考略》一文，对三弓床弩的装弓绕弦方式提出了一种复原方案。中国军事博物馆古代战争馆便依据孙先生的复原图制成了宋代三弓床弩的复原模型，第一次比较具象地向观众展现了中国古代这种神奇的高技术武器。也是在20世纪80年代，英国李约瑟博士出版《中国科学技术史》第

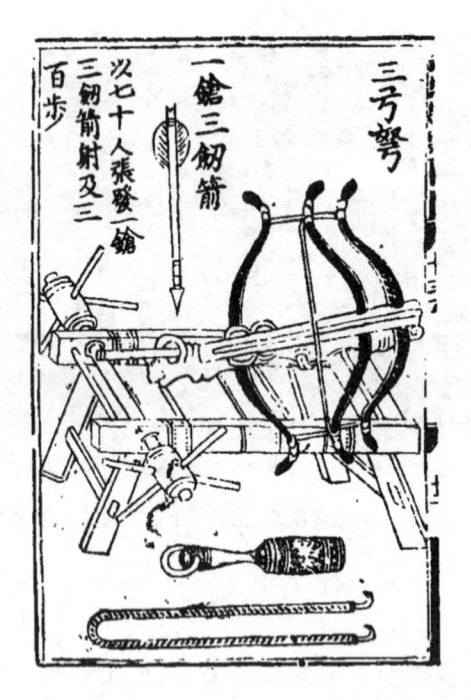

明弘正本《武经总要》中的三弓床弩图(《床弩考略》,《文物》1985年第5期,第69页)

五卷第六分册《军事技术：抛射武器和攻守城技术》，其中对宋代三弓床弩的装弓绕弦方式给出了一些推测性的草图。除此之外，对这个问题的研究迄今没有新的进展。因此，孙机先生和李约瑟博士的复原方案就为今后对这种古代高技术武器的深入研究，特别是仿真模拟试验提供了仅有的基础。据此我认为，孙先生20世纪80年代在古兵器研究方面所做的工作是很有意义的。

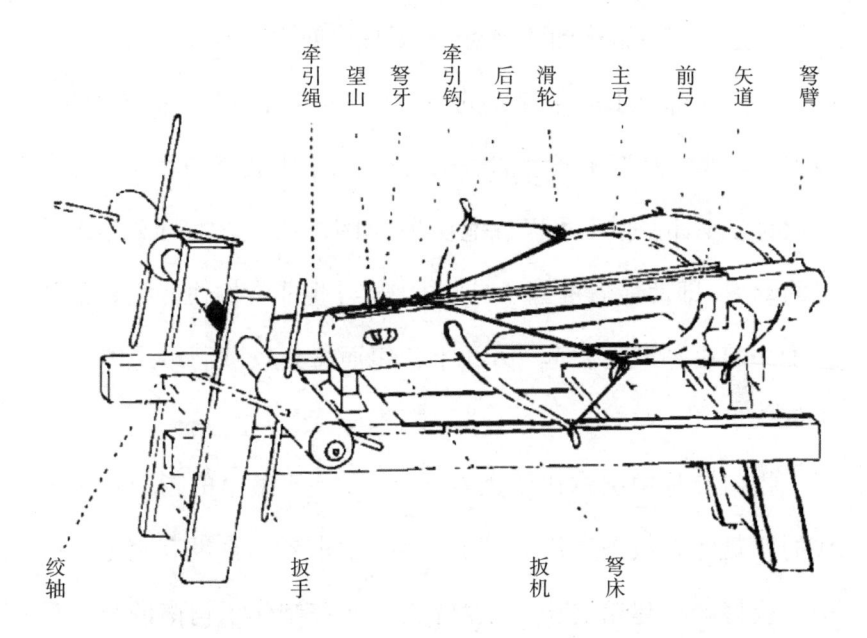

三弓床弩复原示意图(《床弩考略》,《文物》1985年第5期,第69页)

二

孙机先生一辈子研究文物,以文物见文化。他的治学特点是把极深厚的文献功底和极深厚的文物功底相结合,在这两个方面广搜细掘,相互印证,从而发现问题,解决问题,提出新说。他把握问题的关键往往是文献和文物资料的非常细微之处,正因在这两个方面的深厚功力、广泛搜集积累和深入比照分析,故而能够敏锐地把握那些微小的症结点，不断提出问题和新说。他的每一篇论文几乎都有不同于前人的新观点，也常常引起不同的讨论，但孙先生非常欢迎学术上的争论，对他人学术观点的不同意见也喜欢直言不讳。似乎可以说他喜欢学术讨论，视之为推动学术进步的动力，即使最后推翻了自己的观点，也非常愉快。我有幸见证了一起由孙先生发起、历经十几年而得到较圆满结果的学术论争。

指南针是中国古代四大发明之一，关于最早的指南针是宋代的罗盘还是战国秦汉时期的司南，学术界一直没有定论。中国历史博物馆建馆之初，王振铎先生研究制作了司南的复原模型，该模型一直是体现中国发明指南针的标志性展品，这就把中国发明指南针的时间定在了战国秦汉时期。但王先生当年没有详细说明复原的依据，因而在海内外学界一直存在一些怀疑的声音。2005年，孙机先生经过细致考证，写成《简论"司南"兼及"司南佩"》一文，对司南即指南针以及王振铎先生的司南复原模型正式提出了质疑，主张中国古代发明指南针应以宋代的罗盘为标志。

孙先生此文写成后，先是在中国科学技术史学会于北京航天航空大学举办的学术研讨会上做了一场报告。那是2005年的

在中国科学技术史学会的报告会上关于"司南"问题的讨论记录
(《仰观集》,第137页)

4月。当时会议主办者让我来主持那场报告会,可能是觉得我与孙先生较熟悉,而我对这个问题根本毫无研究。孙先生讲完后,马上引起了热烈的讨论,科技史界的华觉明、张柏春、冯立昇、胡化凯、郭世荣、戴吾三、刘益东、游战洪等老师纷纷发言。一些人介绍了关于此问题争论的历史情况,一些人对孙先生的质疑提出了反质疑，有的观点还比较尖锐，孙先生也直言不讳地做了回应。全场讨论非常愉快，完全是学术性的交流。之后孙先生正式发表了文章（刊载于《中国历史文物》2005年第4期），并在自编论文集《仰观集》时，把这篇文章和那场报告会上的讨论记录全部收入。

  一石激起波浪。孙先生这一质疑的正式提出，促使中国科学院自然科学史研究所的领导认识到，必须对司南问题做新的全面深入研究，才能确证中国发明指南针的时间，随后他们把这个任务交给了所里的黄兴博士。黄博士通过数年努力，从中国古代发现及应用磁石的历史调查、司南考辨、司南模型复原及仿真模拟试验等多个方面做了大量的工作，最终得出结论：王振铎把司南复原为磁石勺式指南针在中国汉代有条件制作出能指南的磁石勺；王振铎的司南复原模型是古代司南的复原方案之一，古代司南是不是磁石勺或其他，还需继续深入求证。

  黄博士关于司南的研究成果发表后，中央电视台和网络媒体多次约他录播相关的科普节目，2023年4月中央台科教频道考古栏目又请他合作制作播出了"揭密司南"的长篇专题片。我曾问过黄博士与孙机先生有无联系，孙先生对他的研究有什么评价，他说一直没有联系。最近黄博士在自然科学史所评审正高职称的会上作述职报告时,特别提到他从其他老师那里获知,孙机先生在去世前不久对他的研究工作表达了赞许。我正好也参加了这次评审会,听到黄博士的话,立刻想起18年前孙机先生的那场报告会,不禁感慨我赶巧了,从孙机先生正式提出质疑引起讨论到获得解决,我正好见证了全过程。关于司南问题的争论是不是就此画上了句号,还要由这方面的专家来评判,并由以后的学术历史来验证。我只是深深感到,孙机先生提出的质疑,对促进这个问题的深入研究起到了重要作用;孙机先生对待学术论争的态度,体现了真正的学术精神和大家风范,值得我们后辈好好学习!

我谨以这篇小文表达对孙机先生的崇敬之情。

(作者单位:中国人民解放军军事科学院战争研究院)

我所认识的文博大家孙机先生

曹兵武

2023年6月15日上午,文博大家孙机先生以九十四岁的高龄辞世,很多人撰文怀念先生,一时成为网上热点事件之一。我想,这是因为以孙机先生为代表的学者是这个时代比较稀缺的一类知识分子。文物研究深邃宏博,孙机先生也有传统知识分子的耿直与风骨,为世人留下了涵盖古代中国饮食、服饰、器用、交通、冶金、科技等方方面面的文物佳作《中国古代物质文化》(中华书局),并给了青年学者诸多帮助或启迪。

我与孙先生曾共事十年,尽管致力方向不同,但工作上也多有交集,多有受惠于先生之处。我相信先生的这些事迹也可嘉惠学林,因此一一写出。

1987年,我大学毕业后分配到中国历史博物馆考古部时,部门里的年轻人还不多。孙机先生和俞伟超先生正主持《中国大百科全书·文物·博物馆》古器物分支的编撰工作。这一部分是对文物本体的诠释，是该卷的重头戏，工作任务相当繁重，两位先生即让我业余协助和襄理编辑事务。当时俞伟超先生已担任了馆长，公务非常繁忙，编辑工作更多由孙机先生主理。文物界的诸多名家都参与其事，担任作者。那时候的北京还不是特别大，四环还没有开通，三环以外即有成片的农地，大家的出行主要靠骑自行车。单位已经安装了电话，但一般家庭还没有，因此稿件传递和意见沟通常常需要见面。孙机先生几次带我到王世襄、朱家溍等先生府上取他们写好的词条，也曾单独派我去传达编撰者之间的意见。记得在王世襄先生芳嘉园胡同的家里，先生夫妇两人偏居在小院子逼仄的西屋，屋内到处都是各式各样的老家具，有些还被拆成木条木板，捆扎着叠放在另外的家具之上。屋里见不到沙发等现代家具，主宾坐在高低不齐、风格各异的椅子和凳子上交流意见，这给我留下了十分深刻的印象。

  孙机先生还曾带我到白石桥新落成不久的国家图书馆去，手把手教我查阅书目，借阅图书，并告诉我图书如何分类，以及如果稿件有需要核对的内容，应该如何去查找相关资料，还向我展示了他做的卡片、手绘的文物资料线图等。有一次从图书馆出来后天已较晚了,先生说这里离他家不远,就带我到他当时在车道沟的寓所,吃他夫人做的家常菜。这大概是我到北京后第一次走进北京人的家里。记得有一道菜是香椿炒鸡蛋,先生边给我夹菜边说:"你看,我夫人是医生,非常注意卫生,这菜一定要炒的烂熟才行。"我觉得香椿特别香,对于刚到北京、住在集体宿舍的外地学子,这种味道十分亲切。

《中国大百科全书·文物·博物馆》(第一版的《中国大百科全书》将文物和博物馆共设一卷)的编纂任务完成后,因为兴趣与专业方向不同,我们各忙各的,后来我出国访学、工作调动,和先生的交往渐渐减少,但也常常有机会在一些会议或者其他场合见面、聊天,总有如沐春风之感。我记得有一次不知是什么事情引起的话头,先生对我说:"这做学问和做事情没有一帆风顺的,不应墨守一点,但要恪守一个主轴,绕一个圈子后,也许会有更全面、更精彩的发现,这就是辩证法的螺旋式上升,就像事物总是螺旋式发展一样。"这话我记了很久,并且觉得颇受启发。也许是天意巧合,30年后的2017年,《中国大百科全书》第三版修编启动,有关领导高度重视,文物与博物馆各自独立成卷,我又被调到中国文化遗产研究院主要从事《文物》卷的编撰工作。

1998年盛夏,那时我已经到国家文物局工作了,美国海关发现，一个来自中国香港的集装箱装满了瓷器等貌似古董的货物，遂予扣押并遣返回中国香港，后者要求大陆的文物专家前去鉴定真伪以便尽快结案。我有幸和孙先生以及故宫博物院的王莉英（两位均为当时的国家文物鉴定委员会成员，王老师还兼任中国古陶瓷研究会会长）组成专家组，随公安部的几位刑警一起赴港公干。当时孙先生已届七十，多日在南国的酷暑中奔波，却从未露过倦容。这次差旅，我和孙先生聊的比较多，也跟着两位先生学到了很多文物鉴定知识。我当时刚从美国回国不久，对互联网和计算机很痴迷，极力向先生推荐电脑在写作和查找资料方面的好处，甚至还在香港买了自己的第一台笔记本电脑和数码相机，先生也听得津津有味。不过据我所知，先生直到去世，都一直喜欢自己当年坚持的摘记卡片、亲手写画的资料收集和写作习惯，所有的文章都仍然在考古部当年一种特制的大张方格稿纸上一笔一画写出、誊清后，才交给编辑出版。

我在中国文物报社工作时，先生曾担任报社《文物天地》杂志的顾问，他经常骑自行车到杂志编辑部为编辑们释疑解惑，有时也会在稿件上留下自己一笔一划的手写意见。每当看着已经八十岁左右的先生麻利地偏腿上下笨重的二八式老式自行车，大家既担心又赞叹。

孙先生的文物研究在学界独树一帜。我觉得孙先生的学问总体上偏重于朴学一系，却又不失对义理之关怀。大家知道他大学之前即有很好的文史功底，并受过沈从文先生的亲炙熏陶，早已对文物产生了浓厚的兴趣。后来孙先生到北大专攻考古学，其间被错划为右派，毕业时未予分配工作，留在系资料室坐了20年的冷板凳。不过这20年也是难得的、心无旁骛的苦读时光，为他打下了文献功夫的扎实基础，还有幸得到宿白先生的关心与悉心指点，深得宿先生文献与文物结合研究的精髓。改革开放后他到中国历史博物馆工作，既有机会继续钻研文献，也有机会接触文物，尤其是考古新发现的文物，简直是如鱼得水。通过文物形制、图案分析与文献对照，常能做出新的发现。新出土文物的价值与意义，经他结合文献一解释，常有令人耳目一新或恍然大悟之感。先生工于绘事，善于做卡片，日积月累，对照检索，加上博闻强记，逻辑缜密，文采斐然，写出的东西非常吸引人。他的文章一直以自己特有的蝇头小楷定稿，往往被观者视为楷模，很多编辑部和编辑都喜欢保留他的手稿。先生在传统的文物研究中每每推陈出新，而博物馆又为先生提供了一个理想的展示舞台和传播阵地，新发现与新观点可以撰文著书发表，也可以用于展陈大纲甚至说明标牌的撰写。有时候，先生更是直接深入展厅，对着实物给有关领导和普通观众讲解导览,深入浅出地普及相关的文物知识。因此,愈到晚年,先生这种原本属于象牙塔的学问愈是引起有关方面的关注,先生也成为文物研究领域中的一面旗帜。

中国考古诞生至今已过百年并渐成大气,具有强烈金石传统的文物研究能否独立成学仍在争议中,但是先生的文物研究集考古、文献、考据于一体,功夫深邃,兼顾朴学的修辞和义理,从小器物说出了大道理。在他的很多文与书中,国内外的新资料、新观点尤其是文献典故常常信手拈来,既很学术,也颇大众化,因此而有别于传统的文物鉴赏和名物考辨。先生将文物放在历史大势、家国情怀中进行功能、价值与审美辨析,见物见人,别开风气,使人确信文物研究是为社会所需要的一门专深学问。当然,我更觉得文物不仅有学,而且应该上升为关涉面更广更深的文化遗产学,为民族复兴和人类持续发展做出更大的贡献,这也是我们两人均有机会参与文物大百科编撰的时代原因。

孙先生高寿,直到去世前还笔耕不辍,并做了很多传帮带的工作。如今先生的丰富学识与人俱去,我国文博界失去了一位博雅老人,这的确是文化遗产事业的一大损失。

(作者单位:中国文化遗产研究院)

随遇而安，文成大观

戴向明

中国国家博物馆是个很特别的地方。这里不仅位居天安门广场东侧、祖国的"心脏"，被称为国家的"文化客厅"，还有多位大作家、大画家、大学者曾在这里工作，甚至是在这里成长起来而卓然成家的。不久前以九十四岁高龄辞世的孙机先生，就是其中的一位大学问家。我作为晚辈后学和孙先生的同事，虽与先生治业有别，并无深交，但一向景仰先生的学问人品，撰此小文，以表哀悼和纪念。

孙机先生高寿，但从未虚度光阴，而是真正做到了活到老、学到老、工作到老，据说去世前不久刚刚完成自己八册文集的修订。三十年前我走出校门来到中国历史博物馆考古部工作，初识孙先生，当时他已经是六十四岁的老者了。但他精神矍铄，毫无老态，且一直为单位返聘而未退休，还时常骑自行车来上班（骑车上班的习惯一直持续到他八十多岁）。当时的历博考古部在故宫端门与午门间的西朝房办公，老中青几代加起来不过二十来人。我记得刚工作时，考古部主任信立祥老师带我到各办公室与大家见面相识，出来后跟我说我们这里孙机先生学问最好，以后要多向他请教。当时孙先生的成名作《汉代物质文化资料图说》出版不久，《中国古舆服论丛》则是刚刚面世，正是先生盛名远播之时，我对先生也是景仰有加。考古部的年轻人必须要常出差参加田野工作，更主要的是，我所学专业为新石器时代考古，工作初期参加山西垣曲商城遗址的发掘，稍许涉及一点夏商周考古；加上天资不敏，学不敢旁逸，对秦汉以后的考古学实在无力兼顾。特别是对孙先生以名物考辨见长的学问，我也只能旁观、欣赏，而不能追随跟进，这样也就没能多向先生请教。到本世纪初，中国历史博物馆与中国革命博物馆合并，组建成立中国国家博物馆，年事已高的孙机先生先后转到了学术中心和国博研究院工作，我与先生接触的机会也就比较少了。但先生的文章我仍不时有所阅览，对先生的学问一直是佩服得五体投地的。

在历博考古部工作期间，同事间闲聊，时常听到一些前辈老师谈起孙机先生的坎坷经历。孙先生很早就参加了革命工作，天生聪敏好学，喜欢钻研古代文物，曾跟随沈从文先生整理古代服饰史，后于1955年考入北京大学历史系考古专业学习，毕业后因特殊境遇而留在资料室工作。在北大的20年时间里，他心无旁骛，埋头读书，在文献、历史、考古等方面积累了深厚的学养。1979年孙机先生调入中国历史博物馆考古部工作。博物馆丰富的藏品、展品和各种接触文物的机会，为博学的孙机提供了施展才华的广阔舞台。很快，他就探索出了一条治学途径：结合文献资料、历史背景，对众多门类的出土文物考辨源流、理清功能用途。或者也可以说，他此前经长期读书思考而摸索出的这一治学途径，在历史博物馆得到了适得其所的成功运用。因此，到历博工作之后，他的研究成果如井喷般一发不可收，而且这样的势头一直持续到耄耋之年。

孙机先生的学问，研究的是古代特别是汉唐时期的出土遗物、名物典章，依托的是广征博引的传世文献，两者互相参证，常能以小见大、透物见史，见常人所未见、发常人所未发。读其文，常有醍醐灌顶、豁然开朗之感。举凡农具、武备、手工工具、车马器具、冶金铸造、纺织服饰、建筑家具、饮食用具、乐器和日常生活中的各种杂具等，孙先生的研究皆网罗殆尽，其涉猎之广、考辨之精，世所罕见，令人咋舌。而且先生治学从不模棱两可，非常较真，往往在细微之处可见其真功夫。比如古代车马各部件的名称、安装、系挂、使用的具体方式，古代不同服饰的具体样式、穿戴和佩戴方式、渊源与流变等，他都不嫌琐细地述说明白，而且他还常常利用出土文物及其图像，亲自精描细绘，用准确精美的线图来加以明示。所以孙先生的文章大多图文并茂，读来既感其学识渊博、考证精细、梳理清晰，又觉晓畅易懂，令人折服。

孙机先生是北大考古专业出身，由于特殊的经历，他始终没有从事田野考古及以之为基础的专门的考古学研究。虽然他研究的对象也主要是出土文物，但孙先生治学的功底在文献，其长处在于对文物、典章的考证和辨析。这样的研究路数，在考古界并不多见，而恰恰又是极为重要的一门学问，尤其对博物馆来说更是如此。各博物馆中虽不乏从事馆藏文物研究的人员，却极少有人能像孙机先生那样涉猎如此之广、考辨如此之精。考古与文博，经常遇到对出土文物的名称、功用等最基本方面难以说清的尴尬情况，有些对当时制造和使用物件的古人来说习以为常的东西，历经漫长岁月的沧桑巨变，到现在因早已失去其使用的环境、背景，今人自然就会常常难以明了其名称或功能。要想搞清楚，就需要下一番追源溯流、爬梳考证的功夫。而这种功夫的获得非有长年累月的积累不可，尤其在古文献方面。孙机先生正是有着这种长期的积累,对相关文献熟稔于胸,能够信手拈来,加上其严谨、求真的精神和得当的方法,才能在治此种"常识"之学中脱颖而出,成为文博领域近乎百科全书式的大学问家。这种于古人为常识、于今人为晦涩的学问,总结起来就是"古代物质文化研究",正如孙先生最后集大成著作的书名一样。这样的研究成果,即对古代具体事物常识的揭橥与认识,对于考古学、历史学来说都是必不可少的,尤其对博物馆工作来说,更是极为重要而不可或缺的。因此,每当孙先生的著作问世,便会洛阳纸贵,成为畅销的热门学术作品。孙机先生真正做到了"以物写史",惠及学界和民众多矣!孙机先生平生为人谦和而又耿介,这两种看似矛盾的性格在他身上奇妙地结合在一起,展现出一名学者丰富的个性。我与先生交往不多,不知这样的感受是否准确。孙先生平时待人谦和有礼,颇有古君子之风,尤其在他熟悉的年轻人面前,常有诙谐幽默之语。他身上那种随遇而安、看淡尘世名利的一面,除了天性,大概也与其坎坷的经历有关。然而在谈及学术问题时,孙先生则会立刻显现出认真、较真的一面,评人论事,言辞犀利,直言不讳。细想起来,这种既谦和又耿介的性格,其实在很多卓有成就的大学者身上都能感受到。这也许正是中国两千多年来士人风骨、儒家风范不绝如缕的延续,如同融入血液中的精神基因，代代传递而不辍。其为君子自会谦逊待人，同时又会有所坚守，尤其在求真务实的学术上，更是不愿随波逐流、人云亦云。由是，出于一种自信和自尊，在像孙机这样的大学者身上，便常常会不自觉地流露出一种凛然之气。气之长存，魂之所系，无论对于过去、现在还是未来的中国学术乃至精神文化，都是弥足珍贵的。

（作者单位：首都师范大学历史学院）

与时间赛跑

张天漫

一、父亲总说自己前半生浪费时间太多

作为孙机先生的女儿,老爷子一直希望我能从事文物考古方面的研究,还精心为我准备了十篇论文的题目,希望我在考古方面有所建树。在他的辅导下,我也陆续完成《有关"一丝九鼎"与"夏里"之说》《中华智汇·古代顶级灯具系列》等多篇文章。但我总感觉自己基础差,查阅古籍资料吃力,后来逐渐放弃,继续从事美术方面的研究和创作。非常遗憾!老爷子也没有强求。当我有作品或论文、著作完成给他看时,他也会非常高兴地指点。

老爷子一辈子都在和文物、古籍打交道,生活方面他非常简

朴，甚至是抠门。除了定期买书，他一般没什么消费。老爷子总说自己前半生浪费的时间太多了，所以后面就要拼命赶上，与时间赛跑。他每天在写字台旁看书、写作十个小时以上。耄耋之年，他还接连出版了《仰观集》（2012年）、《中国古代物质文化》（2014年）、《从历史中醒来：孙机谈中国古文物》（2016年）、《汉代物质文化资料图说（修定本）》（2020年）等学术专著。

2019年9月28日，我在微信朋友圈晒老爷子九十大寿聚餐图片时这样写："家有一老如有一宝。九十大寿的一老每天依旧读书写作，每周依旧上班。"说的就是已经九十岁高龄的他。他经常半夜突然想起什么，就起身到书房又开始写作，一直到天亮。妈妈说："你们年轻人要是像你老爸一样勤奋、认真，做什么都能成。"我说："像老爸这样每天坐在桌前十多个小时，我们的腰和颈椎也受不了啊。"可老爷子好像什么事也没有，也许是习惯，也许是兴趣，也许是毅力，也许是这些都有吧。

2020年1月中旬的一天，大风降温。老爷子和妈妈外出办事，回家后都感冒了。第二天一早老爷子突然高烧、呕吐，但怎么也不肯去医院。我只好叫了120，将他和妈妈一起送到中日友好医院急诊输液。输了近一周的液，他们二人的情况都有好转，我就给他们挂了呼吸科的专家号想复查一下。大夫一看病

孙机夫妇与女儿天静（后左）、天漫（后右）

历就说，两位老人都有肺部感染的情况，建议住院治疗。正好此时北区有两个床位，这样老爷子和妈妈就可以一起住院，相互有个照应。大年初二到初七，医院人手不足，没有医生开出院证明，老两口在医院一住就是16天。肺炎之后，老爷子的身体明显不如以前。

二、日丽橙黄橘绿，云开鹏举鹰扬

虽然身体不如之前，但老爷子依旧没有停止工作，每天依旧在家读书、看报、写作，还像以前一样一丝不苟地完成单位工作任务。从前，他每周都要到国博上一天班。老爷子在国博工作几十年，应该是在国博工作时间最长的人了。他精心筹备的"中国古代服饰文化展"在2021年2月展出后好评如潮。其中他指导北京服装学院团队复原制作的15尊古代人物雕塑及服饰，完整再现了古人衣冠配饰的整体形象，成为古代衣冠配饰的范本。九十多岁的他还多次到展厅亲自讲解，边走边说，一说就是两个多小时。

2022年对老爷子来说是非常重要的一年。他自言2022年他完成了人生的三件大事：其一，获得北京大学考古文博学院颁发的"考古文博学院杰出院友奖"。这是北京大学考古文博学院对这位北大毕业生的高度认可；其二，央视新闻频道到家为其录制纪录片《吾家吾国》，并在国庆节期间进行了播放。《吾家吾国》是中央广播电视总台推出的针对国之大家的挖掘式纪实采访节目，是"中国国家影像人物志"；其三，完成了《孙机文集》（八册）。

仰观与俯察：孙机先生的治学之道

2021年3月，孙机先生为中国国家博物馆工作人员亲自讲解"中国古代服饰文化展"（摄影：张天漫）

2021年4月6日，孙机先生为中国国家博物馆新员工进行岗前培训

2022年5月，孙机先生获北京大学考古文博学院颁发的杰出校友奖

在这套文集中，他将以往的出版物进行了汇总、梳理，将最新的挖掘、研究成果充实到过往的文章中，对文章中不详之处进行了补充，纳入了多篇近年完成但还没发表的论文。这部文集是其一生的学术总结，共计几百万字，从2021年11月策划到2022年年初交稿，原计划2022年年底出版，后延迟一年。老爷子日夜加班，有时会从半夜改稿到天亮，身体透支得厉害。2023年"五一"之前，老爷子说："我的稿子全部完成了，最后想要修改的一两百字也已经写好了，就等出版了。"

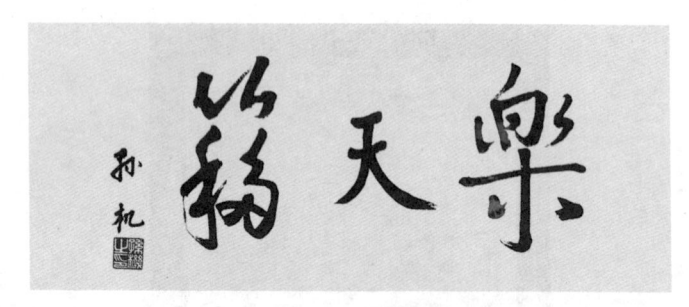

孙机先生为本文作者题写斋号"乐天簃"

　　为了庆祝完稿,"五一"我还带着两位老人到通州大运河公园转了一圈。这之后老爷子的精神一下子松了下来,人迅速衰老。每日时睡时醒,清醒时就说:"我都忙完了,现在感觉没什么计划,每天没有事干啊。没事了,该干点什么呢?"我说:"那就给我写个斋号吧。"老爷子痛快地答应了,还说:"还欠着好几幅字呢,但我先给你写。"

　　大概一周后,老爷子果然把我的斋号"乐天簃"写好,还问我"满不满意",我说"当然满意"。

　　以前求老爷子的字是极难的。自小他的父亲、伯父亲自教他练字,他的毛笔字写得秀雅文气,但他极少写字。我求他的字好多年,他才把家里原来挂在客厅的一副"日丽橙黄橘绿,云开鹏举鹰扬"对联给了我——这还是因为中央文史馆要举办馆员

2019年2月26日，孙机先生在国博讲堂上讲"试说錾的功用"

作品展览，他把家里挂的对联取下来参展，撤展后直接送给了我。

所以这次如此痛快完成，我还有点诧异，并没有意识到这是您最后的作品，高兴地裱好挂在家里。

好像完成所有工作后您已了无遗憾，6月15日，您走了，平静而安详。

您已完成使命，天国之路已为您打开，祝您顺利归家。

2023年6月21日写于乐天簃

（作者单位：中国艺术研究院。原载《北京青年报》2023年6月30日）

文章薪火　道德渊源

廉　萍

2023年7月14日上午,扬之水老师发来微信,说:"明天就一个月了,但好像并没有感到老师已经离开,这是一种虚幻的真实。大概很多人都有。之前看到这一类表述觉得是套话,看来不是。"我回信:"需要一个较长的适应过程。"老师又说:"长久保持这种感觉,就很好。"我答:"只当先生闭门不见客就好了。"几个月来,就是在这种虚幻又真实的感觉中,断断续续记下这些文字。

一、"有酒食,弟子馔;有困难,先生担"

扬之水老师当初大概也没想到,20世纪90年代,王世襄先生一句介绍,会影响她后半生的整个学术之路。在已刊日记《〈读书〉十年》里,我甚至都没有找到这次绍介的记录。只在1995年1月20日,淡淡写了句"读孙机《中国古舆服论丛》",像是孙先生在她治学道路上的出现之始。十几年后她在《以"常识"打底的专深之研究——读孙机先生著作散记》中,才首次重墨记录了这次缘起:"认识先生是在十二年前——王世襄先生给了我电话号码,说'给你介绍一位最好的老师'。先是通电话,后是书信来往,很长一段时间之后才见面。见面的日期至今记得很清楚,那时候我还在《读书》编辑部,先生单车驾临,交谈的时间前后不足十分钟,似乎只是一个目的,即送我一本信中索要的《文物丛谈》,而这本书当日在书肆已经买不到了。"这次见面在1995年8月3日,日记中倒是记了一笔:"孙机先生过编辑部,以《文物丛谈》一册持赠,未曾接谈,便匆匆辞去。"

自此以后,日记中记录骤繁,求教切磋节奏明显加快。如8月19日记"收到孙机先生来书",又记谷林先生评价"孙为学、为人皆不苟且"。9月4日记"万万没想到,先生提出愿意和我合作做一点儿事","此番会面,收获极大,许多从文字上读不明白的问题,经先生一讲,一下子全明白了。其学养与见识,真让人佩服"。9月6日记"读孙著,并与先生一席谈后,痛感'四十九年非',以往所作文字,多是覆瓿之作,大概四十一岁之际,应该有个转折。与遇安先生结识,或者是这一转折的契机。只是前面的日子无论如何也是不多了,更生时光促迫之感"。9月13日记"九点半到历博门口,在遇安先生带领下参观中国历代妇女服饰展"。9月15日记"接到遇安先生来书,谈了一个合作著书的初步设想,很让人振奋"……紧锣密鼓,日切月磋,步步转高,人生由此跃进全新境界。

1995年11月7日记:"(遇安师)又说,现在我也带学生呢。问是谁,答曰:'扬之水。'总算是认我做弟子了。"言下满是欣幸。我一直以为,这是太老师与老师确立师生关系的正式文字记载。日前扬之水老师以孙先生手札相示,其中一封写于10月15日,已经提到"弟子"云云。前面正襟严肃谈完学问,信末忽作游戏笔墨:"古书版本很多,今日获读一罕见之《论语》,大字精镌,纸墨均佳。其《为政篇》上是这么说的:'有酒食,弟子馔;有困难,先生担。'朱熹注:'那也要看是什么样的弟子啰。'清人疏:'正派,聪明,勤学,心眼好,有点儿小脾气也没关系。'书眉上傅增湘双行小字朱批曰:'有性格的人还能没有点脾气呐。'可惜北图善本部不识宝,未著录入藏,为之奈何!"口吻波俏,神情活现,那位在饭桌上经常一本正经讲笑话逗大家开心的孙先生,忽然出现在眼前,仿佛就坐在上首,笑吟吟看着我们。

手泽犹新。

孙先生第一次亲自送书并见到扬之水老师的《读书》办公地点，当时在朝内大街166号五楼。二十一年后的2016年12月15日，也是在这个地点、人文社三楼的一间办公室里，扬之水老师第一次见到我，收为弟子，悉心指点，并在不久后把我带到孙先生身边。

二、"与世有争"

《〈读书〉十年》1995年12月4日记："师之处女作发表在五十年代初的《文艺报》（1952年第1号），是对刘雪苇谈鲁迅《野草》一文的不同意见（《对雪苇"〈野草〉的'题辞'"的意见》）。当时曾有志写一'鲁迅传'的电影剧本，故搜集了不少材料。以后觉得文学太空疏，继而考了北大历史系，从此就和文学告别了。"

孙先生的第一篇学术文章，竟然是研究鲁迅，文艺类。按图索骥查了下，网上还能找到旧报。孙先生实事求是的治学方法和是非分明的战斗风格，彼时就已初露端倪。如雪苇认为《野草》"题辞"的风格是"轻快的，热情外露的""高兴得有点儿冲动的"，大革命失败后由鲁迅主动从书中抽掉。孙先生列举事实逐条反驳。孙先生说:"在这篇文章里头,作者所叙述的情况和他所加给'题辞'的评价,是极不符合历史事实的一种对鲁迅先生的荒唐的曲解。"由于言之有据,在同期《文艺报》,雪苇发表《写在孙机同志的批评之后》,表示接受孙先生的批评意见。日后北大中文系孙玉石老师《〈野草〉研究三十年》在做研究综述时,详细记录了这次争鸣,称孙先生的文章为"诚恳而尖锐的意见","坚持了这种实事求是的原则"。孙先生当时二十三岁。

孙先生一生著作嘉惠学林、泽被深广,自当托《文集》传之后世或藏之名山。这篇短文尘封已久,却是先生漫长学术道路最初踏痕,特为表出。

扬之水老师所示孙先生1995年9月18日手札中,谈及某先生"与世无争"之后,接着说:"我却是与世有争的。不过我不争名利,我争的是对历史要有个说法!"虽然深知"此事也难,既不能硬碰,更不能乱来",但先生仍巨笔如椽,写下多篇匡谬正俗的文字。如《仙凡幽明之间——汉画像石与"大象其生"》《汉代有豆腐吗?》《〈汉画解读〉中收录的拓片是否可信》等,都是有的放矢、不避时贤,将学术愈辩愈明。孙先生平日待人温煦和蔼,笔底却严霜凌厉。"必须以史实为依归,且断不能以牺牲常识为代价",是先生自己的治学的底线,也是对我们的要求。

三、"小中见大"

扬之水老师回忆自己初读孙先生《汉代物质文化资料图说》:"挑着读了其中的几节,便觉得实在太好,竟好像得获一部'汉代大百科'。……其中用力最著者,是以实物与文献相结合的办法为各种古器物定名,并且在此过程中揭出人与物的关系,进而见出两汉社会的种种历史风貌。深厚的学养,广博的知识,严谨的学风,严肃的科学态度,使得这里所涉及的各个议题都达到了专精的程度,有的题目甚至抵得一篇专论。"我第一次读到孙先生的书,也是这部《汉代物质文化资料图说》,不过当时已是2000年,正焦头烂额写毕业论文,捧读之际,大为震撼,却口不能言。只是当时无论如何都没想到,十几年后,竟有亲炙受教的因缘。

孙先生诞辰9月28日,与教师节相近。扬之水老师执弟子礼甚恭,四时八节均无遗漏。2018年年初开始,扬之水老师每次宴请恩师,都令我陪侍在侧,私下嘱咐我有问题赶紧问,我却很少开口。总觉得我的问题,都是自己再多看几本书就能解决的,不敢占用老先生那么宝贵的时间和精力,宁愿听他多讲些笑话。扬之水老师拜师一年,就写出《诗经名物新证》,经常以此鞭策我。

我却迟迟疑疑，到第三年才交出一篇《宋代出土文物中"寿星图"的辨识》的习作。孙先生未置可否。又过一年写成《提砚·罗双双·笏囊·金笼放鸽》一文，先生才微颔，以为"罗双双"的问题可以算是解决。后来又写成"笏头带"一篇，这也是孙先生一直关注的问题，90年代曾在书信中与扬之水老师有过讨论。论文即将刊出之际，文内推测恰好得到出土文物的证实。尚未及汇报这一消息，孙先生就开始住院了。

  我知道孙先生对我的工作进展并不满意。他说："不要一味关注太小的问题，要有大的视野，把问题放到大的历史背景中去考察。"扬之水老师说："孙先生批评你的话，和批评我的话是一样的。"

  最近几年，孙先生大部分精力用在《文集》的整理出版上。我也紧跟他的步伐，重新通读了先生的著作，遇到个别疑滞之处，随手记下，定期汇报。但大都是极小极微的排校句读之类。孙先生专门打电话过来，问："有没有能推翻或补充我结论的地方？"我特别紧张，说没有。又老老实实说，不少文章我还只停留在刚刚读懂的阶段，需要反复读才能消化，更别说提意见了。明显能感到先生的失望。先生的文章极简，我啰啰唆唆几百个字说不清的东西，去翻《汉代物质文化资料图说》，经常发现他早用半行字就解决了，仿佛直接一口叫出了那件东西的名字。先生的文章又极繁，一篇短文里举到的例证，我有时要查上一两天。

记得有一天，扬之水老师忽然告诉我，孙先生专门打电话跟她讲，说拟定了一个三十人的赠书名单，上面有我，文集出版后，会赠我一套签名版。那时候我们都很高兴。

四、"我的文章仍是立得住的"——关于司南

孙先生写过《简论"司南"兼及"司南佩"》《再论"司南"》两篇文章，产生过很大影响。2023年5月25日晚，我偶然看到央视"考古公开课"栏目的"20230402揭秘司南"一期，直觉跟孙先生的研究有一定关系，就给扬之水老师微信留言，介绍了节目内容。同时求助一位朋友马上帮找王振铎《科技考古论丛》一书。朋友说知道这项研究成果，也认识节目嘉宾——中国科学院自然科学史研究所黄兴博士，相关专著《指南新证——中国古代指南针技术实证研究》也已正式出版，同时转发了一篇书评给我。

5月26日上午，扬之水老师致电孙先生，转告了节目内容。听说是最新研究成果，孙先生表示要看。我当即把节目链接转发到太师母微信。两位老人使用手机都不熟练，只能看到开头几分钟，声音也听不清。孙先生打电话过来，我简单复述了节目内容，孙先生

听后,说:"这项工作把司南研究推进了一大步,非常重要,非常感谢这位年轻人。"又说:"我的研究这么快就成过去时了,可我现在已经九十多岁,没有精力再去研究。"这几句说得很感伤,当时我听得很难过,不知如何接言,只能说我尽快刻好光盘给您快递过去。

这时朋友也把黄兴博士的微信推给我。很快黄博士就通过了我的好友申请。我说很惭愧,最新研究成果出来这么久,我们居然才看到。黄博士也非常热情,要给孙先生和我寄《指南新证——中国古代指南针技术实证研究》一书。我当时还提了个不情之请,请他将节目拷到U盘中,和书一起寄给孙先生。因为我正"二阳"居家,给老先生寄东西不方便自己经手。黄博士爽快答应,并说要给孙先生打个电话,我当时建议,等孙先生看完书和完整节目,再打比较好。

5月27日上午9点11分,孙先生来电,说已经收到图书和U盘,争取尽快看完,感谢这个年轻人的认真工作。我在微信回复了黄博士上述内容,并表示感谢。

5月28日上午9点38分,孙先生来电,说花了一整天时间,把那本书从头至尾反复看了四五遍,并没有找到可以驳倒自己观点的新材料。通话时长7分28秒,围绕此书,讲了一些学术史、学术动机、治学态度、治学方法、立身处世等内容。我听到这番话有点儿意外,说和自己看节目的印象不太一样,当时我还没收到黄博士寄赠的图书(他手头只有一册,先寄给了孙先生)。孙先生放下电话去看节目。11点12分,又打电话过来,说已经看了全部节目,节目和书的内容并不一致。"作为学术研究,自然应该以正式出版的专著为准。"孙先生最后说:"现在看来,我的文章仍是立得住的。"又说:"我就不给作者打电话了。"通话时长2分56秒。担心先生劳神,我通常听多问少。其时扬之水老师正在四川考察,想等她回来,再找机会一起向先生当面详细请教。后来才知,打这两通电话的当天,先生已经染疫开始发烧。随后几天辗转就医,竟于6月15日遽然长逝。

事后扬之水老师告知,孙先生也给她打电话谈到此事,说自己的文章是由多点支撑的,只攻其一,动摇不了基本结论。先生头脑清晰,态度明确,对于自己的学术观点从不含糊。但我当时并未立即转告黄博士,这是个严肃而复杂的学术问题,我自己也有很多疑点,想看完相关论著再说。谁知再也没有机会了。6月17日,黄博士到八宝山为孙先生送行,我们第一次见面。那种场合不是讲话之地,犹豫了下,我只是转告他,孙先生讲电视节目和书不太一样。黄博士解释说,录制了将近四个小时,播出只有五十多分钟,但基本结论是一致的。

9月21日，国家博物馆官网刊出钟少异先生纪念文章《探微求实　大家风范——回忆孙机先生二三事》，文中专门强调了一个细节："最近黄博士在自然科学史所评审正高职称的会上作述职报告时，特别提到孙机先生在去世前不久打电话找到他，说从电视上看了他解说司南的节目，认为这个问题得到解决了。"虽只短短一句，却和我亲历亲闻的整个过程并不一样。大概有些误解在内。特追记于此。

廉萍

2024年1月5日

此事沟通过程中，钟少异先生与黄兴博士先后各自发来解释文字，附后。感谢。

廉老师，您关于孙机先生去世前不久有关"司南"研究问题的谈话的追记材料，真实反映了孙先生的学术思想，对这个问题的进一步深入研究有重要参考价值。我对这个问题没有研究，所以在我回忆孙机先生的文章《探微求实，大家风范》中写道："关于司南问题的争论是不是就此画上了句号，这要由这方面的专家来评判，并由以后的学术历史来验证。"我在该文中转述的黄兴博士的话"孙机先生在去世前不久打电话找到他，说从电视上看了他解说司南的节目，认为这个问题得到解决了"，可能是我对黄博士当时的话记得不够准确。现在有您这份详细的追记，就能够全面真实地反映孙机先生的观点和思想，这对今后司南问题研究的深入推进是很有益的，建议予以发表。

钟少异

2023年10月1日

2014年7月至2016年6月，我作博士后期间，单位委派我负责"指南针技术实证研究"课题。前辈学者们在此深耕已久，我对此课题始终心怀敬畏，在研究中从各家的视角出发，处处给自己设难。拙作《指南新证——中国古代指南针技术实证研究》中关于"司南"的观点有三点：第一是实证，磁石勺可以指南；第二是推论，汉代有条件制作出能指南的磁石勺；第三是总结，磁石勺是对古代司南的复原方案之一，古代的司南是什么，尚无实证，司南是不是磁石勺或其他，都有可能。2022年，我应邀录制了关于指南针的电视节目，讲述研究过程，展示磁石勺和各类指南针，也强调了前述三点。

  2023年5月26日，我收到一位老师的微信，说孙先生肯定了我的工作。这个消息令我很感动，也很感慨，遂加了廉老师微信，把拙作和电视节目视频寄给了孙先生，期待有机会拜见先生，深度交流。6月15日，痛悉先生仙逝。两天后，研究所安排我参加告别仪式，见到了廉老师。当时我们心情沉痛，短暂交流中，廉老师约略提到孙先生说电视节目和书有不一样的地方。我回应道电视讲述和书的结论是一致的，节目录了近四个小时，但播出只有五十多分钟。7月7日，我在研究所岗位竞聘工作会议上汇报时，附带提及听说了孙先生的肯定，并表示了钦佩和感激。拙作是通过实证研究解决技术可行性问题；未见新史料，不是解决史实问题。我的结论与孙先生的大作实质上并不矛盾。

  古代指南针研究凝结了近百年来、持各种观点的众多研究者的集体智慧。本人的工作也曾得到了很多人、各种形式的帮助。希望拙作有助于大家对个别问题形成阶段性的共识，共同开展新的研究。

黄兴

2024年1月4日

文章薪火　道德渊源

2023年6月15日，孙先生书柜旁的挂历

（作者单位：人民文学出版社）

传道解惑，如沐春风
——追忆孙机先生在国博的讲座

李守义

6月15日晨，惊闻孙机先生辞世，震惊之余，深感悲痛！孙先生退休后长期返聘在我所在的部门，工作原因，我与孙先生交集颇多。回想起来，诸多交往点滴，一幕幕涌入脑海，记忆最多的是协助孙先生完成国博"学术讲座"和"国博讲堂"授课的情景。

一、学术讲座　传授专业知识

国家博物馆在2007年启动了改扩建工程，国博的临时办公地点一度搬迁至朝阳区左家庄静安里的通成达大厦。为了在改扩建工程期间提升馆内员工的业务能力水平，2007年至2009年，

传道解惑，如沐春风

国博组织开设了"学术讲座"，邀请馆内离退休老专家为新入职的员工进行业务培训，当时有王宏钧、苏东海和孙机先生等一批文博大家来到临时办公地点授课。我作为"学术讲座"联络人，主要负责与诸位先生联系，协助完成讲座的授课任务。

孙先生是这一时期讲课次数最多的专家。2007年8月，孙先生为馆内员工做了"谈文物学论文的撰写"的讲座；2009年2月至9月半年多的时间里，孙先生做了"中国古代物质文化"系列讲座，讲述了古代"农业与膳食""纺织与服装""建筑与室内布置""交通工具""冶金""文具、印刷与乐器""武备"以及"科技文物"。对于这一时期的授课，孙先生在《中国古代物质文化》一书后记中特别谦逊地提到："馆领导为提升员工的业务水平，……举办学术讲座。笔者作为馆内的一名科研人员，理应尽力。乃不揣浅陋，承乏讲座中'中国古代物质文化'各专题的讲课任务。"

这期间，孙先生已是耄耋之年，但每一次讲座，他都会对所讲的内容认真准备，撰写讲稿并完成文物线描图的绘制。讲稿文字书写在米字格的稿纸上，字迹隽秀工整；线描图线条流畅、细腻，画面生动、自然。每次讲座的线描图，孙先生都会用A4纸画几十幅，然后用剪刀裁剪后，分类粘贴在多张A3大小的纸板上。

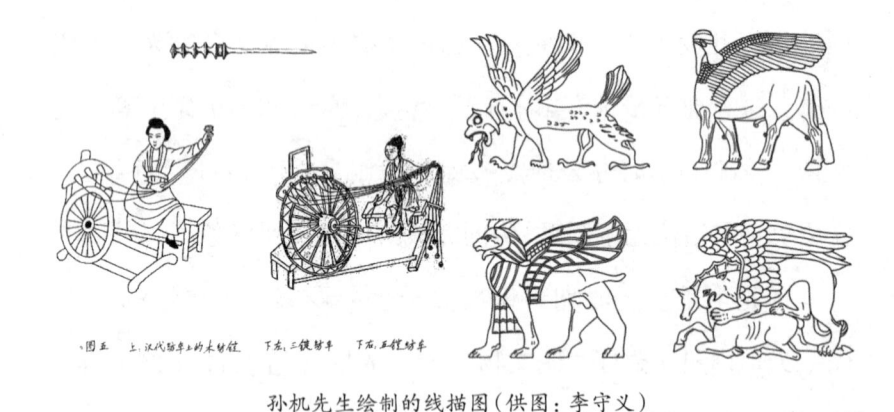

孙机先生绘制的线描图（供图：李守义）

孙先生将线描图整理好后交给我，由我协助把线描图通过扫描转换为电子版，制作成电脑幻灯片。每次孙先生将线描图交给我时，都非常客气地对我说"麻烦您了""辛苦您了""您受累了"之类让人感到暖心的话语。孙先生讲课时，我则在旁负责根据其讲课进度，操作笔记本电脑播放幻灯片。从听者的角度看，我是距离孙先生最近的人，这让现场很多听众羡慕不已。

孙先生讲课一向是开门见山，直奔主题。2009年，"中国古代物质文化"系列讲座第一讲是"农业与膳食"。开场时，孙先生讲道："民以食为天。我们先讲农业，先说吃。"轻松直白的话语一下子将听众带入情境。讲座的内容也十分丰富，"农业与膳食"这一讲涉及粟和稻的发现、农用工具耒和耜、犁和耕作、五谷与九谷、蔬菜与果木、烹饪的方法与器皿等,他凭借渊博的学识,运用各种文献与考古材料,对每一个问题的讲解深入浅出,生动形象。在讲课过程中,经常会涉及一些生僻字和专业术语,对此,孙先生会非常细心地将这些字写在讲堂内的白板上,使听众能够对所讲内容及时领悟。如谈到古代车马器,他会把"靷""轭""軎""毂""軓"等字一一写出来。孙先生非常讲究逻辑和条理,看似繁杂的各种问题,经过他条分缕析、抽丝剥茧的论述,最终都变得清晰明了。听过他讲课的人都反映:"听孙先生的讲座真是一种享受。"当年刚刚入职国博的田率博士后来回忆:"遥想2009年刚去国博工作的时候,还在三元桥的通成达大厦上班,博物馆改扩建期间孙先生给馆内同仁上古代物质文化的课,倍感醍醐灌顶,视野大开。"

二、国博讲堂　弘扬传统文化

2010年底,国家博物馆改扩建工程全面竣工,2011年3月,开始逐步恢复对外开放。这时的国博"学术讲座"改为"国博讲堂",听众也由馆内职工改为社会公众。孙先生多次来到"国博讲堂",讲授中国古代物质文化方面的成就。从2011年至2020

孙机先生"从汉代看罗马"讲座现场(摄影:李守义)

年,孙先生讲授了"从汉代看罗马""神龙出世六千年""中西文化交流史研究中的一个关键问题""怎样看待古代的中西文化交流""试说鎏的功用"等专题讲座。

孙先生的每次讲座都会吸引众多业内人士、高校学生及馆内职工前来聆听,其中有很多孙先生的铁杆"粉丝"是专门从外地赶来的。近三百个座位的国家博物馆学术报告厅座无虚席,许多听众或席地而坐,或长久伫立。讲座中的孙先生表情丰富,语言风趣幽默,整个人显得意气风发,活动现场被孙先生严谨认真的治学态度所感染,气氛异常热烈。来自天津的听众在聆听孙先生"怎样看待古代的中西文化交流"的讲座后感慨:"真的是很久没有这么开心过了,听一个幽默风趣而又大有裨益的学术讲座,近距离感受到文博大家的风范,实在是一大幸事……一天的北京行,虽然稍显疲惫,但听完讲座仿佛自己重新被注满新鲜的血液。"国博志愿者刘春生在听完孙先生"中西文化交流史研究中的一个关键问题"的讲座后,于《那些年我们追过的学者》一文中记录了孙先生在讲课时的场景:"他挥动着手臂,不无自豪地说,我们的祖先是聪明的,船舵是中国人公元1世纪发明的,西方到11世纪才使用,比我们晚了一千年。中国的车的使用也比西方早一千年。今天农民使用的铁铧犁是非常科学的,和西汉时发明的犁壁并无异样仍在使用,而西方到很晚才学会使用犁壁。"每一次讲座的互动环节,面对听众积极踊跃的提问,孙先生都耐心细致地一一作答。讲座的最后,一些听众自发地排起长队,手里捧着孙先生《汉代物质文化资料图说》《中国古舆服论丛》等著作,希望能够得到他的签名,以作留念。

孙先生所有的讲座都是站着讲,而且中间很少停下来休息。每次主持人隆重地介绍完孙先生,主持台就成了他的讲桌。他的"一站到底",强烈地感染了现场听众,让在场的听众也忘了站在他们面前的是一位已年逾九旬的老人。他的"一站到底",体现的是他对专业的热爱,对学术的执着,也是他的治学态度。

孙先生走了,但孙先生在"国博讲堂"上授课的身影,仍毅然伫立着。

(作者单位:中国国家博物馆)

授业解惑,微光如炬
——孙机先生关于服饰研究学术发言实录

蒋玉秋

孙机先生离世两个多月了,这期间先生的亲人、挚友、同事、后学纷纷撰文以纪念。这些文章不仅呈现了孙先生丰富的人生经历,也阐释了先生重要的学术贡献,每一篇都值得熟读深思。以下我追忆先生的书写视角,是整理孙机先生自2017年受聘为北京服装学院学术顾问、特聘教授以来,几次珍贵的学术发言记录,谨此纪念先生对众多学子及学界同人的学术启迪。

一、2018年:《中国服装史上的四次大变革》

2018年11月9日至10日,北京服装学院举办了由孙机先生

2018年，孙机先生与中华民族服饰文化国际研讨会嘉宾合影

担任学术顾问的"2018中华民族服饰文化国际研讨会"。会议以"寻古鉴今"为主题，特邀彭林、朴圣实、邓启耀、横山广子、赵连赏、贺阳六位专家进行主旨发言。此后的一天半时间，三个分会场分别围绕服饰断代历史、服饰文物考古、民族服饰研究、染织技艺研究、服饰传承与创新五个议题展开，共有百余位学者进行了学术发言与互动。

授业解惑，微光如炬

2018年，孙机先生在"中华民族服饰文化国际研讨会"开幕式上发言

2018年，孙机先生在会议闭幕式上演讲《中国服装史上的四次大变革》

2018年会议现场,青年学子与孙机先生学术互动

开幕式上,孙机先生用三分钟简述了开展中国服装研究的重要性。先生说:

> 新中国成立以前,我们中国没有研究服装的这么一个学科。随着国家的文化繁荣,才形成现在这个越来越壮大的服装研究队伍。在当下,开启中华民族服饰文化研究,既是对此前的重要总结,也是对未来的重要奠基。

先生还指出服装研究在广度、宽度、深度层面都大有可为，有非常多有意思的课题，并以清明上河图为例进一步说：

《清明上河图》中有各色各样的人物，穿着各种服装，这就是北宋当时的社会面貌。服装，就是人们生产、生活的一种反应，也和当时的典章制度和风俗下关相适应。

在闭幕式，孙机先生又做了为时90分钟的专题演讲，题目是《中国服装史上的四次大变革》。先生开场发问：

就是说，咱们中国这个服饰史是什么时候开始有的？应该就是在旧石器晚期。

紧接着先生认真地建议道：

如果大家哪一位有兴趣写一个我们中国的服装史，我建议书名就叫《服饰万年》，因为咱们这个服饰的历史不止一万年，而是一万年以上。那么在这么长的时间里边，从周口店山顶洞人出土的骨针，到我们现在大家穿的大衣、夹克、袄,这个变化已经是太大了。那么我就把这个过程稍微给大家理一理。这个过程太复杂,时间也太长了。

接下来,孙先生从"上衣下裳"中"裳"的重要性说起,详解在席地而坐时代,"裳"和"裤"对下肢的保护作用,以及"市"和"佩"作为节步的礼制意义。先生还谈到了车战与骑兵之战的不同,因骑射之需,直接促成了人们穿裤的习惯。再到东周以后,中国的衣服从上衣下裳转变为深衣。继而,孙先生又旁征博引,精彩讲解魏晋南北朝时期的服饰变革,涉及北魏孝文帝的服饰"汉化",以及北齐、北周的"反汉化"等,至隋唐,服饰形成了"双轨"之制。在讲到宋代服饰女性缠足形象时,先生特别提到"我们要引导中国的服装往健康的方向发展",认为这种审美是中国服装史上的病态危机。最后,先生概述了元明、明清易服之变,并以明清胸背补子之别,通俗地总结道:

> 所以呢,有些服饰它是因改朝换代而变化,然后这个变化有的时候呢,前朝的东西,后面再也不会遇到。

这段表述,先生在日后进行系统拓展,并在2019年以《名称依旧,形制全非》做了专题阐释。

2018这一年,由孙机先生作为首席专家的国家社科基金艺术学重大项目"中华民族服饰文化研究"获批,这是北京服装学院科研史上的重大突破。犹记得孙先生讲到开展中华民族服饰文化研究这一课题的必要性和迫切性,他指出:

> 我国历史悠久,无数的古圣先贤、仁人志士是中华民族的脊梁,他们的事迹可歌可泣,永远值得我们尊重、怀念,是激励我们前进的动力,是爱国主义感情的寄托。可是由于我国古代流传下来的写实人像不多,提到这些历史人物时,头脑里往往浮现不出他们的身影。因此就需要用绘画、雕塑乃至戏剧、影视等手段予以再现。可是目前的情况是,由于古代服饰方面的许多问题没有解决,没有经过科学整理的、准确而详尽的服饰全书可资借鉴,所以上述作品中往往张冠李戴,汉唐宋元服饰混淆不清,错误比比皆是,历史感被严重冲淡;甚至一些大型的城市雕塑有时也犯这样的毛病。

先生一语破的,我们则跟着披荆斩棘。自此,北京服装学院师生团队在孙先生的带领下乘风破浪,全力展开对历史服饰、民族服饰、传承创新等子课题的深度研究,力行能为传统文化产业发展提供重要智力支持,能为提升国家文化软实力提供理论支撑。

二、2019年:《名称依旧,形制全非》

2019年11月9日,"探䌷雅故,格物致知——中国古代服饰研究论坛"在北京服装学院主办,论坛以"探䌷雅故、格物致知"为学术宗旨,推究义理制度,考订名物典章,探索中国古代服饰研究方法,孙机先生和彭林、赵冬梅、李恩珠、黄正建、赵评春、尚刚、鸟丸知子、袁宣萍、陈宝良十位专家做主旨发言。同时,论坛还邀请了国内相关院校、科研院所、文化单位的20位专家、学者进行学术互动。

孙机先生以《名称依旧,形制全非》为题开场发言(此文后发表于《艺术设计研究》,2020年第1期,第24—28页)。先生认为研究文物,先得真正认识它,它的原名是什么,不能只称之为"三足器""方形器"等。要将实物和文献记载相结合,了解其产生和演变的过程,知根知底,这样才能将它和当时的社会生活挂上钩,和历史挂上钩。不然,时代一变,形制一变,就完全说不清楚了。

先生选取了三个服饰方面的例子，分别对其形制变迁进行了追踪，以正现今个别考古报告及学者对其形制使用所存在的误解。

第一个例子是"冠"。先生援引"冠者礼之始也"（《礼记·冠义》）、"在身之物，莫大于冠"（《论衡·讥日》）等文献，言及冠之重要。但现代人所戴大都是帽子，与古代的冠完全不同。冠是适应束发为髻的发型而产生的礼仪性发罩，加在髻上，"寒不能暖，风不能障，暴不能蔽"。到了西汉后期，冠却和帻形成了一个整体。先生说：

帻与现代的帽接近，在汉代，它又分两种，一种顶上高起来的，叫介帻或屋帻，另一种顶上较平，叫平上帻，多是武士戴的。

因此冠底下衬上帻，就不称其为发罩了，而是一顶帽子了。沿着这条线发展下去，明代礼服中的冠叫作梁冠，实则确是一顶"大帽子"。

第二个例子是"金紫"。先生认为汉、唐两朝都有"金紫光禄大夫"这样的官衔，可是两朝的"金紫"所指却是完全不同的东西。汉朝的"金紫"指的是"金印紫绶"，而唐代的"金紫"则

仰观与俯察：孙机先生的治学之道

2019年，孙机先生在论坛开场作题为《名称依旧，形制全非》的发言

"探赜雅故　格物致知——2019中国古代服饰研究论坛"现场

指的是"金鱼袋"和"紫袍"。这套堂堂汉官威仪——"金紫"，之所以出现这样的变化，是因为受到初看起来与之毫不相关的一桩新事物的出现而走下了历史舞台——这就是纸的发明和推广。先生进一步解释：

> 汉代是用简牍的时代，汉代一官必有一印，一印必随一绶。印面不大，边长不过2.3厘米左右。因为印小，带在身上看不清楚，但系在印钮上的绶却很长。官阶不同，绶的颜色、织法和花纹也不同，金印用紫绶，一望而知这是一位大官。

那么后来发生了什么变化呢？孙先生紧接着从书写用料的变化加以解释：

> 魏晋以后，官文书也用纸书写。纸上盖的印，其印面的大小就不受检槽的制约了，出土的北朝官印，一般其边长都在5.5厘米左右，这么大的一套设备当然不便于佩戴。这就给印绶制度画上了句号。到了唐代，品官服色依官品之大小，依次为紫、绯、绿、青。高官腰间所佩鱼袋，外表饰以金，称金鱼袋。

这便是唐代的"金紫"。

第三个例子是"帔"。孙先生说唐代流行的帔大约是从萨珊（今伊朗）一带传入我国的。唐时的帔质地飘逸，像一条轻薄的长围巾，从肩上搭下，多呈飞扬之势。"青裙，白衫子、绿帔子"是一位平民妇女的衣着。而到了宋代，女子形态多沉稳安静，常将帔帛以"打结"或"缀以帔坠"的方式稳住以"行莫摇裙"。诙谐的孙先生还举例更正了某些研究对霞帔坠的认知之误：

> 不过由于对帔坠之用途的不了解，前些年的考古报告中常把帔坠称作香囊、银熏或配饰。十三陵定陵出土的帔坠上还附有挂钩，以便钩在霞帔上。可是考古报告却称之为"镶珠宝桃形香薰"，还将挂钩称为"手柄"，说它"既可以拿在手中，也可以挂在腰带上随身携带"，表明对此一头雾水。有的研究并复原的霞帔，带尾两端均系帔坠。这样，走起路来会左摆右晃，完全失掉系帔坠的本意了。

三、2020年：《新形势下如何研究中国服饰文化》

2020年12月19日，北京服装学院举办了"2020中华民族服饰文化国际学术研讨会",因为新冠疫情原因,会议采用现场和网络结合的方式同时进行,而孙机先生选择亲临现场,与华梅(线上)、徐万邦、扬之水、马怡、刘元风五位专家进行主旨发言。此外,"服饰史研究""少数民族服饰研究""服饰传承与创新设计研究"三个分会场共计有三十余名学者分方向发言。

孙先生此次发言的题目是《新形势下如何研究中国服饰文化》。为什么选择这个主题?孙先生说:

> 北京服装学院要在传承当中创新,传承就得对过去的情况比较了解。

接下来先生从五个方面加以阐释。

第一,中国的服装首先得跟生活密切相关。先生从早期的室内低坐家具讲起,切入到上衣下裳配伍中裤和裳的功用。随着历史的发展,春秋战国时期的步战、车战催生了裤的普遍穿用,尤其是到了魏晋南北朝之后高家具的流行,高家具的应用与日常着裤互相适应。此外,先生还谈到古代生活方式中赤足、穿袜、着履、穿靴的不同讲究。这指向服装设计需要跟随生活而变化。

第二,服饰的变化与礼制有关系。先生从古代的大型工事

2020年，孙机先生与中华民族服饰文化国际学术研讨会嘉宾合影

开始讲起，认为古代中国的"众"和古代埃及的"奴隶"是不同的身份概念。由此讲道：

> 这样的情况下中国讲礼制，当时是有一套行为规范，也包括服装部分各个方面。

> 虽然有一些不能够完全从考古上落实，但礼制对于服装的

2020年，孙机先生在会议开场作题为《新形势下如何研究中国服饰文化》的发言

影响是可想而知的。

第三，每个时代的美有不同所指。孙先生发问："我们设计服装首先要得好看，要美，美是什么？"并进一步阐释"实用跟美还是有距离的"，而且以玉佩为例，结合古时行走的步幅大小、步态缓急，来说明玉佩不是完全的装饰品，而是融合了"节步"的礼制之需、材料之美、技术之巧。

第四，服饰文化交流不容忽视。先生认为：

中国与西方的服饰文化交流、中原与少数民族的服饰文

2020年,"中华民族服饰文化国际学术研讨会"现场

化研究很重要。

并举例在中国魏晋南北朝时期,南方、北方服饰各不相同,而对服饰产生重要影响的群体是"府兵",先生说:

> 不管是鲜卑人还是汉人都当府兵,兵就要穿着制服。虽然当时没有制服的概念,但是都要穿得比较一致,虽然那个时候没有制服的概念,汉人当府兵也要穿鲜卑装,鲜卑装就普及开来。到了隋唐之后中国服装变成双轨制,一个是常服,穿的鲜卑装;一个是礼服,穿着传统汉族服装。

第五,研究服装还担负着爱国主义教育的任务。先生谈到"国服设计的研究还是很值得我们再给予关注的"。此外,"加强爱国主义教育,爱我们的民族,爱我们的人民,要从历史上汲取力量,也就是文化自信"。先生进一步谈道:"将来怎么样使我们的历史画更有感染力、说服力,更让大家与古人共呼吸,更感受到古人的情操,古人的爱国精神,加强我们现在的爱国主义精神,服饰研究是很重要的方面。"

四、2021年:《走出历史认知的误区》

2021年12月11日,"走出历史认知的误区——中国古代服饰研究论坛"由中国国家博物馆与北京服装学院联合主办,受疫情条件所限,会议采用现场和网络结合的方式同时进行,听会通道为线上。与会主旨发言的还有扬之水、赵连赏、赵丰、王方四位专家,八位青年学者参加互动交流。

孙机先生此次论坛的主题——"走出历史认知的误区"阐释如下:

中国古代服饰文化是我国传统文化的重要组成部分,承载着悠久而隽永的文化内涵。璀璨悠久的古代服饰中蕴藏着丰富的文化财富,不仅为当今的服饰创作提供着源源不断的文化灵感,更如有源之水,滋养着中华民族在新的历史条件下的新创造、新发展,给我们的文化自信打下了最深厚的历史根基。不足的是,由于对古代服饰的认识不够深入,现如今无论在绘画、雕塑或影视作品中,均曾出现过一些与史实不符之处,这就削弱了它们的感染力。为了改进这种状

2021年，孙机先生与"中国古代服饰研究论坛"嘉宾合影

2021年，孙机先生在会议上作题为《走出历史认知的误区》的发言

2021年，中国古代服饰研究论坛现场

况，中国国家博物馆与北京服装学院联合主办这次"走出历史认知的误区——中国古代服饰研究论坛"，希望能对历史人物形象等方面的创作提供帮助，推动中国古代服饰研究深入发展。

会上，孙先生以《走出历史认知的误区》为题进行了30分钟左右的发言。因这次联合办会的会场不是在北京服装学院，而是设在了中国国家博物馆，孙先生特别指出了博物馆与学校的不同：

博物馆是什么地方？博物馆是一个文物的收藏和展览的殿堂，"殿堂"这个词当然是带有敬意，但是殿堂比较高贵，而且有点神圣的意味。习主席去视察陕西历史博物馆，他说："一个博物馆就是一所大学校，因为学校呢，不光是学习的地方，而且在学习当中得不断地提问，不断地刨根究底，不断地探索了解，所以在学校跟一般的在殿堂里走一走，参观一下，不大一样"。

先生进一步提出做好博物馆展览的看法：

我们都说中国五千年文化是人民创造的，人民创造的一些重大的历史事件背后都有一些历史上的代表人物，都有一些仁人志士、古圣先贤，是他们推动了中国的发展，这些人物和事情的发展，具体到一件文物上来说不容易反映出来。所以如果我们要想从这个历史的重大事件背后看到人物的活动，看到这些人物怎么推动历史，这就需要有更形象的东西来表达，这个形象的东西的表现就是历史画的展现。

先生提出了展览中，除了应用文献和文物，还要重视用"历

史画"的方式展现历史,先生说:

> 我们如果用这样一些手法画出历史人物,这些历史人物站在历史重要的一个情节,在历史关头上他们用历史的面貌出现了,出现了以后,有情节、有人物、有情节的发展,有亮点、有激情,这样的画给观众感情上的震撼不是说我们哪一件文物,或者哪一个书本能替代的。

继而,孙先生从阐释"历史画"的重要性,指出"服饰研究这个方面做的工作很不够",并举出多个当下影视剧、人物画、塑像中服装误用、错用的案例。针对这些误区,先生发问:

> 那么谁应该来解决这个问题?学校,包括博物馆也有这样的责任。把这个问题解决好,本身最后的结果是爱国。

最后,孙先生再次强调当下服饰研究的工作还很不够,希望:

> 服饰研究需要给创作者一个正确的引导,我们现在办"中国古代服饰文化展"也是想说明这件事情。如果我们这个会

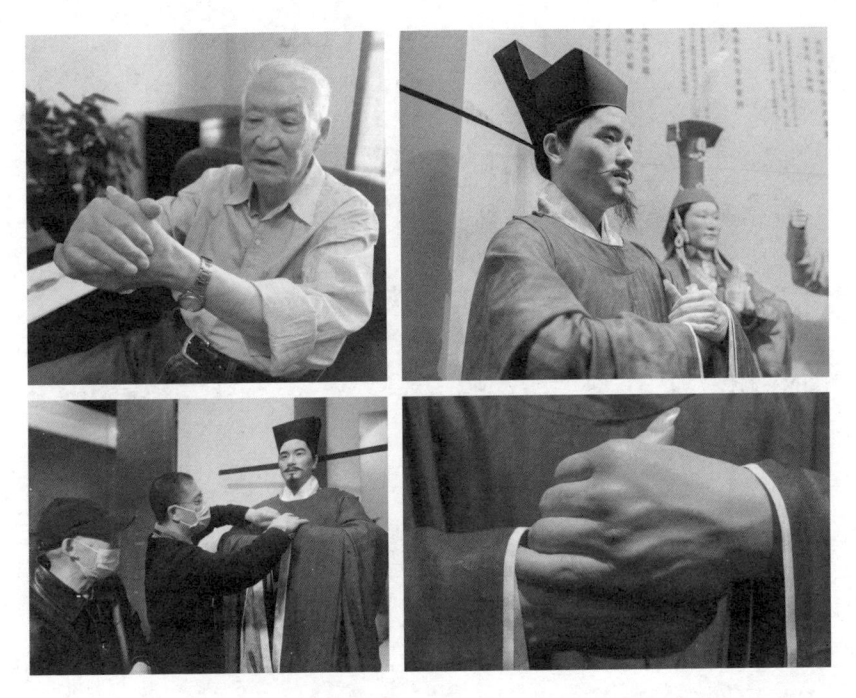

2019—2021年，孙机先生指导北京服装学院团队宋代叉手礼造型

能开好，我们继续把这个工作做下去，我们也会取得很好的成果。

先生对历史形象准确性的高标准、严要求，也体现在2021年2月中国国家博物馆举办的"中国古代服饰文化展"人物形象的具体塑造上，比如对宋代男子叉手示敬的具体姿势，先生亲自示范，并在展览过程中亲自跟进北京服装学院塑像团队进行调整；

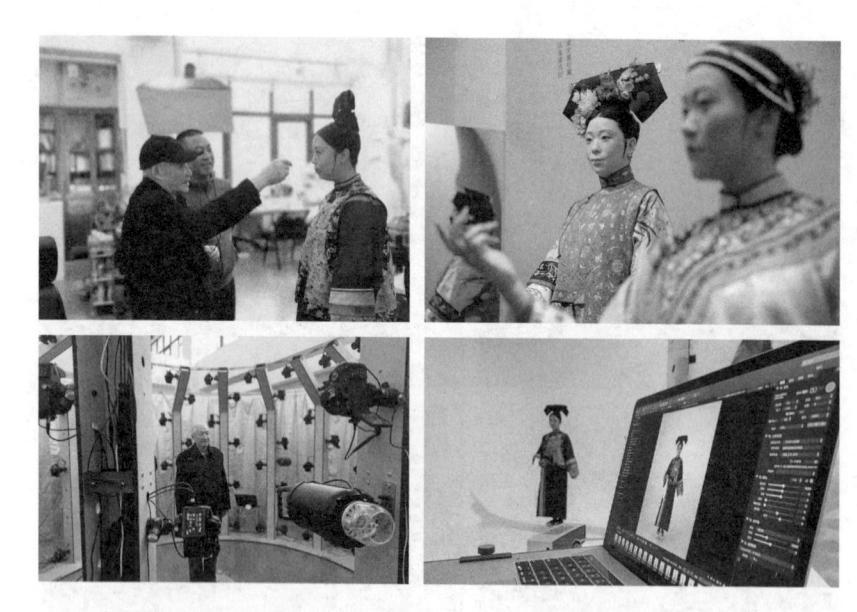

2019—2021年，孙机先生指导北京服装学院团队清代满族女子造型

又比如在对清代女性服饰形象的准确塑造上，强调人物整体气质相似度的还原。

2021年11月，北京服装学院举办"楚汉观照——中国传统服饰文化研究与艺术创作作品展"，11月14日，孙先生亲临展览现场。先生认真地观看了每一件作品，对师生创作的楚汉题材历史人物形象进行了细致的指导，给予了非常宝贵的学术建议，并鼓励师生的美术创作应深度与服饰研究相结合，才能创作出优秀、准确的历史题材美术精品。

2021年，孙机先生参观北京服装学院"楚汉观照"艺术作品展

2021年，孙机先生为北京服装学院师生讲解楚汉服饰之别

2021年，孙机先生在"楚汉观照"现场与学子交流

　　2022年12月17日，"衣冠崇礼——经学与服饰学术研讨会"由北京服装学院与清华大学中国经学研究院联合主办，彭林、冯时、赵连赏三位专家主旨发言，三十余位学者参加分会场宣讲。由于正值新冠疫情暴发高峰期，孙机先生未参加此次会议，但孙先生所倡导的研究路径仍然持续指导着大家前行。

　　以上是对孙机先生近几年来在北京服装学院主办学术会议发言的简要回顾。孙先生身体力行践行中国古代服饰研究，其严谨的学术精神、深厚的学术修为令无数学子敬仰。正是因为有孙先生这样包容执着、率真至诚的长者，才使得不同研究领域的优势力量能够汇聚一堂，并带着强烈的历史使命感与责任感，突破单一学科视角的研究局限，开展更具广度与深度的服饰文化研究。

重读这些文字，那位"全程站着讲座"、求真问真、授业解惑的孙先生犹如仍在眼前，巧思利言，诙谐幽默。先生为我们留下了太多实实在在的精神财富——除了这些讲座发言，还有《汉代物质文化资料图说》《中国古舆服论丛》《中国圣火》《从历史中醒来》《仰观集》《载驰载驱》《中国古代物质文化》以及即将面世的《孙机文集》等。

先人以一己之力，一文一书，微光觉照。

微光吸引微光，微光照亮微光。先生微光如炬，将照耀着更多学子从历史中醒来，走出历史认知的误区，仰观俯察大千世界。

2023 年 8 月 25 日

（作者单位：北京服装学院。供图：北京服装学院）

勤耕不辍，精业笃行

胡　妍

每每走进"中国古代服饰文化展"，一件件文物、一尊尊复原人像、一段段文字……无不浸透着孙机先生的良苦用心，作为中国国家博物馆首个中国古代服饰文化通史类展览，我有幸因辅助先生策划与实施此展结缘，受益匪浅。先生于2023年6月15日与世长辞，他的离去无疑给整个学术界带来巨大损失，往昔历历在目，我将悲痛之情诉诸笔端，寄托哀思。

一、耄耋长者　志向高远

孙机先生是我国文物考古研究领域的集大成者，他运用文献与实物相互印证的方法，深入揭示了研究对象的起源与演变。

在断代史研究、古舆服研究、科技史研究、中外交流史研究等领域取得了令人瞩目的成就。先生是享誉中外的著名文物专家和考古学家、国博终身研究馆员，我曾听过先生的讲座，却不曾想有机会辅助先生策展。先生在服饰考古、服饰史论等方面做了大量研究工作，数十载学术成就硕果累累，能举办一个古代服饰展览，出版一套学术文集，是先生耄耋之年的两大心愿。因此，自2018年起，在春法馆长的大力支持下，先生开始筹划整理服饰展的相关资料，想要把这些成果中的精髓集中呈现在一个展览中，在具体实施阶段不免会存在诸多困难，筹备近三年尚未成型，先生与馆长都认为亟不可待，于2020年初夏时节，春法馆长为此特意召开组织协调会并委派我作为联合策展人，辅助先生策划与实施此展，并明确提出要克服新冠疫情防控、借展品难等困难，于2021年春节前开幕，我倍感责任重大。

与先生初次面谈，见识了这位长者的谦逊与志向高远。先生精神矍铄，娓娓道来，看出我并不自信的忐忑模样，先是给予我很大的鼓励，他说："我是做展览的'小学生'，平日只会搞搞研究写写文章，你是做展览的行家，你说怎么做，咱们就怎么做，不用担心，相信你一定能做好！"听完大家一起笑了起来，继而先生郑重地将其厚厚的手书内容大纲复印件交付给我，开始一起探讨如

孙机先生赠予笔者《汉代物质文化资料图说》

何进行展陈立体框架的策划及组建策展团队。当我问及先生举办此展的宗旨是什么,他义正辞严地说,"中华五千年历史中,无数可歌可泣的仁人志士的丰功伟业,如今以绘画、雕塑或者影视作品等艺术形式进行弘扬,激发我们的爱国情怀。不足的是,由于创作者没有系统地掌握古代服饰样貌、历史脉络及文化内涵,均出现一些与史实不符之处,造成对观众的误导,无形中削弱艺术作品的感染力,未能弘扬中国优秀传统文化,这是莫大的悲哀。因此,举办惠及大众的'中国古代服饰文化展'势在必行"。我听后备受鼓舞,当即表示一定不负众望,竭尽全力辅助先生办好此展。

二、严谨治学　鲜活呈现

在我潜心研读先生的手稿过程中,更是被大量先生手绘的线描图所震撼,深感其严谨的工作态度。此后,与先生数次进行展览内容的组织策划碰面,都使我受益良多。对于展览内容上首先要明确为观众系统阐释清楚中国古代服饰的发展脉络与文化内涵;其次要为观众呈现中国古代衣冠配饰的整体形象,由此确定展览以历史时期为主展线,在其中穿插不同小主题的展示方案,阐明先生关于"中国服装史上的三次重要变革"的研究成果,造就了井然有序又层次分明、内容丰富的展览结构进行策划、设计与实施。

随后,先生向我和策展团队提出要求:以物说史、以物释史、以物证史是博物馆的基本职责,国博作为国家最高历史文化艺术殿堂和文化客厅,长期以来充分发挥"全国爱国主义教育示范基

孙机先生手稿

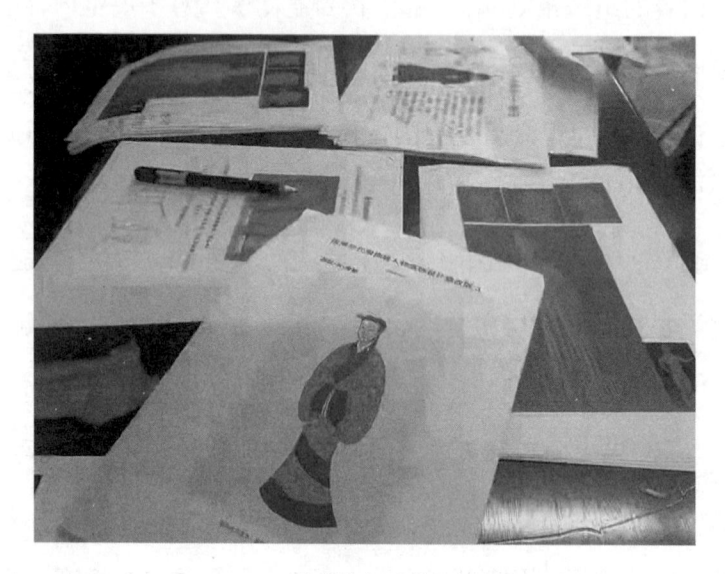

展览大纲图稿

孙机先生在展厅讲解

地""全国中小学生研学实践教育基地"的作用，遵循严格考证、忠实还原、鲜活呈现的展陈宗旨，策划的视角进一步聚焦"学习型"观众，转化其喜闻乐见的展览语言进行实施。

三、亲自设计　复原人像

本着还原中国古代衣冠配饰整体形象的初衷，在符合理论研究、保证展品的学术价值、艺术欣赏价值与收藏价值的基础上，能最大程度地反映出不同历史时期典型服装、配饰、妆容等特点，由孙机先生亲自设计，国博策展团队持续跟进细化，北京服装学院团队具体实施，历时两年，完成从汉代至清代的历代着装超写实仿真复原人物塑像（全身）十五身、胸像十一尊，具有其独特性和不可替代性。

十五尊历代复原人像的制作过程和工艺流程复杂，需要先后进行人物设计、矩阵数控技术扫描、数字雕塑建型深化、泥塑深化塑造、影视特效深化制作、影视特效化妆等多项工作，不仅浓缩了中国历代审美风格，更是一次重要的中国古代人物造像创作。按先生的建议，真人与复原人像实际尺寸比例为1∶1.1，将科学数据、图像文献、历史资料通过艺术手段进行三维重塑。先生无数次往返于制作现场，亲自上阵实操，带领团队深度研究，反复修改，小到人物皮肤、毛发、眼球等细节塑造，大到人物动作的设定，力求结合精湛的技艺，超写实还原每一个典型人物形象。

在服饰复原方面，先生经过长期论证，逐一选定形象并绘制初稿，再参照各时期出土实物、壁画、肖像、陶俑，以及相应的文献记载反复考证，推敲每一尊形象从上到下、从外到内各件衣物的版型结构和层次，全部采用手工裁剪缝制，制订详细的制作方案，复原出典型历史时期的服装配饰约110件，并还原至人像穿着整

勤耕不辍，精业笃行

孙机先生亲力亲为复原人像的每个环节

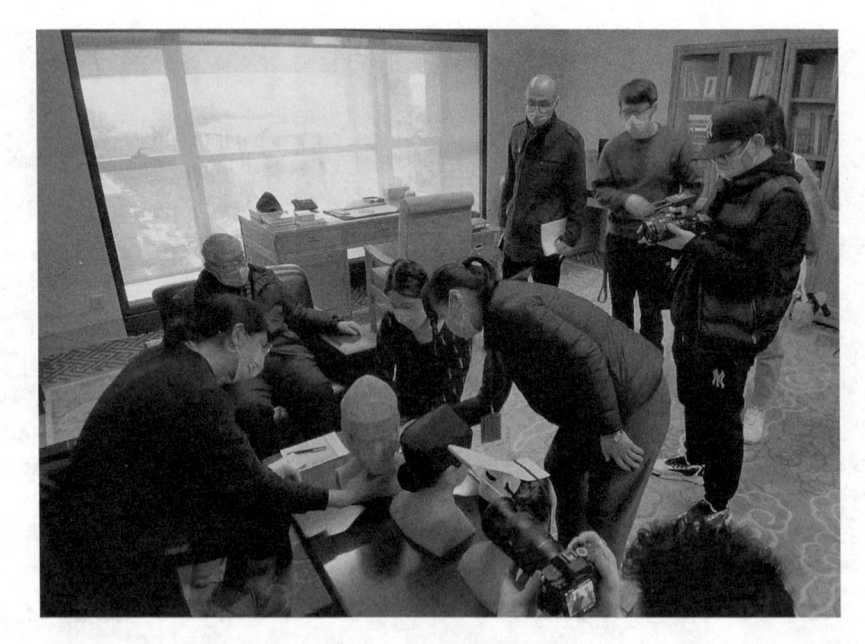

孙机先生把关复原胸像的细节

体呈现，其中主要包括成衣、首饰、配饰、冠帽、鞋履等百余件配件的设计定制，以及各个历史时期发型、妆容等造型搭配，尽可能还原当时的服饰风貌。

成衣面料在现有技术条件下，参照历代面料组织结构，复制或仿制相应时代丝绸面料，例如汉代纱、罗、绮等品种。在满足展陈环境光照、温湿度、酸碱度等前提下，主体部分尽可能采用植物染色工艺。涉及绞缬等古代印染工艺部分，采用相似原理工艺制作。首饰的制作均采用手工花丝等传统首饰加工工艺，主体以银、铜镀金制作，点翠、象牙、玳瑁、龟甲等涉及动物的相关材质，全部采用效果近似的代替材质制作。

在展出中，先生和我都有些遗憾的是，观众只能看到服装的表面，看不到每套服装内如衬衣、汗衫、衬裤、衬裙、中单等并不外露的内着服饰，每件都凝聚着先生的智慧与辛劳。

四、与时相偶　推陈致新

大纲与文物、展品都确定后，将是对展厅布局及设计制作的实施阶段。先生最初的设想是在展厅结尾处将15尊复原人像以一字排开的方式展出，让参观者一览古代服饰的演变。而我提出完全不同的设想："假如我是一位完全不懂古代服饰史的观众，当我'走进'每段历史时期，欣赏每件展品时，会在脑海中想象当时古人到底穿什么样，若能在每个对应的历史展线上，看到衣冠全貌，应当会更加直观吧？"因此，我跟先生提议，"以中心区域为核心点，六大专题区域与中心轴分割为六边形的展示空间相呼应，将中国传统柱坊结构建筑形式与陈列复原人像的展示立柜相结合，主展线按照不同历史时期先后顺序，以及观众行走和观看习惯,构成一个顺畅且单向的(时间)叙事性流线,这样,每一段历史都将清晰呈现,并且中心区域的人物全貌也能完整呈现历史演变"。与先生反复推敲论证,最终,先生同意此设想,愿意以新的尝试,呈现更多样性的展示方式与观赏效果。

由于这个方案中心区域外部形成一个个辅助展线的复原人像闭合展示区,内部独立空间将如何运用,也是和先生讨论的重点。我从儿时喜爱的万花筒中得到创作的灵感,跟先生建议提炼服饰纹样元素做成繁花似锦的大型"万花筒"似的沉浸式体验区。在我兴奋地跟他描述构想时,先生始终面带微笑地看着我,继而高兴地说:"你的想法很新奇,我好像能想象出你说的样子,但是不知道你们年轻人要怎么做,总之一定要做得美、做得好看。"我再次感受到先生乐于与时相偶、推陈致新。就这样,中心区域内部的"华纹锦绣"沉浸式体验区运用古代传统文化与现代科技有机结合的方式呈现在公众眼前,使观众沉醉于瑰丽而奇幻的"花海"纹样中,也是开展以来,网红打卡拍照最多的一处。先生提出"纹饰重现昔日的华美,可以更好惠及大众",此展的策划与实施始终重视文物"活化"的生动化、情境化、立体化,将学术研究成果力求表达的思想性、启迪性,融入到多维度、多样化的展陈形式中,提升观众的求知欲、参与度,以润物细无声的方式引导

孙机先生在展厅进行现场讲解

观众全面了解中国古代服饰文化，以当代眼光观照历史文物，展现中华文化的绵延不断和蓬勃不息，增强中华儿女的民族自信心和自豪感。

五、戮力同心　踵事增华

施工搭建之初，孙机先生就多次提出到搭建现场与大家一起布展,考虑到条件艰苦,先生年事已高,我与策展团队的同仁们担心先生的身体,多次劝阻并表示等布展完毕后再第一时间请先生前往,先生总是急迫地说:"没事的,我好得很,身体没问题!带我去吧!"先生很关心每日展厅情况,听取每日进度详情才安心。搭建进入中后期,先生越发迫切地要求去现场,最终未等我们布展结束就早早地来到展厅,跟大家一起忙碌。即使当时展厅文物布展、灯光调试等工作均未完成,先生都能对每个展区所呈现的文物、说明词如数家珍,清晰明了地跟大家娓娓道来,先生的话记忆犹新,时刻鞭策着我。

待布展结束,先生激动地跟我说:"挺好!挺好!"不吝言辞给予肯定与赞许,并谦逊地说:"我的全部本事于此,愿能给后人留下点什么,不留遗憾!"

展览自2021年2月6日开展以来,观众络绎不绝、口碑相传,实现了将学术成果的广博高深转化为展览语言的浅显易懂,将展览的宏大叙事与文物的微观呈现有机结合,使得不同层面的观众领略到中国古代物质文明和精神文明的璀璨成就。除了举办此展,孙机先生始终兢兢业业地为国博的展览质量保驾护航。他的专业眼光和丰富经验,使众多展览在学术性和艺术性上都得到了高度保证。

孙机先生与"中国古代服饰文化展"部分策展团队成员合影

正是在孙机先生精业笃行、推陈致新的带领下，才有了这些学术精神和学术遗产，他的著作和研究成果将继续为后人提供宝贵的学术财富。我将以先生为楷模，踵事增华，继续创新展览展示，推动文物活化利用，使文物走出库房、走上展线，把中华优秀传统文化的精神标志提炼出来、展示出来，用文物讲述中国故事、阐释中国文化、弘扬中国精神。

孙机先生于2021年2月6日开幕式当日接受媒体群访（一）

孙机先生于2021年2月6日开幕式当日接受媒体群访（二）

所幸我们用影像记录下了"中国古代服饰文化展"的策划与实施全过程,记录下了孙机先生勤耕不辍、精业笃行地守护好、传承好、展示好中华文明优秀成果的画面,留下弥足珍贵的影像资料。在此,回顾先生的博古通今,承先辈之精神,续吾辈之重任。

(作者单位:中国国家博物馆)

慧眼识玲珑，胸中存至诚

田　率

2023年6月15日上午，著名文物专家、考古学家、中国国家博物馆终身研究馆员孙机先生与世长辞，这一噩耗令人悲痛不已，直至此时我仍觉百酸搅肠，难复平静。现在回忆起自己与孙先生共事的十二载，恍如昨日，先生的闳言高论，谆谆教诲，音容宛在，曷日而忘。

2009年7月，我从北京师范大学历史学院毕业后，入职中国国家博物馆。彼时正值国博改扩建，各部门皆在北三环静安里的通成达大厦办公，博物馆的对外业务工作节奏放慢，借此闲暇之际，学术部门邀请孙先生讲授文物知识，每周一次。那时我刚走出校园，久闻孙先生大名，上学时在图书馆借阅过《汉代物质文化资料图说》，书中对不同门类的器物皆有精彩细致的考证，堪称近年来名物学的扛鼎之作。当时我们能够聆听孙先生的现场授课，倍感亲切。这一系列讲座后来集结成为《中国古代物质文化》一书，泽惠学林，常读常新。

后十余年间，孙机先生在国博奉献了数十次讲座，每场讲座对于听众而言都是知识的洗礼、精神的享受。诸如20世纪70年代关于司南、地动仪等科技文物的复原情况，虽已时过境迁，孙先生仍能如数家珍，娓娓道来，引人入胜。近年来孙先生对丝绸之路的历史意义、汉朝与古罗马的文化交流等宏观问题有很多新认识，他在讲述之时绝非空谈虚论，皆列举大量的实物例证，从马车的靷系方式、耕田农具、谷物加工的方法等具体内容出发，抽丝剥茧，阐释发微，闻者无不啧啧称赞。最令人敬佩和折服的是，孙先生讲座从不坐席而谈，两三个小时全程站立，也不饮水，精神饱满，热情洋溢，虽耄耋鲐背之年，更显矍铄健旺。每场讲座下来，我们感受到的是孙先生对历史文物的执着钟情，对中华文明的推崇挚爱，孙先生毕生致力于宣传中华传统文化，愿将古代文化的种子播撒在每一位聆听者的心田里。

直至先生去世的大半年前，孙先生也是每周二必来馆上班。2010年春节之后国博改扩建工程结束，员工们都搬回了天安门广场东侧的馆舍上班。此后的前几年，已是八十多岁高龄的孙先生来馆上下班仍然骑着他的那辆二八大杠自行车，无冬历夏，风雨无阻，这辆车就停放在西南门的自行车棚里，我们每每路过必能看到，格外醒目。有时候孙先生午间还会骑着车去五四大街北大红楼门口的文物出版社门市部采购一些图书资料，满载而归，神采奕奕。

孙先生来馆之后，通常会利用空闲时间受同事们之邀去到展厅为大家讲解展览，起初三两个同事一起陪着，渐渐观众越聚越多，竟达数十人，簇拥在孙先生周围，如星拱北辰，水泄不通，我们这些"先进弟子"则被挤出了"包围圈"，无可奈何又束手无策。尤其是"中国古代服饰文化展"，孙先生以九十二岁高龄亲自挂帅担当策展人，该展览凝结了孙先生毕生的精力和研究成果，2021年2月开展之后，孙先生经常来到展厅为馆内同人和观众讲解，背影虽伛偻，步履略蹒跚，但是先生依旧侃侃而谈，议论经旨，道尽华夏衣冠之美，服饰之盛。

孙先生博学洽闻，学问精深，众所周知，自不待言。通过一件趣闻，从侧面可以体味出先生笃厚渊博的学识。据国博一老同事讲，20世纪90年代末，某高校研究生来中国历史博物馆向史树青先生求教问题，时孙先生也一同在场，该研究生欲求之问题，孙先生稔熟于心，倾囊而赠，引经据典，绘声绘色，令求教之

2020年12月,陪同孙机先生参观"镜里千秋——中国古代铜镜文化展"

人惊叹不已,此人当即表示回学校后要跟校方申请,改投名师,愿拜孙先生门下。我在国博工作的十二年,从藏品保管一部到藏品征集与鉴定部,一直从事中国古代文物的征集鉴定工作。孙先生是国家文物鉴定委员会副主任委员,对中国古代文物如吉金彝器、陶瓷玉石、石刻雕塑、金银铁器、漆木牙角、织物丝品等诸多门类皆有钻研涉猎,为国博文物征集工作不辞辛劳,贡献甚巨。

2013年3月,孙机先生鉴定青铜器

十余年间,我们能够跟随孙先生左右,聆听教诲,受益良多,收获颇丰。其间最值得回忆的是孙先生对东汉永寿二年错金钢刀的鉴定过程:2011年8月,西安市公安局移交给国博一件铁刀,一日下午我们邀请孙先生来保管部鉴定此器,孙先生依旧风趣地说:"今天又要看什么宝贝?"当时铁刀装在一个颇为破旧的

2016年1月,孙机先生鉴定家具

锦盒之内,打开包装盒,里面是用保鲜膜包裹的一件长近一米的器物,当我们小心翼翼地将保鲜膜一层层解开时,随之也掉下来一粒粒铁渣,最后展现真容才看出来是一件环首刀,通身长满铁锈,环首和刀身近柄处有极其纤细的错金云纹,接着我将刀翻转,脊部赫然呈现错金铭文数十字。"永寿二年二月濯龙造,廿湅百

2018年11月，孙机先生鉴定虎鎣

辟"，当孙先生念到这里时，不禁脱口而出："这可真是件稀世瑰宝啊！"孙先生于是便讲起了铭文的重要意义：灌是灌钢法，辟是百炼钢，利用灌钢技术制作的刀剑以前只在汉晋时期的文学作品中有记载，这可是难得的实物！接着孙先生又开始追述中国古代的冶铁炼钢技术，百炼钢与灌钢法的革新，又说到环首刀的形制和发展，从轰动学界的20世纪70年代山东苍山出土的三十湅钢刀谈起，再列举日本出土的数件钢铁刀剑，洋洋洒洒，旁征博引，着实为我们上了一节生动的"小灶儿"私教课。大家聆听的如痴如醉，不觉日已西斜，孙先生最后在鉴定意见书里对这件国宝留下了"汉代第一刀"的极高赞誉。

像这样的例子还有很多，难以枚举，每次孙先生为我们鉴定文物时，总是会详细介绍它们的价值以及鉴定经验，令我们大开眼界，叹为观止。孙先生为国博征集工作不仅奉献了眼力、学识和责任，更表现出他的朴厚仁心：孙先生的办公室在南部办公区的三楼，每次鉴定时我们都是去他的办公室拜望延请，然后陪着他横穿大厅，乘坐扶梯，经过长途跋涉才能走到东门内的征集室库房。鉴定结束后我们要送孙先生回去，他却执意自己返回："我们都是同事，没必要这么客气，你们还要收拾库房，别给你们添麻烦了。"望着孙先生离去的背影，我们心中隐隐不忍，对先生崇高的人格敬重益深。

孙机先生虽然离我们而去，但是他给我们留下的丰富深厚的学术遗产和纯洁净朴的赤诚之心，萦绕伴随在我们身边，永远激励鼓舞着世人。

（作者单位：北京师范大学历史学院）

"衣"缘十二载

王 方

与大多数读者一样,结识孙机先生是通过大学读书时手头常备的《汉代物质文化资料图说》,每遇到难题,总可以在书中得到通俗易懂却又精彩简练的解答。后来,在博士论文选题时,白师云翔先生根据我的知识积累和兴趣点为我选择了服饰考古专题,从此,孙机先生的《中国古舆服论丛》又成为我的案头必备。与寻常的工具书不同,这本书不像是知识的展柜,而更像是那把不断激发我探索真知的展柜锁匙,引领我走向了一片绚烂广阔的服饰天地。

2011年毕业后我入职国博学术研究中心,孙机先生作为返聘专家也恰在同一部门,办公室门户相对,成为"邻居"。从此书中的那些文字便活了起来,每每经孙先生绘声绘色的描述,回荡在办公室、电梯间、餐桌旁，成为大家的茶余谈资。作为晚辈，面对这样一位文物大家自然是谦恭谨慎，寡语少言。一次，孙先生拿着我的博士学位论文向我走来，早知道孙先生治学严谨，我的心立马悬了起来，他却说："听说你的论文答辩表现不错，我得好好学习。"虽然孙先生的这番玩笑话令我诚惶诚恐，但原本紧张的情绪立马松弛下来，那份距离感减少了许多。在以后的十二年我才发现，孙机先生原来还有诙谐有趣的一面，而且这才是他对待生活的本来态度。

在很多人眼中，孙机先生是"较真"的，甚至有些倔强。无论是学术泰斗，还是无名小卒，但凡学术观点有差的，孙先生会直接指出，而且论出有据，让人心服口服。这份倔强来自他对待学术问题绝不含糊其词、模棱两可的治学态度。对待后学，他不吝啬夸奖鼓励，但对不同观点也绝不为情面勉强附和。作为同志又同好的小友，每有心得小文自然会呈先生过目指摘，先生总是接过文稿后当即阅读，绝不敷衍拖沓。有时会兴奋得像个孩子连说三个"好"，并且罗列精要如数家珍；有时也会引经据典逐条反驳，然后摘掉眼镜，呵呵一笑："得罪了，得罪了。"我明白，先生的这种较真态度来自他对文物的敬畏之心和对学问的捍卫坚守，正如他在《仰观集》后记中提到的："博物馆是文物的殿堂，

2019年笔者与孙机等诸位先生观展（摄影：蒋玉秋）

而文物是人类文化成就之物化的见证。在博物馆服务，有幸和这些世间珍异朝夕谋面，没有理由不掬其丹诚、倾其绵薄。"正是怀揣着对文物的敬畏之心，孙机先生每每愤慨于影视剧作中的大胆"创新"，"头戴汉代的冠，腰挂明代的剑，穿着不知哪朝哪代的衣服……"。历史不能戏说，对历史不容有半点亵渎，秉持着这样的初衷，在孙先生的倡议下，国家博物馆在2021年召开了"走出历史认知的误区"主题服饰论坛。

孙机先生论坛发言（摄影：张迈建）

　　与关注宏大历史叙事的考古学家不同，孙机先生更关注我们身边的日常。从青铜重宝到蕞尔小饰，吃喝用玩，几乎涉及物质文化领域的方方面面，那些习以为常却不引人注意的"小"问题，往往最能入先生青眼。2017年，山东大学举行邹城邾国故城遗址出土度量衡铜器专家论证会，我陪同先生赴泉城参会，时至今日，会议发言的内容多已忘怀，先生谈笑间信手拈来的各种掌故却记忆犹新。行程间先生随时会抛来各种小问题，"白酒什么

孙机先生在山东大学太湖石景前（摄影：王方）

时候传入中国的？""太湖石有什么讲究？"答得上来，先生会满意地点头微笑；每遇困顿语塞，先生会驻足片刻，耐心地娓娓道来。晨起散步至山东大学太湖石景前，先生道："中国宋代以后园林小品才盛行，太湖石是园林小品，讲究'瘦''漏''透'……这块石美，可以留念，比比谁拍的好。"先生童心雅趣，于是有了孙

本文作者在山东大学太湖石景前（摄影：孙机）

先生与我互相拍下的这两张珍贵照片。先生之学问是真正的生活中的学问，不得不说，正是这些无人关暇的琐碎问题让孙机先生的研究更有"烟火气"。

在物质文化之外，孙机先生最关注中外文化交流问题，自商周迄宋元，青铜、钢铁、金银、陶瓷、石刻、漆画无不在先生关照之中。但与时下动辄从西方找源头的学说不同,先生在追索域外文明的学术旅程中反而惊喜地发现"通行于异域的小物件往往可在中国找到工艺意匠的源头",这些发现常令他"不胜兴奋珍惜"。他相信对外来文化的选择自然会失之本来的面貌,正如中国茶文化与日本茶道之区别。正是对中外文化交流诸问题的特殊贡献,让先生在海外也有着广泛的影响力。

2019年10月,日本奈良文化财研究所中村亚希子女士来国博访问偶遇孙机先生,当她把这个消息带回奈良文化财研究所时令同行激动不已。孙先生的《摩羯灯——兼谈与其相关的问题》一文是对日本古代灯具研究非常重要的论文。不久,日本学者神野惠和中村亚希子女士便致函希望翻译孙机先生的这篇文章,孙先生热心支持、慨然应允,在签字翻译授权书时还不忘幽默地笑说:"签字画押完毕"。

严肃的学术研究之外,孙先生更是一位慈祥、可爱、有趣的老爷爷。每每谈到孩子,孙先生的眉宇间总是闪烁着点点喜悦的光芒,看得出他是发自内心地喜爱孩子们。清楚地记得,在我怀孕时,孙先生曾意味深长地说:"有一个孩子必是人这一生最幸福的道路",转而又幽默地说:"您这是在为人类大事业做贡献。"他看着学术研究中心的孩子们一代代成长起来,每有孩子们到

孙机先生与学术研究中心的孩子们（摄影：王方）

来，餐厅里总是洋溢着欢声笑语，那一定是孙爷爷在给孩子们讲有趣的故事。

无论为人还是治学，孙机先生一生都在追求一个"真"字。我和孙机先生因"衣"而结缘，算来这份衣缘已经十有二载。作为服饰研究领域的两座高山，如果说我解读沈从文先生和他的学术思想是在他的字里行间，那么了解孙机先生和他的学说却是在与他日常

2021年春节合影（摄影：王方）

言谈中感受到的。先生的一颦一笑仍旧跃然眼前，先生的诙谐掌故依然不绝于耳，先生铿锵有力的声音仿佛还回荡在耳畔，伴我前行。

2023年6月17日

送别先生后于东长安街16号

（作者单位：中国国家博物馆）

孙机先生琐记

朱亚光

2023年6月15日，孙机先生仙逝。与孙先生相识十二载，从未想过他会离开得如此突然。每每回想孙先生的音容笑貌，忆起与先生相处的时光，心情难以平复。

一、与孙先生为邻

我是在2011年7月入职中国国家博物馆的。当时，孙机先生作为退休返聘专家与我同在学术研究中心工作。虽然办公室与孙先生的门对门，但进馆之初，我对先生了解并不多，仅限于学生时代即已听说、入职后又有耳闻关于先生的各种著作和"标签"，诸如《中国古舆服论丛》《汉代物质文化资料图说》以及"汉代百科全书""古代物质文化活字典"等。

百闻不如一见，入职后不久，我开始在三层办公区不时偶遇传说中的孙先生。初见先生，除老辈学者特有的儒雅气质外，有两点细节让我印象极为深刻：一是先生的精神面貌。先生当时年逾八旬，但鹤发童颜，面色红润，耳不聋、眼不花，走起路来脚步稳健，精气神儿不输年轻人。二是先生的通勤方式。那时不论冬夏，先生都会骑着高大的黑色老式二八自行车，往返二十余公里上下班。据熟悉孙先生的同事们说，骑车通勤的习惯他已保持几十年。待退休返聘，馆领导原有意安排专车接送，却被先生婉拒，推辞说"我还不老呢"。在我入馆后，先生这一习惯又持续了近两年。

往后的六七年，包括我在内的几位同部门后辈因与孙机先生比邻而慢慢熟悉。面对熟识的同事晚辈，孙机先生亲切、幽默而健谈，在楼道里碰面，先生总会笑着和我们打声招呼。偶尔也会专门来到我们的办公室，和大家一起说说话。聊天当中，孙机先生会不经意地为我们科普一些此前未曾了解过的"冷知识"。譬如"龙涎香"，因先生讲解细致，在多年后仍让我记忆犹新：先生谈道，"龙涎香"作为珍贵香料最早由中国人发现，因被误会由龙的唾液滴入海中形成而得名。后经科学研究，所谓"龙涎"实为抹香鲸未能消化的食物与其肠道分泌物共同形成的固态蜡状物。这种蜡状物原本色黑质软，气味难闻，在被鲸吐出或排出体外后因质地轻盈而被长期留存于海面，历经日晒风吹、海水洗涤而逐渐褪色且变得坚硬，最终成就能散发独特气味的名贵香料"龙涎香"。

尽管孙机先生待人十分亲和，但我才疏学浅，每每见到先生，在景仰之余仍不免局促。故在工作的前几年，除了日常碰面和工作上的偶尔交集外，我与他的接触仍很有限。本以为与先生交情仅限于此，却在2017年产假结束返回单位上班时惊喜地收到孙机先生为我家女儿准备的出生礼——一对专程购买于菜百、被郑重收在大红绒布袋里的精致小银镯。孙先生的这份关爱，让我很是感动，此后见到先生不觉又多一分亲切和关注。

二、协助孙先生工作

与孙机先生的更多交集始自2018年。那年7月10日，先生突然颇为郑重地找到我说："朱亚光同志，你好，跟你商量一件事。我计划在馆里做一个'中国古代服饰展'（后正式定名'中国古代服饰文化展'，以下简称'服饰展'），我知道你本科学服装的，这个展览你愿意参加吗?"面对先生突如其来的邀请,我既激动又惶恐,一方面感激孙机先生居然能够记起我的专业并为我提供如此重要的工作学习机会,另一方面则担忧自己虽曾就读过服装设计专业,但对服饰史论知识和展览工作则知之甚少,怕自己难堪大任。我将想法告之孙机先生,先生当即鼓励:"没做过展览有什么关系,我到博物馆三十多年了,也就做过两个展览。一个是咱们馆自己的'中国古代印刷术',另一个是山东淄博的'中国古车博物馆'。你还年轻,正是该忙事业的时候,现在这个展览和你的专业正对口,筹展过程中遇到感兴趣的问题顺便写写文章,做做研究,不是挺好吗?理论知识可以慢慢补,我可以给你列书单,不要有心理负担。"孙机先生的鼓励让我勇气倍增,遂开始协助先生进行服饰展先期筹备工作。

这一展览初始于孙机先生亲自研究撰写的两份材料。一是汇聚先生古代舆服研究方面诸多重要成果的《"中国古代服饰"展陈方案》。方案为先生手写,A4大小,共96页。由封面、前言、目录和十四个展览单元(后在实施阶段整合为六个单元)组成。其中包含约2.7万字,另配合他手绘的文物线图、各类说明线图及文物照片等逾二百幅,计划展出文物近一百六十件(套)。方案不仅完整呈现了中国古代服饰发展演变的基本脉络,还在其中穿插阐释了他在服饰史研究中的十余项重要学术成果,是后续服饰展的核心与主干;二是《历代服饰复原人像线图》,亦为孙先生手绘,包含自西汉至清代历史人物七组,共十五人。据先生介绍,在设计这些人物的穿着配饰时均以各时期典型发型、服饰品为依据,几组相同或相近时代的人物在肢体动作上亦有所呼应,是不同历史时期人物形象的代表。先生希望能将这些人物制成人像,集中摆放于展览尾厅,以便观众能够直观、立体地感受到中国古代服饰整体风貌。这些人像将是展览中的一大亮点,但同时其细化及后续制作也是筹展工作中的最大难点。

在上述两份材料基础上,孙机先生带领着我开启了长达两年的"攻坚克难"工作。从人像穿戴考据细化到联系制作单位,从查找落实展品到初步确定展览大纲。每周二的上午九点,孙先生都会准时到达办公室,与我就上述几方面内容进行沟通讨论,逐步推进展览进度。我会在当天将一周内搜集到的服饰文物信息、细化后的人像效果图,以及查找到的馆内外相关文物资料交给孙先生确认。先生拿到材料,往往不急于评价,而是边翻材料边向我谈起对应历史时期的各种服饰知识。期间,先生偶尔也会提出些小问题请我来回答,答上来了他会微笑着点点头,遇到不懂的知识点先生则会耐心讲解。就像孙先生经常谈起的,文物研究要"由小见大"。在为我讲解古代服饰知识时,先生也总是将各种问题与文物、文献资料紧密联系,穿插到一条历史主线中去,再结合着典故娓娓道来,条理清晰,深入浅出,融会贯通。从"上衣下裳"到"胡服""深衣",从"革带"到"带钩""带扣",从"玉礼器"到"璜""璧""组玉佩",我对中国古代服饰的最初了解,就是在孙机先生一次次耐心讲授中逐渐积累起来的。

2019年6月,历经半年多的讨论与修改,我和先生终于完成了复原人像初稿绘制工作。同年7月,在孙先生推动和双方领导支持下,国家博物馆与北京服装学院展开合作,确定由对方承担历代复原服饰及人像制作工作。12月至次年1月,历经与北服制作团队五个多月的先期沟通后,复原服饰与人像制作工作正式启动。孙机先生不顾天气寒冷,年事已高,多次亲赴北京服装学院,整日与北服设计制作团队一同奋战在工作一线,为模特挑选、样衣制作、人物和服饰动作确认以及三维数据采集等工作环节提供现场指导。除了人像、服饰制作以外,2020年1至6月间,我和孙先生又陆续完成了对馆内八百余件(套)文物以及海内外三十余家机构收藏的近百件文物的查找、整理工作。并在国博藏品保管部的支持协助下,甄选出近二百件(套)文物资料,从而形成展览大纲初稿。至此,服饰展先期筹备工作告一段落。

2020年8月,在国博馆领导关心和支持下,"服饰展"策展组正式组建,确定由策展工作部胡妍主任担任联合策展人,辅助孙机先生完成展览的后续策划与实施。在两位策展人通力合作、国博策展组与北京服装学院制作团队不懈努力下,经过半年紧锣密鼓的高强度工作,"中国古代服饰文化展"终在2021年2月6日顺利开幕。看着多年心愿得以实现,孙先生倍感欣慰,除在展览开幕当日接受媒体现场采访外,后又多次亲赴服饰展展厅,分别为我馆社教部工作人员、相关单位及社会观众讲解展览。考虑到先生体力有限,在讲解前我总会反复叮嘱先生中途及时休息,不要太疲惫。先生表面答应着让我放心,实则每次不仅坚持讲解完整个展览,每遇观众提问也都耐心听取,认真作答,待大家满意才肯结束讲解,坐下来小憩。

随着筹备服饰展与孙机先生接触的日益增多,我与先生间的相处较以往更加轻松自然。在此期间,承蒙他的信任厚爱,让我有幸协助处理一些展览以外的事务。我的工作范围也由服饰展的策展助理逐渐延伸为先生日常工作中的助手。孙先生常说:"我是国博的工作人员,就得多来馆里工作,多为馆里分忧,这样才对得起馆里对我的信任。"除了特殊情况,先生一直保持每周二来馆工作的习惯。考虑孙先生年事已高,近年来除去先生自主策划的服饰展外，馆里已极少给先生安排具体工作。即便如此，先生在馆里的一天也总是忙碌的。在我协助他工作的几年间，处理最多的有以下几方面事务。

其一，接待访客。德高望重者如孙机先生，馆内外访客络绎不绝。客人中既有先生熟识的领导、旧友，也有此前未曾谋面的同事和学者。众人来访原因不尽相同，有因公请先生出谋划策、鉴定文物、审阅展览大纲的，也有因私探望、找先生叙旧聊天的，更多的则是带着文章、书稿期望能得到先生指点的后辈学人。无论面对哪类访客，先生皆真诚相待，尽其所能地帮助大家解决实际问题。

先生曾说青年人是博物馆的未来，在学术和事业上都会有更大的发展。因此，面对后辈学人来访，先生往往投入更多精力，对他们带来的文章、提出的问题，先生总会留出足够时间细细阅读，认真听取，经过一番思考才给出意见、建议。包括我在内的许多国博青年人，都曾有幸得到过孙机先生学术方面的点拨帮助。

其二，筹备讲座。孙机先生致力于学术科普活动。近五年间，曾应邀为国博员工培训、"国博讲堂"、北京服装学院论坛与服装史课程及中国丝绸博物馆汉服节等活动作过十余场学术讲座。

每次接下此类工作任务，孙先生往往会花费一个多月的时间来查阅相关资料，准备讲稿。先生习惯使用黑色签字笔在白色A4纸上工整地写出说明文字，再以透明胶带仔细粘上手绘线图或文物照片，图文并茂，一页页按照讲解顺序排列好。偶有改动，也必用修正带仔细覆盖错处，再一笔一划重新书写。因不善运用电脑，先生讲稿写好后通常交由我来做进一步处理，制成幻灯片在讲座当日协助先生播放。在处理文稿前，他总是会先将讲稿内容大致讲给我听，再将相关信息细节交代清楚，以便我提前熟悉，更好地配合先生播放幻灯。待到讲座当日，先生每需换幻灯片时就会稍做停顿，而我则会配合完成切换，这已成为我辅助他放幻灯时的一种默契。此外，从"80后"到"90后"，无论时间长短，孙机先生总坚持站立演讲且中途不作休息，以示对观众的尊重。精心的前期准备配合孙机先生口若悬河、风趣幽默的现场讲述，让听众每每感叹收获满满，不虚此行。

其三，学术积累与研究。先生曾在聊天中讲到，谈起古代中国仅提"四大发明"太过片面，中国古代物质文化辉煌灿烂，重要发明更不胜枚举，有的时候能领先世界一千年。而他的工作就是把古代常识带到现代当中，让更多人了解到古代中国的伟大，做到自知者明，才能自胜者强，才可以让国人建立起真正的文化自信。

　　晚年的孙机先生在严谨细致对待业务工作的同时，对待自身的学术研究也依然毫不懈怠。生活简朴的孙机先生，在学术积累上从不吝啬，不仅常年关注《中国国家博物馆馆刊》的发展，订阅《考古》《文物》等多份专业刊物，也注意从《光明日报》《中华读书报》等渠道获取业内最新学术成果，并列下书单。之后，或亲赴王府井书店购买，或委托我从网上下单，先生总是不定期大量购入最新出版的专业书籍，借此了解掌握文博考古方面最新研究动态，并对自己以往的认知、研究进行扩充更新。除购书读书外，孙机先生近年来仍笔耕不辍，除2022年至2023年5月间几经先生修改、编校，已由商务印书馆出版的八卷本《孙机文集》外，先生近年还先后发表了《名称依旧，形制全非——中国服饰史中的几个例子》《盠驹尊的造型是代表骡驹吗？》《中国服装史上的四次变革》等文，让学术生涯持续焕发光彩。

　　2022年9月5日，是孙机先生最后一次来馆办公，此行主要是为配合央视《吾家吾国》栏目拍摄工作。在拍摄即将结束之际，主持人邀请他在笔记本上写一句话，先生稍做思考，挥笔写下："中国古代物质文化方面的成就，是中国人的光荣和骄傲。"从早先投身革命到后续弃武从文、研究文物直到晚年，孙机先生在孜孜不倦推动自身学术研究的同时，致力于传统文化普及、关注博物馆发展、关心青年学者成长等，一直在以实际行动践行着自己的一腔爱国热情。

三、与孙先生日常相处

几年间，除去工作，与孙机先生相处最多还在日常。工作中一丝不苟、认真严谨的孙机先生，私下里温和慈爱，如同自家默默关心、守护着我们的长辈。生活中的孙先生有这样几个特点。

一是作息规律。据先生自己讲，每天清晨他会在五点钟起床，于七点前用完早餐。之后除固定时间的午餐、晚餐和偶尔"强行"被夫人李老师拉出去遛遛弯儿之外，大部分时光都会待在书房里工作、看书，直到休息。来馆这天早上，孙机先生会提前十余分钟来到楼下，等待八点半接他到馆的司机师傅，再于九点准时到达位于五层的办公室。我会提前到他办公室，开窗通风，接好开水，将新到的刊物和书籍整齐地摆放在他书桌前，再于九点十分敲开先生房门，道声"孙先生好"。先生则会微笑回应"亚光同志好"，坐在沙发上和我聊聊天，谈谈一周发生的大事小情，之后有条不紊开始工作。

单位食堂在十一点供应午餐,先生经常开玩笑说:"吃饭不积极,头脑有问题。"故到馆的那天,他总会卡着饭点儿喊我去食堂用餐,做国博第一波"干饭人"。离开办公室前,随手关灯、关空调是先生的必要动作。当天的午餐时间对于我和大部分曾经与先生共事过的老同事们来说,都是一段极其愉快的时光。老同事们经常会在这天不约而同地来到小食堂,寻找孙机先生共进午餐。餐间或请教些专业问题,或只是随便聊聊天。遇到问题,先生会暂时放下碗筷,认真作答。聊天时,先生则像"老顽童"般幽默放松,他会像讲故事一样,谈起过去生活工作中发生过的诸般往事,或惊险或有趣:譬如,年少时经历过的几次危机时刻;又或因坦克车内柴油气味过重,而不得已放弃做坦克兵。他也会看着同桌进餐的老同事,一本正经地谈起她长得像极了先生小学时代的女班长,不仅学习好,还特别会向老师告状,经常揭露他课间带头爬树、下海的调皮事儿,让大家忍俊不禁。

二是博闻强记。2019年4月26日,孙机先生夫妇受邀赴杭州参加中国丝绸博物馆"国丝汉服节——明之华章"。活动中,孙先生要作题为《明代在服装史上的继承和创新》的主题讲座。我因负责为先生制作幻灯片及现场放映有幸跟随前往,同行的还有北京服装学院蒋玉秋教授,这是我首次陪同孙机先生外出参加学术活动。一下飞机,为缓解旅途疲惫,先生主动和我们聊起天。抬眼看见路边的行道树,先生随口问我:"知道这是什么树吗?"答曰银杏,先生笑了笑,又问:"那知道银杏树是从哪来的吗?"这下语塞了,孙先生便边走边讲起关于银杏树的知识:"银杏树是我国原产树种,早在几亿年前即已存在,是现存最古老的树种之一。这种树本来是产自北极地区的,后来随着板块漂移,首先进入我国云南地区,尽管云南气候很好,四季如春,可银杏到了云南之后还是保持着它一到秋天就会落叶的习性。之后呢,银杏又逐渐传入内地。因为银杏树的生长速度极慢,木材质地坚固而且不容易变形,所以在新中国成立之初,飞机内部的装饰都是用银杏木来制作的。"

次日,我们一行人所住酒店的自助早餐提供一道小菜——小鱼花生。餐间,我们谈到小菜味道不错。先生笑笑,抛来个新问题:"花生是从哪来的呀?""外国?""哈哈,对,花生原产巴西,随着新大陆的发现,传到世界各地。我们现在吃到的花生都是美国大花生,在美国大花生传入我国前,我们普遍种植的花生品种都是小粒花生,味道更香。"除去看展抑或讨论问题,生活中的孙先生总能在不经意间为我们轻松普及诸多知识,让我受益匪浅。

三是关怀晚辈。作为孙机先生的助手,几年间先生夫妇对我关怀备至,不是亲人胜似亲人。一旦几天未见,先生会主动给我打来电话,送上一番亲切问候:"这周过的怎么样?家里都好吗?你家先生和小朋友都好吧,工作忙吗?"从生活问到工作,话语间总是充满关切。

此前,因疫情严峻且需集中精力编校八卷本《孙机文集》,孙先生在2022年10月后就不再到馆工作了。若是有事情,或通电话,或我到先生家当面沟通。一旦听说我要到家探望,他总会早早惦记,亲自开门迎接。见面后,除工作外,话语间总还少不了一番叮嘱:"工作别太累了。除了日常工作也不能懈怠学习啊,还得想着写文章的事,年轻人要多看书,多学习,做好学问,才能在馆里立身。有什么需要我帮助的,尽管说。"待我离开时,也总是会收到他和夫人李老师提前准备好的各种水果、零食,满满一包塞到手里,嘱我一定带回去给小女儿吃,让我心里总是感到暖暖的。

四、先生的最后时光

2023年5月中旬,孙机先生在电话中高兴地谈起《孙机文集》书稿已顺利交付出版社。趁他暂时闲下来,我于当月21日下午到家看望了先生夫妇。那时孙先生刚刚结束持续了近一年日以继夜的"三编三校"工作,内心轻松而愉悦,在夫人李伯母的精心照料下,比起之前赶稿时的憔悴状态来气色好了许多。先生照例问起馆里是否有工作,我这边是否需要帮助,之后缓缓地说:"之前确实累,除了吃饭睡觉,全忙乎弄书。这几天一闲下来,居然手足无措,不知道该干点什么好了。老想着睡觉,动不动就睡着了。"刚刚结束皇皇巨著的编写,我建议先生暂且好好休息,先不要考虑工作,没事和李伯母出去遛遛弯儿。先生笑着答应,在分别之际嘱咐我:"六一儿童节就要到了,到时候一定带着孩子来玩。好些日子不见小眼镜儿了,很想念她。"

6月1日上午,忽然接到李伯母来电,说老两口于5月26至28日间相继感染病毒,此番电话主要是提醒我家中还有孩子,为保证安全千万勿去探望,两人目前状态平稳,请我放心。当时我的内心虽极为忐忑,但考虑二老身体不适,便一直未敢主动叨扰。

6月3日下午三时四分,终于盼到孙先生来电,此时他的声音十分沙哑:"亚光你好,你这几天身体还好吧,杜先生和杜小姐都还挺好吧?单位没什么事找我吧?"答都好,问先生身体可好些了,答:"放心吧,还好,再过几天就应该好了,你们别惦记我,也千万别来看我,别传染了孩子。这次生病时间太不凑巧,六一也没能给孩子准备礼物,等我好了,带孩子来玩儿……代我向杜先生、杜小姐问好,你们多多保重啊。"十分十七秒的通话时间里,

433

尽是孙机先生对我和家人的惦记和关爱。当时完全没有料想到这会是我与孙机先生的最后一通对话。

此后几日,与先生家属持续沟通,了解二老的病情,得知李老师情况已有好转,孙机先生状态平稳。想先生身体一向康健,或只是年岁大恢复起来慢些,却在10日得知孙机先生病情加重出现并发症,已住院治疗。待我6月13日下午入院看望时,病房里的先生已虚弱得不能言语,我对先生说您好好养病,等出院了还有文集发布等着您。先生微微点头以作回应。14日晚九时,李伯母特意打来电话,高兴地对我说先生状态见好,医生说或近几日就能出院回家,让我放心。不曾想,在次日上午七时接到扬之水先生来电,言孙机先生病危,目前正在抢救。我随即赶往医院,却在途中得知先生已于八时九分仙逝。当我于八时三十分赶到医院时,最终遗憾未能见到先生最后一面。

五、后　记

孙机先生是我工作学习中的同仁良师,也是关心我生活成长的长辈。当我看到整整齐齐的书桌前再也不见那位笑盈盈、终日伏案工作的老者时,当我不经意回忆起与先生相处的点点滴滴时,自觉悲伤难抑。想不通曾躲过学堂屋顶掉落板材,躲过走火子弹,身体硬朗、一次次扛过生活中大病小灾的孙先生竟会离开得如此仓促。曾经以为能和孙机先生的相处时间还有很长很长,如今却只能空留数不清的来不及和遗憾。

此间感谢各位亲朋好友的关心宽慰,其中霍宏伟老师讲的一番话,让我逐渐对先生的离世释怀。霍老师说:"孙机先生在生活中,有夫人精心照料,生活质量很高,晚年幸福。工作中有两个心愿,一是服饰展,二是文集。如今服饰展顺利开展,社会反响热烈,而文集也由先生亲自完成编校,即将出版。无论生活还是工作,孙机先生都已经很圆满了,所以先生走的时候是没有遗憾的。而你也要想开,往前看……"

记得去年评职称答辩,曾有现场评委向我提问:作为孙机先生的助手,你有什么样的收获?答:学先生做人,忠心爱国,待人谦和;学先生做事,兢兢业业,孜孜不倦。如今先生虽然走了,但如扬之水先生评价"先生之风,山高水长",先生的精神是永存的。平凡如我,三生有幸能够作为孙机先生助手,陪伴先生左右,共事五年。此后唯以先生为榜样,笃定前行,才能不负先生生前的谆谆教导。

(作者单位:中国国家博物馆)

一位谦和睿智的大学者

杨 超

2023年6月15日早间，在办公室听同事说"孙先生走了"，确认之后，深感震惊和突然，老人家去年还在做讲座，精神一直矍铄，怎么说走就走了呢，真感世事无常，悲痛之余，先生那音容笑貌和过去的事迹渐渐在我脑海中又历历浮现了出来。

印象中，先生一直是一位和蔼、平易近人而又专业高深的大学者，是一位享誉业内外的大家。工作缘故，我与先生有不少交集。2010年，我进入国家博物馆学术研究中心工作，有幸成为孙先生的同事。

孙先生对文博事业的热爱、对博物馆事业发展的殚精竭虑，让人印象深刻。2010年12月20日上午，孙先生拿着一封他手写的信，找我帮他输入电脑，我赶紧应承下来，在录入过程中，才发现这是一封写给上级主管部门的信,信中他以中央文史研究馆馆员的身份进言:"(中国国家博物馆)是国内外观众了解中国历史和文化的窗口。但我馆的藏品基本上是1959年建馆时从各地有关部门调(包括借)来的。半个世纪过去了,陈列的文物大部分还是老面孔,近几十年我国新出土的重要文物几乎没有。眼下重新开馆在即,全馆同志一提到文物短缺的现状,无不忧心如焚……"赤诚之心跃然纸上。

作为中央文史研究馆馆员、国家文物鉴定委员会副主任委员、全国古籍整理出版规划领导小组成员,中国美协评出的"卓有成就的美术史论家"奖获得者,其他诸如文津图书奖、全国文化遗产十佳图书奖等诸多荣誉的获得者,孙机先生著作等身、名满天下,但他没有丝毫大学者的架子,非常平易近人,奖掖后进,向他请教问题,都能得到极为耐心的解答。先生专心学术,以八九十岁的高龄,仍然勤奋地著书立说,只争朝夕,让人由衷地心生敬意。先生是每个人尤其是我们青年人学习的楷模。每出版一本专著,孙先生都会赠送给学术研究中心的同事们,每当此时,我们都如获至宝,感谢之余纷纷找先生签名,然后如饥似渴拜读大作。自己不才,亦蒙先生赠《仰观集》《中国古代物质文化》《中国古代舆服论丛》《汉代物质文化资料图说》等书。

孙机先生赠书《寻常的精致》封面

犹记得，2012年7月9日，孙先生在国博建馆一百周年纪念大会上发言的结尾说道："祝中国国家博物馆永远年轻！"听者无不动容，无不感佩于他对博物馆事业发自内心的热爱。此情此景，正如先生是时八十多岁的高龄依然生机盎然，学术之路常青。

2013年夏，我随部门其他老师一起去孙先生家里进行慰问，只见不大的屋子里，摆着朴素的家具，还有成摞的图书，环境整洁、素雅、简朴而厚重，透露出主人的学者气息与风范。一方书房，一方诗意，先生侃侃而谈。末了，先生拿出《寻常的精致》这本书，笑眯眯地对我说："这本小书,送给你。"让我感到受宠若惊。

由于学术成就斐然,孙机先生退休后被馆内返聘,八九十岁高龄仍然每周来单位工作一天。来单位时,每天中午在食堂的午餐时间就是大家放松快乐的闲暇时光,常常是几位同事围坐在孙先生周围,听他谈天说地、纵论古今,轻松愉悦,其乐融融。往事历历在目,但以后在国博食堂和走廊边再也见不到这位步履略微蹒跚、慈祥睿智的老人了。

孙先生在学术研究上只争朝夕、不知疲倦,对待学术研究非常认真严谨,涉猎广泛,用他自己的话说就是:"你要想写个文章,不下死功夫,摁两下电脑就出来了,这不大可能。你得广泛阅读,把知识面铺开,读书真正有心得有见解,这个文章才能写出来。""虽然读书很少有直接的发现,但读得多了,把各种书联系起来,就会发现问题。如此慢慢积累下来,就打下了做学问的底子。"孙先生经常晚饭后就在灯下进行学术研究,看书、画图,经常是一张图画完,才发现天快亮了。靠着如此的精进功夫和广泛的涉猎,加上严谨治学,先生才有了许多创见,在古代舆服、汉代文物研究等方面取得了令人瞩目的成就。学术上的孙先生给人的印象就是较真、严谨,眼里容不得分毫谬误,快人快语,掷地有声,直言不讳,这是先生对文物、对历史负责的表现。同时,这种精进的学术活动不仅丰富了他的精神世界，而且也滋养了他的物质生命，让他在八九十岁的高龄依旧精神矍铄，神采奕奕。我想，这些都是他启迪我们后辈的地方。

我在学术研究中心更多地从事"国博讲堂"的组织工作，也是在这个过程中与孙先生产生了较多的交集。"国博讲堂"是由国博馆内学术讲座发展而来。2007年3月，国博开始改扩建，在长达三年的闭馆期间，为提升文博业务及学术水平，先后举办了29次馆内学术讲座，孙先生在其中做了关于"中国古代物质文化"的一系列讲座，广受欢迎。2010年改扩建工程完工后，国博决定重启面向社会公众的公益学术讲座，定名为"国博讲堂"，于2011年6月正式运行。在2011年至2018年的八年间（之后我调至其他部门，不再组织讲座），孙先生共计为"国博讲堂"奉献了四场精彩讲座，分别是《从汉代看罗马》（2011年10月12日）、《神龙出世六千年》（2012年2月22日）、《中西文化交流史研究中的一个关键问题》（2015年12月5日）、《怎样看待古代的中西文化交流》（2017年1月10日）。

孙先生每次做讲座都是全情投入，语言幽默生动，神采飞扬，讲者、听者同时沉浸在知识与智慧的海洋当中，氛围和谐而热烈。孙先生全程站着讲演，耄耋之年仍如此执着与热爱，感染

孙机先生在"国博讲堂"做讲座

了现场的每一位听众。事实上,每次孙机先生的讲座信息一经发布,就迅速报名满额,往往不到几小时,近三百个名额就报满了,有不少听众在后台留言表达抢不到名额的遗憾。而到了讲座当天,孙先生的讲座又是上座率最高的,"座无虚席"已经形容不了先生的受欢迎程度,因为连座椅两排的过道上都坐满了听众,有时第一排前的空地上也坐上了人。许多听众表示"自己就是冲着孙先生的名气来的",有的还专程从外地赶来。讲座结束后,

2017年1月10日，孙机先生主讲《怎样看待古代的中西文化交流》

大家纷纷拿着孙先生的书排队求签名，先生一一满足，并与大家合影留念。

孙机先生在《汉代物质文化资料图说》后记中写道："通过这项工作，更可以看到汉代在物质文化方面有许多技术走在世界前头。造纸、针灸、丝、漆、瓷等人所共知的长项自不必说，还有一些不被经常提起、但确是汉代人的创造。……这方面的例子很多。它们都是勤劳智慧之先民的功绩，且多已先后走出国门，普惠全球。其中发出的是爱国主义的强音，使我们今天更有文化自

一位谦和睿智的大学者

2015年12月5日,孙机先生主讲《中西文化交流史研究中的一个关键问题》

信,更加斗志昂扬地投入社会主义文化建设的伟业之中。"先生道出了文博工作的重要意义与真谛。

如今,孙机先生虽然离我们远去,然而作为一名大家,他的风范犹存。先生求真务实的治学精神,平易近人的长者风度将永远激励我们前行,鼓舞着我们继续为博物馆事业而奋斗。

(作者单位:中国国家博物馆)

既远却近的背影

周默轩

孙机先生去世的第二天,我像往常一样来到馆里的食堂吃饭,忽而心中一紧,想起曾在食堂见到过的孙机先生的背影。这突然袭来的回忆,将我带回那位白衣瘦骨的先生身后。

初次接触孙机先生是在字里行间。我博士研究的选题定为马车,初接触马车研究时,最早阅读的著作便是孙机先生的《载驰载驱:中国古代车马文化》。坦言讲,孙机先生的著作最初于我留下的印象是四个字"晦涩难懂"。本就不熟悉的领域,加之复杂的马车专用名称,以及孙机先生惯用的文言表达方式,一篇小文读下来,不懂之词繁多。一本书也被我写画得乱七八糟。而最丧气的莫过于专注于字斟句酌后,却对内容依旧难以译解。

至读博中期，专注于马车系驾法研究的我深知，凡谈至此必绕不过孙机先生。车辆是一项重要的技术发明，承担着运输、作战和礼仪等功能，对人类社会发展具有重要的影响。系驾法是解决车辆动力问题和操纵控制问题的技术方法，是马与人、马与车连接的关键，其本身也是一项重要的技术。车辆利用畜力的关键即是对于系驾法的发明和改造，因此系驾法研究具有重要意义。

马车系驾法的研究分为三个重要的时期：20世纪30年代以前的创立时期，以法国军官勒菲弗尔·德诺埃特专门研究古代马匹驾驭重要著作的出版为代表；20世纪30年代到60年代的传播与发展时期，以英国科技史学家李约瑟所著的《中国科学技术史》中对牲畜牵引问题的讨论为代表；20世纪80年代以后的本土化时期，便是以孙机先生的研究为代表。而孙机先生对于系驾法的研究还可以分为三个阶段，一是对胸带式系驾法和鞍套式系驾法论述的研究初创阶段，二是加入了轭靷式系驾法的研究成型阶段，三是逐渐完善的研究推广阶段。

孙机先生对系驾法研究初创阶段的标志为1980年发表的《从胸式系驾法到鞍套式系驾法——我国古代车制略说》。这篇文章共分为四个部分：第一部分将殷车系驾法与西方系驾法相比附。提到在公元前3000年的美索不达米亚地区将马颈用颈带连于车衡曳辀,之后在公元前15、14世纪,克里特、埃及、地中海等地又在此基础上增加了轭和腹带,形成了"颈式系驾法"。孙先生认为这种系驾法产生的问题是颈带会压迫马的呼吸。他认为当时的证据还无法证明殷代时东西方古车系驾法的结构是否相同。第二部分是对比古文献的记载和西周张家坡2号车马坑中发现的两辆车,对西周车及其系驾法绘出了复原图。认为西周马车的系驾法与西方古车不同,采用的是不压迫马呼吸的胸式系驾法,因此我国古车的性能较西方更优越。并进一步推断殷车与周车都不与西方古车同属一类型,是我国古代人民独立的发明创造。第三部分则主要讨论西汉之后双辕车中系驾构件的变化,陈述了轭的形制变化以及宋代肩套和元初小鞍的出现,这也形成了沿用至今的鞍套式系驾法。第四部分则是对整篇文章的概括总结,再次强调胸式系驾法和鞍套式系驾法的领先之处。孙机先生还在本文中将胸式系驾法出现的时间与李约瑟的研究相比提前到了西周。

　　孙机先生对系驾法研究成型阶段的标志为1983年发表的《始皇陵二号铜车马对车制研究的新启示》。文中第一次提出了秦始皇陵二号铜马车中采用了轭靷式系驾法,主要承力的是轭和靷,这与当时地中海及近东地区的系驾法完全不同。1984年,孙

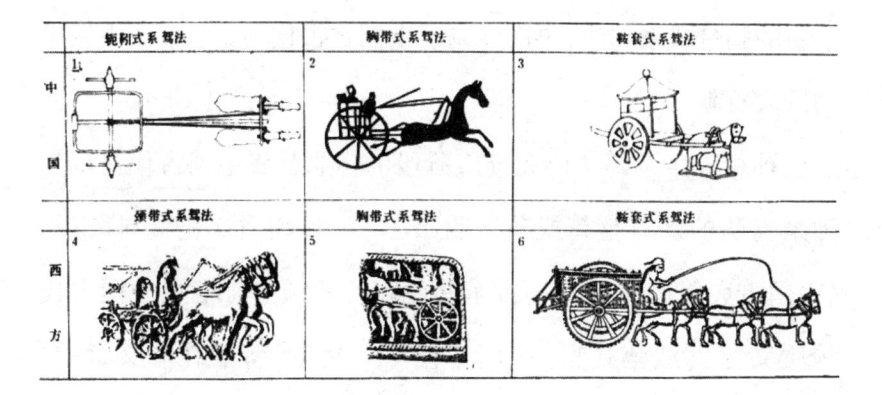

1984年孙机总结"中国与西方古车系驾法的比较图"(《中国古代马车的系驾法》,《自然科学史研究》1984年第2期,第176页)

机先生在《中国古代马车的系驾法》中对1980年和1983年的两篇文章中系驾法的论证进行了重新整理和总结,并对国外的系驾法进行了分析,从而系统地说明了中国系驾法由"轭靷式系驾法"到"胸带式系驾法"再到"鞍套式系驾法"这三种不同系驾方式的演变。另外孙机先生还在文章中讨论了中国古车的创制时间,认为中国古车的出现时间与中国古代轮转工具的发展顺序相吻合,因此设想中国的车是中国独立发明的。孙机先生进而以出土实物秦始皇陵二号铜马车和象形文字的证据,说明中国商周秦时已经采取了轭靷式系驾法,而这样的系驾法不会像西方系驾法一样影响马的呼吸。而自战国开始,独辀车改为双辕车并出现了新的胸带式系驾法,再次强调了中国在古代马车系驾法中做出的巨大贡献。

孙机先生系驾法研究推广阶段的标志是将中国古代马车三种系驾法的观点整篇或节选收录于《汉代物质文化资料图说》《中国古舆服论丛》《中国古车制研究的回顾与前瞻》《中国古代物质文化》《载驰载驱:中国古代车马文化》等著作和文章中。但是自1984年孙机先生的《中国古代马车的系驾法》发表之后,其对系驾法的主要观点并没有发生很大的改动,仅是对个别证据进行了补充或替换,以及对个别语句进行了修改。

由此可见,孙机先生的系驾法研究从初创阶段到成型阶段还是发生了较大的变化,其一是提出了商周时期的马车为轭靷式系驾法,其二是将胸带式系驾法的出现时间推后至西汉之后。其观点发生变化的重要影响因素是秦始皇陵铜马车的出土和修复。孙机先生非常宏观地进行了中国古代系驾法的系统研究,给出了中国古代最主要的三种系驾法,并且将系驾法作为中国马车独立起源的证据之一,这具有以下重大意义。

首先,在学术研究中,很大一部分是复述总结孙机先生的观点,如杨英杰的《战车与车战》、陆敬严和华觉明主编的《中国科学技术史·机械卷》、戴吾三的《成语中的古代科技》、张春辉等编著的《中国机械工程发明史·第二编》等。另一部分则是在孙机先生的基础上进行更深入的研究,如张柏春在《中国古代固定作业农业机械的牲畜系驾法概述》中结合三种系驾法对牲畜围绕固定机械的立轴旋转并驱动此轴旋转的系驾法进行了讨论。其次,在众多科普著作中多将系驾法作为中国重大发明之一,并引用孙机先生的观点进行详细说明。最后,在博物馆陈列中,也将孙机先生提出的三种系驾法作为展览内容,如临淄中国古车博物馆等。至今,孙机先生在马车系驾法上的观点仍占主导地位。

随着拜读先生的著作数量与日俱增,我深知孙机先生对中国古代文化研究的重要贡献。但那时先生于我只是一个可望而不可即的名字,一个代表着学术最高峰的符号。但是在得知先生长期生活在北京,并且还在进行着许多学术活动后,我便一直期冀能有机会和孙机先生相见。2020年冬,恰逢北京服装学院举办"中华民族服饰文化国际学术研讨会",我也前去参会,终于有了能够见到孙机先生的机会。前一天便和研究马车的同门约好,带上孙机先生的著作,两个人兴奋地商量着如何与孙机先生合影要签名,讨论着有可能遇到的各种情况。第二天早早便来到了北服,孙机先生的瘦小身影在庞大的阶梯教室里却显得格外醒目。我们立刻上前向孙机先生要来了他的签名,并做了自我介绍。孙

2020年12月19日，与孙机先生在北京服装学院的合影（摄影：李欣）

机先生一笔一划极为认真地写着自己的名字，微笑着听我们的介绍，表达了对后辈能继续研究马车的肯定，这便是我们的第一次相见。我很庆幸于当时留下了宝贵的合影和先生的签名。在那次研讨会上，孙机先生做了约二十分钟的发言，时间虽短，但先生的发言中却处处流淌着思辨的智慧。我不免感叹已年过九十的他却依然有着如此矍铄的精神、清晰的思路、闳深的学养。而这

孙机先生讲系驾法（图片来源于网络）

也是我对先生跳脱出书本文字的真实印象。

随着我对马车研究的深入，至博士毕业之际，对孙机先生的学术研究有了更多的感悟。他的成果于我也不再是"晦涩难懂"，而成为拨开迷雾看得清却又无法触达的高峰。先生在考古成果和画像图形的细节之中却可窥见宏观马车系驾法整体的发展脉络，在宏观的梳理中却又不会忽视局部的考证。宏微相济，于细节中不迷失，于整体中不妄论，这是何等的聪敏博学！正是因为有着先生对马车系驾法宏观框架的确立和对细节的探讨，才使我有机会更进一步探究马与车、马与人之间的传力方式，思考不同系驾法之间的差异，探讨不同时期系驾法发展的特点和影响因素，辨析系驾法先进性的评判标准……

除了我对先生的感佩，我亦听到过许多学者对孙机先生的敬重与赞美。青年学者们总会羡慕我与孙机先生有过一面之缘；在我博士毕业答辩时，老师们多次强调孙机先生研究成果的重要性；在入职国博博后工作站后，曾经的老师们会拜托我代为转达对先生的敬意。

国家博物馆，这是孙机先生朝乾夕惕了半生的地方。在这里我仿佛感到和孙机先生的关系又近了一步。随着研究的深入，对孙机先生的了解也渐深。我曾师从沈从文先生的学生王亚蓉老师研究古代服饰，而孙机先生也同为沈从文先生的学生，同样地，先生更为人知的是对古代服饰的研究。因此深感冥冥之中与孙机先生有着某种缘分。我之后也如愿在2022年7月的"文学中的服饰——纪念沈从文先生诞辰一百二十周年学术论坛"中再次见到了先生，兴奋地又一次介绍了我的研究，转达了老师们对他的敬重，照了合影。现在想来，此次我却是忽略了先生脸上那第一次见面时没有的倦容，也忽略了他这次明显的少言寡语。

2022年7月15日，与孙机先生在中国国家博物馆合影（摄影：王杨）

在国博，我更加频繁地在各种场合听到有人提及孙机先生。王春法馆长在国社科项目会上细数孙机先生的成就，让大家以孙机先生为榜样修正自己的工作成果和工作态度。霍宏伟研究馆员多次讲述与孙先生办公室相邻、与先生吃饭交流的趣事，并提到日本人逼迫孙机先生父亲任山东即墨县伪县长时，先生父亲宁死不屈，最终被汉奸用枪托击打头部致死。每次听到这些关于孙机先生的事迹，我都会忽然兴奋地心跳加速。件件事迹都证明着先生人格与学术的双重魅力，自豪地想着那是我接触过、追随过且一直崇拜着的先生啊。

其实，马车系驾法是一个十分小众的研究领域，孙机先生在如此小的领域都有如此之大的贡献，而这仅是他所有学术成果中的太仓一粟。中国马车系驾法研究最为重要的三个人：法国的德诺埃特、英国的李约瑟和中国的孙机，我曾将他们当作我学术的楷模，希望自己能在系驾法研究中也如他们一样有所建树。我也曾戏言他们都是高寿，希望自己能够像前辈们一样有所成就且延年益寿。近几个月也曾想过孙机先生会不会因为经历疫情而影响身体，这种想法却又会转瞬而逝，生怕成真。但是这一切却在6月15日的早上沉重地撞在心中，朋友圈中转载的"中国国家博物馆孙机先生逝世"链接为繁体字，简单的几个字我却不敢置信地再三阅读后才读懂了其中的含义。

6月18日正午的八宝山阳光耀眼，来到礼堂送别孙机先生的各界同仁肩背相望。听着他们谈论先生的事迹，我恍惚间觉得先生并未离我们而去。但透过正播放着孙机先生和李约瑟合影的屏幕瞥见先生的棺椁，让我确然意识到大家已逝。历史带走的还有他经历的那些澎湃岁月，和中国古代文化历史上一座真正的高

既远却近的背影

笔者2022年博士毕业答辩幻灯片

峰。我与先生交集甚少，只是于两次讲座各有一面之缘，只是学术上的一点交集。但这甚少的接触让我感叹于先生的大家风范和人格魅力。先生于古代物质文化研究的突出贡献为后人学者披荆斩棘地开辟了学术之路，没有孙机先生，就没有现在的马车系驾法研究，就没有我的学术之路。

忽而又想到了孙机先生在食堂吃饭的背影，又想到了那时的心情。那次我兴奋之中带着崇敬，和身边的同事反复确认那是不是孙先生却又不敢上前。那白色的背影仿佛抽化出了我一直以来对孙先生的心境：先生那么崇高的学术成就于我似是那样

孙机先生悼念仪式手册及胸花（摄影：周默轩）

的远，先生在学术之路上对我的指引似又是那样的近；远去的是先生那波澜壮阔的一生，近在耳畔的是先生留在整个文博界的响亮声音。既远却近，就像那白色的背影一样，看着他，崇敬他，追随他。

永念，先生。

（作者单位：中国科学院自然科学史研究所、中国国家博物馆）

后　记

2024年6月15日,是孙机先生去世一周年的日子。纪念他的学术文集的编纂工作还在紧张地进行中,回首编书经历,让人感慨万端。

孙机先生因病逝世后,经国家博物馆馆领导指示,我们广泛组织孙机先生生前友好、馆内外专家学者从不同视角撰文对孙先生进行深切缅怀。此后又经多方提议,以这一系列纪念文章为基础筹划其纪念文集出版项目。在大家的共同努力下,历经蒐集、甄选、分类,最终整理出相关文章四十余篇,辑为《仰观与俯察:孙机先生的治学之道》(以下简称《仰观与俯察》),既寄托我们的哀思,更希望藉此推广弘扬孙先生的学术之道和学术精神。

《仰观与俯察》的编纂、出版工作之所以能够顺利进行,首先得益于中国国家博物馆领导和同仁们的由衷关心和大力支持。高政馆长对本书的编辑、出版工作高度重视,亲自为本书作序。丁鹏勃副馆长多次提出意见和建议。科研处、研究院等部门同仁做了沟通、协调等很多工作。

  文章收入本书的作者们与著作权所有人对文集出版工作均有很大贡献。如扬之水先生不但惠赐鸿文，还为本书取了书名。《北京青年报》记者尚晓岚女士于多年前离世，其著作权所有人尚晓岚女士之母李荣琴老师已是耄耋之年，仍然同意授权。国博王冠英先生夫人刘素琴老师与其儿子积极签订授权书。

  覃春雷先生积极协助我们联络出版渠道，译林出版社於梅主任、编辑王蕾、荆文翰等老师就出版事宜多次进行沟通、交流。孙机先生夫人李兰伟女士、女儿张天漫、人民文学出版社编审廉萍老师也为本书的编辑与出版工作提供了帮助。

  对于以上诸位领导、同仁、先生、女士的大力支持，在此一并表示衷心感谢。

  重读《孙机文集》第八册《遇安诗存》中的《怀念史树青先生》一诗，诗文内容令人感伤，因为它恰如其分地表达了我们编纂《仰观与俯察》一书的初衷："音容宛在弦歌辍，仰慕追思最动情。"

霍宏伟 朱亚光
2024年6月19日于国博研究院

图1　20世纪50年代的孙机先生
（供图：李兰伟、张天漫）

图2　1949年左右，参加中央美术学院春节宣传部队活动
（供图：李兰伟、张天漫）

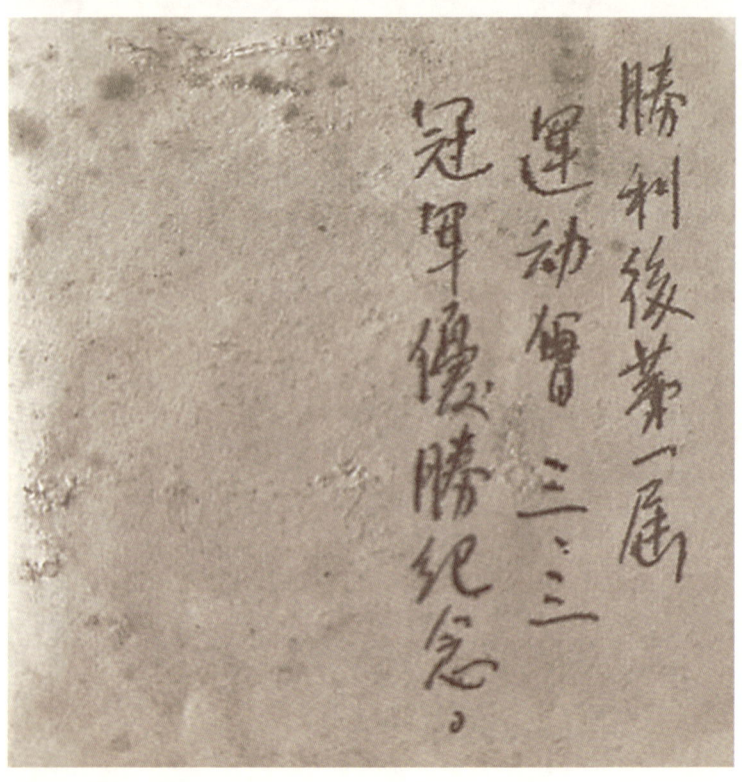

图3 胜利后第一届运动会三·三冠军优胜纪念照片与题字（供图：李兰伟、张天漫）

图4　20世纪50年代初，在劳动人民文化宫工作时指挥演出活动（供图：李兰伟、张天漫）

图5　1985年4月，在意大利威尼斯参加"中国古代文明起源学术讨论会"，与李约瑟先生合影（供图：李兰伟、张天漫）

图6　1990年5月10日，赴河南洛阳龙门石窟考察留影（供图：李兰伟、张天漫）

图7 1994年，中国历史博物馆考古部同仁合影（前排左三为孙机先生；供图：李兰伟、张天漫）

图8 2011年10月12日，在"国博讲堂"作题为"从汉代看罗马"的学术讲座（摄影：李守义）

图9　2012年2月22日，在"国博讲堂"作题为"神龙出世六千年"的学术讲座（摄影：李守义）

图10　2019年1月17日，与赵丰等学者在中国国家博物馆观展（摄影：蒋玉秋）

图11　2019年4月28日，在杭州应邀为中国丝绸博物馆"国丝汉服节"题写主题名称"宋之雅韵"（摄影：朱亚光）

图12　2019年9月1日，在"中国古代服饰与礼仪研讨会"上向与会专家介绍"中国古代服饰文化展"大纲（摄影：马宗洁）

图13　2020年7月，在北京服装学院与项目组成员沟通"中国古代服饰文化展"硅胶人像设计制作（供图：北京服装学院）

图14　2020年8月1日，孙机先生在家中。墙上立轴为先生四哥孙检先生在2018年为其题写，上书："勤以延年。志杰刻苦钻研学术垂数十载，至耄耋亦不稍懈，于国家文物事业迭有重大贡献，至今身脑俱健，一如中年，吾弟之诀窍，或在一勤字。"（摄影：李静，提供图注：张天漫、蒋玉秋）

图15　2020年9月19日，参加"中国古代服饰文物研究论坛"（摄影：孙曦萌）

图16　2021年9月28日,"承先启新——中央文史研究馆建馆70周年书画展"于国博开幕,孙机先生在自己撰写的六言联前留影(摄影:朱亚光)

图17 2021年12月11日,在"走出历史认知的误区——中国古代服饰研究论坛"上发言(供图:北京服装学院)

图18 2022年7月15日,出席"文学中的服饰——纪念沈从文先生诞辰120周年学术论坛"嘉宾合影(摄影:余冠辰)

图19　2022年7月15日，在"文学中的服饰——纪念沈从文先生诞辰一百二十周年学术论坛"上发言（摄影：余冠辰）

图20　2022年9月5日，接受中央电视台《吾家吾国》节目组采访（供图：中央电视台）

图21　2023年9月26日，中国国家博物馆"孙机先生学术追思会"现场参会嘉宾合影（摄影：樊丽媛）